Aham Sphurana

Ein Einblick in die Selbstverwirklichung

Aham Sphurana

Ein Einblick in die Selbstverwirklichung

Ausgewählte Lehren von Bhagavan Sri Ramana Maharshi

OPEN SKY PRESS
www.openskypress.com

Bhagavan Sri Ramana Maharshi

30.12.1879 – 14.04.1950

“Es gibt ein Schicksal, das den Lauf der Dinge lenkt. Man muss sich nicht über irgendetwas sorgen, indem man sich einbildet, persönlich dafür verantwortlich zu sein.”

Aham Sphurana – Ein Einblick in die Selbstverwirklichung

Ausgewählte Lehren von Bhagavan Sri Ramana Maharshi

Erschienen bei Open Sky Press GbR
office@openskypress.com
www.openskypress.com

Erste Auflage 2022
Zweite Auflage 2024

ISBN: 978-3-943544-74-9

Einbandgestaltung: Om
Fotos aus den Archiven des Ramana Ashrams
Alle anderen Fotos aus dem Open Sky House Archiv

Gedruckt in Polen

OPEN SKY PRESS
www.openskypress.com

Danksagung

Im Oktober 2021 schickte mir ein Freund überraschend die Nachricht von einem riesigen Manuskript, „*Aham Sphurana*," ein von Sri Gajapathi Aiyyer geschriebenes Tagebuch über Begegnungen mit Sri Ramana Maharshi und über das tägliche Leben im Ashram im Jahr 1936.

Ich teilte die *Aham Sphurana*-Texte mit meinen Schülern, insbesondere mit den Bewohnern des Open Sky House. Sie gaben mir die nötige Resonanz und Ermutigung, so dass ich etwa fünfzig Texte auswählte und bearbeitete.

Insbesondere Rajen machte mich auf Texte aufmerksam, die das tägliche Leben im Ashram beschreiben, und wie Bhagavan die unterschiedlichen Situationen dazu nutzte, die Lehre praktisch zu vermitteln. Indira wies zudem auf die Erkenntnisse hin, die verschiedene Besucher Bhagavans und des Ashrams aufzeichneten. Sie war zudem eine von mehreren KorrekturleserInnen.

Ich möchte den Mitgliedern der Open Sky Press (OSP) danken, die im Laufe der Jahre etwa dreißig spirituelle Bücher und Filme veröffentlicht haben; meine eigenen, aber auch Papajis und mehrere Bücher von und über Ramana Maharshi, insbesondere eine hervorragende Version von „*Nan Yar*" („*Wer bin ich?*"). Diese Bücher wurden in drei indischen und vier europäischen Sprachen veröffentlicht.

Als kleiner spiritueller Verlag wird Open Sky Press seit achtzehn Jahren von den Bewohnern der Open Sky House Community finanziell unterstützt. Sie schenken zudem ihre Zeit und sehen dies als eine Möglichkeit, der Existenz für all die Segnungen zu danken, die sie während des Lebens in der Gemeinschaft erhalten haben. Die gesamte Gemeinschaft unterstützte die Veröffentlichung von „*Aham Sphurana*", und so wandten wir uns an die Verantwortlichen, die das Manuskript der Welt übergeben hatten.

In einem Moment des persönlichen Zweifels traf ich Swami Hamsananda vom Athithi Ashram am Arunachala. Er sprach mit mir über das Material und überzeugte mich, das gesamte Manuskript in mehreren Bänden zu veröffentlichen. Auch war er während des Redaktionsprozesses ein wertvoller Berater.

Da Bhagavan Tamil sprach und natürlich die spirituelle Sprache Indiens, Sanskrit, benutzte, hatten wir großen Bedarf an Übersetzungshilfen. Im Januar 2022 hatte OSP gerade unser besonderes

Buchprojekt abgeschlossen und „*Nan Yar*“ in Tamil, Hindi und Telugu veröffentlicht. S. Nagarajan, ein tamilischer Gelehrter, Schriftsteller und Anhänger Bhagavans, hatte viele Stunden seiner Zeit geopfert, um uns bei der Übersetzung des Tamilischen und des Sanskrit zu helfen. Er hat seinen wunderbaren Beitrag auch bei „*Aham Sphurana*“ großzügig fortgesetzt.

Meine Ex-Frau und Freundin Sally hat alle von mir herausgegebenen Texte gewissenhaft geprüft und bei der Vorbereitung dieses Buches auf viele verschiedene Arten unschätzbare Hilfe geleistet.

Das gesamte OSP-Team hat sechs Wochen lang in einem Retreathaus in Sri Lanka intensiv zusammengearbeitet. Über sechs Monate hinweg hat ein Team von zehn Personen viel Zeit investiert, um Bhagavans so wertvolle Lehren in die Öffentlichkeit zu bringen.

Besondere Erwähnung gebührt Om für seine brillanten Entwürfe der Bucheinbände und seine ständige Computerhilfe für das gesamte Team. Er hat das Buch formatiert und es als E-Book und als gedrucktes Buch für die Veröffentlichung vorbereitet.

Ein großes Dankeschön an Blutkeim, Athreya und Nalini für ihre Hingabe, mit der sie dieses so wichtige Manuskript ins Dasein geholt haben. Nalini, Athreyas inzwischen verstorbene Mutter, hat das gesamte Manuskript vor einigen Jahren abgetippt. Ihrer Liebenswürdigkeit zu Ehren habe ich mich entschlossen, dieses Foto von Nalini zu veröffentlichen und zu zeigen, dass auch der Rest der Familie wunderbare Menschen sind. Sie baten um die folgende Danksagung:

Dieses Werk ist Bhagavan Sri Ramana Maharshi gewidmet, dem unvergleichlichen Meister der Nicht-Dualität, der mehr als ein halbes Jahrhundert lang in aller Stille seine Gnade über alle fühlenden Wesen ausgegossen hat, die zu ihm kamen, und der ununterbrochen für immer als „Ich-Ich“ im Herz-Lotus von allen leuchtet, als die EINE VOLLKOMMENE WIRKLICHKEIT.

Abschließend möchte ich der Ashram-Leitung für ihre unermüdlichen Bemühungen danken, den Ashram für Tausende von Anhängern zu erhalten, die eine tiefere Verbindung zu Bhagavan spüren, wenn sie Zeit an diesem geheiligten Ort verbringen.

Ganz besonders möchte ich der unglaublich kraftvollen, göttlichen, schönen Energie danken, die mich – und eigentlich das ganze Team – in den letzten Monaten umgeben hat. Ich bin mit Bhagavan und dem täglichen Leben um ihn herum so vertraut geworden, dass ich oft das Gefühl hatte, selbst in der Ashram-Halle zu sein und mich in seinem Licht zu sonnen. Ein tiefes Dankeschön an ihn, dass er mein Leben so tief berührt hat.

Für die deutsche Ausgabe möchte ich besonders Dhyan, Lakshmi, Padma und vielen anderen aus der Open Sky House Community und Sangha für ihre Hilfe bei der Übersetzung danken.

Insbesondere danke ich Henning, Indira und Maria, die die Übersetzung korrigiert und in ein gutes Deutsch gebracht haben. Das ganze Projekt wurde von Indira hervorragend organisiert und betreut.

John David, Direktor, Open Sky Press, August 2022

Haftungsausschluss

Wir entdeckten das Manuskript, das als *„Aham Sphurana“* bekannt ist, im Oktober 2021 durch einen Freund, der uns berichtete, dass es auf Amazon verfügbar sei. Die Nachricht über das Manuskript löste große Begeisterung aus, und wir luden es sofort herunter, stellten aber fest, dass es sich um einen unformatierten Fließtext handelte, der nur sehr mühsam zu lesen war.

Während wir Auszüge dieses Manuskripts formatierten, redigierten und zu diesem Buch – *„Aham Sphurana - A Glimpse of Self Realisation"* *(„Einblick in die Selbstverwirklichung")* – zusammenfassten, hatten wir das Gefühl, dass das Schicksal dafür gesorgt hat, dass dieser Schatz einer breiteren Öffentlichkeit zugänglich gemacht wird. Wir haben uns von einer Energie umgeben gefühlt, die uns Bhagavan näher gebracht hat; manchmal so, als ob wir selbst in der Halle sitzen würden. Wir hoffen, dass dies auch für alle Leser dieses Buches der Fall sein wird.

Es wurde schnell klar, dass *„Aham Sphurana"* ein umstrittenes Manuskript ist. Aufgrund seines hohen Alters hat es sich als unmöglich erwiesen, es direkt zu authentifizieren. Wir sind im Besitz einiger Original-Notizbücher, die angeblich Teil des Originalmanuskripts waren. Das Kölner Institut für Konservierungswissenschaften hat das Papier untersucht und festgestellt, dass das ursprüngliche Notizbuch und das Papier wahrscheinlich aus den 1930er Jahren stammen (S. 258). Das veraltete Englisch (das wir teilweise modernisiert haben) erinnert an das, das man vor 100 Jahren schrieb.

Wir haben Bhagavan-Experten zur Authentizität des Manuskripts befragt. Die Mehrheit der Experten ist sich einig, dass vor allem die Lehrdialoge die für Bhagavan typische, unverwechselbare spirituelle Klarheit tragen. Diese Texte bilden den Hauptteil des vorliegenden Buches. Einige finden, dass zumindest manche Teile des Manuskripts nicht vertrauenswürdig oder übertrieben sein könnten.

Auch wenn die Frage der Authentizität nicht hundertprozentig zu klären ist, sind wir zuversichtlich, dass die in diesem Buch zusammengestellte Auswahl von Lehren einen enormen Wert für diejenigen haben werden, die offen sind, Bhagavans Gnade und Führung zu empfangen. Wir laden dich ein, dieses Buch mit offenem Geist zu erforschen und es als ein großes und überraschendes Mysterium zu betrachten.

Open Sky Press Team, Köln, August 2022

Vorwort

Swami Hamsananda ist der Gründungspräsident des Athithi Ashram in Tiruvannamalai. Der Ashram versorgt die durchreisenden Sadhus täglich mit kostenlosem Essen und einer Unterkunft, außerdem hat er sich auf ihre medizinische Versorgung spezialisiert. Im Puja-Raum des Ashrams befindet sich eine fantastische Statue von Bhagavan, die auf wundersame Weise zu Swami kam.

Swami selbst steht aufrichtig Suchenden für persönliche Satsangs zur Verfügung. Als junger Mann lebte er zusammen mit Annamalai Swami und später im Ramana Ashram, wo er sich um viele der älteren Anhänger kümmerte. Als versierter Gelehrter war er zudem in der Publikationsabteilung tätig.

Das vorliegende Buch „*Aham Sphurana – Ein Einblick in die Selbstverwirklichung*" ist meiner Meinung nach eine Schatztruhe der Weisheit für Wahrheitssucher im Allgemeinen und für Anhänger Bhagavans im Besonderen. Es basiert auf den umfangreichen Aufzeichnungen von Sri Gajapathi Aiyyer, einem jungen Anhänger, der während seines Aufenthalts im Ramana Ashram von Juli bis Dezember 1936 fast alle Begegnungen zwischen seinem Meister und den Besuchern sowie das tägliche Leben im Ashram akribisch festhielt.

Die Einzigartigkeit dieses Buches ist sehr bedeutsam. Es befasst sich ausführlich mit Bhagavans Lehren, und dies – das ist wesentlich – in Bhagavans eigenen Worten. Es sorgt für die notwendigen Klarstellungen, es beseitigt das aus Zweifeln, Unwissenheit und falschem Wissen des illusionären Verstandes gewebte Spinnennetz der Illusion, und es ebnet den Weg zur Selbstverwirklichung.

Der Titel des Buches, „*Aham Sphurana*", weist auf einen Einblick in die Selbstverwirklichung hin. *Sphurana* wurde Bhagavan während seiner Todeserfahrung im Alter von sechzehn Jahren in Madurai offenbart. In seinem Fall war *Sphurana* kontinuierlich geworden, das Ego-Gefühl starb. Der Körper wurde zu einem Werkzeug in den Händen des Allmächtigen und Ekstase erfüllte die Seele.

Bhagavan sagt: **„Bhagavan hat nicht entschieden: ‚Lass mich zum Arunachala gehen.' Vielmehr kam ich hierher, das ist alles." (S. 26)**

Bhagavan selbst versichert, dass der Verstand des *Jnani* nicht von einem *Jnani* – da der keinen Verstand hat – gesteuert wird, sondern vom Göttlichen. In ähnlicher Weise geben auch wir unseren Verstand an das Selbst ab und werden vom Selbst und nicht vom denkenden Verstand betrieben. Bhagavan sagt: **„Der Verstand gehört in Wirklichkeit dem Selbst, und wir sind die Diebe, die den Verstand gestohlen haben und denken, er gehöre uns, und identifizieren uns mit ihm, und so entsteht die Illusion.**

Gib den gestohlenen Verstand seinem rechtmäßigen Besitzer zurück, indem du dich ihm hingibst und dich von ihm leiten lässt. Auf diese Weise würdet ihr erkennen, dass ‚ihr nicht der Handelnde seid' und alles von Gott getan wird."

Ich möchte die Aufmerksamkeit der Leser auf die Erzählung von Sri GV Subbaramayya in seinem Buch „*Ramana Reminiscences*" (S. 20-21) lenken. Seine Tochter Indira wurde sterbenskrank und er suchte dringend Hilfe bei Bhagavan.

Später fragte er: „Sri Bhagavan, hast du nicht gedacht, dass du etwas tun musst, um das Kind zu retten?" Bhagavans Antwort kam prompt: **„Sogar der Gedanke, das Kind zu retten, ist *Sankalpa* [Willen], und jemand, der *Sankalpa* hat, ist kein *Jnani*. Tatsächlich ist ein solches Denken unnötig. In dem Moment, in dem der Blick des *Jnani* auf etwas fällt, beginnt eine, göttliche automatische Handlung', die selbst zum höchsten Gut führt."**

Die hier vorliegende Auswahl wird wahrscheinlich einige Debatten auslösen, da sie bisher unbekanntes Material über Bhagavans Leben und seine Lehren enthält. Außerdem entstammt dieses Buch einem Manuskript aus dem Jahr 1936, das aufgrund der verstrichenen Zeit nicht mehr als vollkommen authentisch verifiziert werden kann.

An der Authentizität der hier enthaltenen Auszüge gibt es für mich jedoch keinen Zweifel, und in der Tat berührt es wie kein anderes Buch die zentralen Lehren Bhagavans. Lasst mich euch durch einige schöne, unmissverständliche Beispiele führen.

In einem Eintrag vom 6. Juli 1936 – „*Wer bin ich?*“ – erklärt Bhagavan Major Chadwick persönlich die Praxis der Selbsterforschung – das ist an sich schon Beweis genug für die Authentizität des Buches.

Bhagavan billigte die von Major Chadwick erstellte Zusammenfassung von „*Wer bin ich?*“ zum Auswendiglernen und Wiederholen, bestand aber auf tatsächlicher Praxis: **„Die Frage ‚Wer bin ich?‘ sollte den Verstand in seine ursprüngliche Natur des bloßen Seins zurückführen. Das ist ihr Zweck und ihr Ziel.“ (S. 52)**

Bhagavan stellt klar, dass alle unsere Handlungen aus der Illusion heraus geboren werden, uns mit dem Körper zu identifizieren – während in Wirklichkeit alle Handlungen aufgrund einer uns innewohnenden Höheren Macht geschehen. Am 11. Juli 1936 sagt Bhagavan in seiner Antwort auf Samuel Cohens Fragen über Entsagung: **„Weltliche Pflichten aufzugeben wird zu mehr Komplikationen führen, als du dir im Moment vorstellen kannst. Du wirst vom Regen in die Traufe kommen.“ (S. 69)**

Ausführliche Kommentare zum Thema *Samadhi* finden sich in dem Eintrag vom 13. Juli 1936 aus *Major Chadwicks Notizbuch*. Er beleuchtet in sehr detaillierter Weise die verschiedenen Zustände von *Samadhi*.

Insbesondere warnt Bhagavan vor den Gefahren von *Kevala Nirvikalpa Samadhi*: **„Viele bedauernswerte Seelen, aufgefordert, nicht mehr zu denken, gehen in diesen Zustand, weil dies der einzige gedankenfreie Zustand ist, den sie kennen – sie denken, dass dies das Ziel der Selbsterforschung ist – denken, dass das Befreiung ist – aber es ist eine Sackgasse – das Schlimmste, was einem *Sadhaka* [Suchender] passieren kann.“ (S. 76)**

In vielen Kapiteln verdeutlicht Bhagavan den Weg der Selbsterforschung, *Vichara*. Das Kapitel „*Vichara – Selbsterforschung* vom 16. Juli 1936“ beleuchtet und verdeutlicht diesen direkten Weg zur Selbstverwirklichung.

Ein leicht zu verstehendes Beispiel von Bhagavan: **„Die beste Vorbereitung für *Vichara* ist *Vichara*... Die Zunge weiß, dass der Splitter ein Fremdkörper ist und verschwinden muss. Sie wird solange mit der Bekämpfung fortfahren, bis sich der Fremdkörper**

gelöst hat. Ebenso muss der Verstand in der Lage sein, das Ego, dem er seine scheinbare Existenz verdankt, auf natürliche Weise als ein unnatürliches und fremdes Wesen zu erkennen." (S. 98)

Im Eintrag vom 12. August, *„Die Gnade des Gurus"* geht Bhagavan auf die wesentliche Qualität der Hingabe an den Lehrer ein: **„Wenn du Verwirklichung erlangen willst, musst du bereit sein, unwiederbringlich alles aufzugeben, was du zu haben glaubst, einschließlich und vor allem dich selbst." (S. 129)**

Und am Ende desselben Kapitels: **„Bitte macht mit eurer *Sadhana* [Praxis] weiter. Wisse, wenn der *Satguru* beschlossen hat, einem Anhänger Befreiung zu gewähren, kann selbst *Brahma* [der Schöpfer] keinen Einspruch erheben. Der einzige sichere Weg, die Befreiung zu erlangen, ist daher, die Gnade des *Satgurus* zu gewinnen." (S. 131-132)**

Gewissenhaft zusammengestellt, geht dieses Buch in aller Ausführlichkeit auf das Herz ein; zweifelsohne wird es den ernsthaft Suchenden wie kein anderes Buch mit den zentralen Lehren Bhagavans in Berührung bringen: **„Wenn du aufgefordert wirst, in das Herz zurück zu schmelzen, aus dem du gekommen bist, bedeutet das nicht, dass dies durch „Tun" erreicht werden soll. „Tun" bedeutet, den Verstand zu benutzen." (S. 249)**

Was du in Händen hältst, ist als erster Band ausgewählter Lehren geplant. Dieses Buch enthält nur eine kleine Auswahl des gesamten Manuskripts, weitere Bände werden folgen. Ich bitte dich, dieses Werk an alle aufrichtig Suchenden weiterzugeben.

Ich bete zu Bhagavan, die ernsthaft Suchenden aus der Illusion der Welt zu retten und sie mit SEINER großzügigen Gnade zu erlösen.

Swami Hamsananda
Gründungspräsident, Athithi Ashram, Tiruvannamalai

Inhalt

Informative Kapitel

Essenzielle Lehren

Tagebuch chronologisch – Sommer 1936

Unveröffentlichte Notizbuch-Fragmente – Winter 1936

Sri Gajapathi Aiyyer

Informative Kapitel

Einleitung

Dieses Buch ist eine Auswahl aus einem sehr umfangreichen Manuskript, welches Aufzeichnungen von Begegnungen mit Bhagavan aus den Monaten Juli, August und September 1936 enthält – aufgeschrieben von einem jungen Inder, Sri Gajapathi Aiyyer, der in seiner Jugend englische Literatur verschlungen hatte und daher Englisch gut sprechen und hervorragend schreiben konnte.

In der Essenz geht es in diesem Buch um ein Phänomen, das *Aham Sphurana* oder „Ich"-Pulsieren genannt wird. Dies beschreibt, dass zum Zeitpunkt eines solchen Pulsierens im Herzen ein Zustand unvollständiger oder teilweiser Absorption herrschte. Der erwünschte Zustand ist eine vollständige Absorption, die als Selbstverwirklichung bezeichnet werden kann.

Das gesamte Manuskript ist, unformatiert und unbearbeitet, bei Amazon als E-Book und bei Pothi als Print-on-Demand-Buch erhältlich. Es braucht einiges an Ausdauer, um aus diesem Manuskript einen entspannten Nutzen zu ziehen. Auch gibt es um das Manuskript herum eine Menge überflüssiger Geschichten – so hat der Ramana Ashram, dem das Manuskript 2019 zusammen mit siebzehn Seiten der Original-Notizbücher zugesandt wurde, keine eigene Herausgabe vorgenommen.

Seit ich im Oktober 2021 mit diesem Manuskript in Berührung kam, war ich von einer nicht aufzuhaltenden Energie erfüllt, dieses Juwel in ein lesbares Buch zu verwandeln. Es folgte eine wunderbare Reise, die scheinbar wie von Bhagavan selbst inszeniert wurde. Von Anfang an war ich tief berührt von der ausführlichen Qualität, mit der Bhagavans Lehren wiedergegeben werden. Zum Beispiel über die Bedeutung eines Meisters und über Hingabe als direktem Weg – für die meisten Menschen wohl konfrontierend und schwierig. Viele neue Details seiner zentralen Lehre der Selbsterforschung werden enthüllt.

In den ersten Monaten habe ich spontan viele Auszüge aus dem gesamten

Manuskript ausgewählt und diese im Blog auf meiner Internetseite veröffentlicht; dort findet sich auch eine Extra-Seite über Bhagavan Sri Ramana Maharshi. Im Laufe der Monate wurden sie bearbeitet und bildeten die Grundlage für die in diesem Buch enthaltene Auswahl.

Am Anfang wurden nur Dialoge mit einzelnen Personen ausgewählt. Allmählich aber erkannten wir, dass die Berichte über das tägliche Leben um Bhagavan herum ein neues Verständnis von ihm ergaben und eine besondere Qualität hatten; wir sahen, dass auch sie Einblicke in seine Lehren enthielten. Sie vermitteln einen eher praktischen Zugang, im Gegensatz zu den intensiven Begegnungen, die Bhagavan mit seinen Besuchern in der Halle hatte.

Inspiriert durch das anerkennende Porträt Bhagavans in Paul Bruntons 1934 erschienenen Buch *„Yogis - Verborgene Weisheit Indiens " („A Search in Secret India")*, kamen viele Suchende zum Ashram. Major Chadwick (Sadhu Arunachala) kam 1935 im Ashram an und lebte dort bis zu seinem Tod im Jahr 1962; sein Zimmer hatte er sich mit Bhagavans engem Assistenten Annamalai Swami geteilt. Es wurde ersichtlich, dass 1936 das Jahr war, in dem viele Menschen aus dem Westen kamen, um Bhagavan zu treffen; was diesen Aufzeichnungen einen besonderen Wert verleiht.

Es gab viele Mitglieder der Theosophischen Gesellschaft, die sich in Madras (heute Chennai) aufhielten, und Besucher des Sri Aurobindo Ashrams in Pondicherry, die von Bhagavan hörten und ihn treffen wollten. So ergaben sich viele qualitativ hochwertige Dialoge mit reifen spirituellen Suchern aus dem Westen.

Im Jahr 1936 war Bhagavan sechsundfünfzig Jahre alt, ein gesunder und aktiver Mann mittleren Alters. Die Dschungel-Einsiedelei, die Paul Brunton beschrieben hatte, wich den Steingebäuden, die wir heute sehen können. Der sich entwickelnde Ashram hatte seine eigene Küche, mit Bhagavan als Chefkoch, und Annamalai Swami war damit beschäftigt, die täglichen Bauarbeiten zu organisieren, die von Bhagavan beaufsichtigt wurden.

Im Januar 2022, als ich mich für mein jährliches Retreat (im 21. Jahr) zu Ehren Bhagavans in Tiruvannamalai aufhielt, wandte ich mich wegen des Manuskripts an die Verantwortlichen des Ramana Ashrams. Zuvor hatte ich dreimal an den Präsidenten Dr. Venkata S. Ramanan geschrieben und angeboten, dass unser Verlagsteam jedes Projekt zur Veröffentlichung des Manuskripts unterstützen würde. Ich erhielt nie eine Antwort, und es wurde bald klar, dass die Ashramleitung, denen das Manuskript zwei Jahre zuvor übergeben worden war, nicht vorhatte, es zu veröffentlichen.

Das mangelnde Interesse des Ashrams ließ mich an der Sinnhaftigkeit einer Veröffentlichung zweifeln, doch dann geschah ein Wunder. Ein Besucher eines meiner Satsangs machte mich mit Swami Hamsananda, dem Gründungspräsidenten des Athithi Ashram, bekannt; ein Ashram, der es sich zur Aufgabe gemacht hat, Sadhus medizinische Versorgung sowie Unterkunft und Verpflegung zu bieten.

Swami Hamsananda zeigte mir im *Puja*-Raum des Ashrams eine erstaunliche Statue von Bhagavan, die ihm einige Jahre zuvor auf wundersame Weise zugefallen war.

Dann erzählte er mir Geschichten aus seinem Leben. Als er in seinen Zwanzigern war, hatte er etwa drei Jahre lang auf dem Boden von Annamalai Swamis kleinem Schlafzimmer geschlafen. Annamalai verwöhnte ihn mit wunderbaren Geschichten aus seinem Leben mit Bhagavan. Später lebte er im Ramana Ashram und kümmerte sich um die älteren Bewohner aus Bhagavans Zeit.

Außerdem arbeitete er auch einige Jahre in der Publikationsabteilung des Ramana Ashrams. Ich brachte ihm einige bearbeitete Texte und bat ihn um seine Meinung zu deren Wert und Authentizität. Wir trafen uns eine Woche lang, und er ermutigte mich, mit unseren Plänen zur Veröffentlichung fortzufahren. Schließlich bot er seine volle Unterstützung und Hilfe bei der Herausgabe an. Er hat sich zudem freundlicherweise bereit erklärt, das Vorwort zu diesem Buch zu schreiben.

Bei unserem letzten Treffen sagte er mir, dass die Qualität des Manuskripts von solchem Wert sei, dass wir planen sollten, das gesamte Werk in mehreren Bänden zu veröffentlichen. Er verglich die Lehren des Manuskripts mit „*Talks*" („*Gespräche des Weisen vom Berge Arunachala*"), einem Buch, das Bhagavans Vorträge aus demselben Zeitraum wie das Manuskript enthält. In „*Talks*" sind jedoch nur dreißig Seiten den Monaten Juli bis September 1936 gewidmet, während die vorliegende Auswahl dreihundert Seiten detaillierter Lehren für den gleichen Zeitraum enthält.

Die „*Talks*" wurden von Munagala Venkataramiah vier Jahre lang, von 1935 bis 1939, aufgezeichnet. Er war Bhagavans Hauptübersetzer für Englisch und Tamil. Es fällt auf, dass die meisten der Dialoge mit westlichen Besuchern, die Gajapathi Aiyyer festhielt, in „*Talks*" nicht enthalten sind. Es ist anzunehmen, dass Munagala, während er aktiv übersetzte, nicht in der Lage war, detaillierte Notizen zu machen. Man könnte sich fragen, ob Gajapathi deshalb diese Aufgabe übernommen hatte.

Aus den aufgezeichneten Erzählungen, die zwischen den Abschnitten mit den Lehren eingestreut sind, geht hervor, dass Gajapathi Aiyyer eine enge Verbindung zu Chadwick hatte. Seine Aufzeichnungen enthalten mehrere Notizen, die aus Chadwicks Notizbuch kopiert wurden. Es gab eine Zeit, in der Bhagavan Chadwick in seinem Zimmer besuchte und seine Fragen beantwortete. Gajapathi Aiyyer hatte Zugang zu diesen Notizbüchern. Daher sind auch Bhagavans detaillierte Antworten an Chadwick in diesem Manuskript enthalten. Gajapathi Aiyyer war ein junger, gebildeter Mann, der auch gelegentlich für Bhagavan übersetzte, wenn Munagala Venkataramiah nicht verfügbar war. Er scheint eine enge Bindung zu Bhagavan gehabt zu haben und wurde auch eingeladen, an einigen von Bhagavans Unternehmungen teilzunehmen.

Von Swami Hamsananda ermutigt, bat ich Herrn S. Nagarajan, einen bekannten tamilischen und in Tamil schreibenden spirituellen Schriftsteller, um Hilfe bei diesem Projekt. Ich hatte ihn bei der Veröffentlichung unserer letzten Ausgabe von „*Nan Yar*" in Tamil kennengelernt, wo er uns einen wichtigen Rat gegeben hatte.

Im Originalmanuskript sind Teile der Antworten Bhagavans – der auch gute Kenntnisse der englischen Sprache hatte – in seiner tamilischen Muttersprache wiedergegeben. Unter Mitwirkung von Herrn S. Nagarajan übersetzten wir diese.

Über die letzten Monate habe ich ein tiefes Empfinden für Bhagavan entwickelt, was sehr berührend ist. Oft fühlte es sich fast so an, als wäre ich selbst bei seinen Treffen dabei. Gajapathi schreibt wunderschön, mit tiefem Einblick und einer besonderen Sensibilität. Seine Verbindung mit Bhagavan war tief verankert und persönlich. Ich bin zur festen Überzeugung gelangt, dass Sri Gajapathi Aiyyers Teil des Manuskripts absolut authentisch ist.

Es könnte sein, dass Gajapathis Original-Notizbücher um Texte ergänzt wurden, bei denen es sich nicht um authentische Aufzeichnungen von Bhagavans gesprochenen Worten handelt. Swami Rajeshwarananda, ein im Ashram lebender enger Freund von Gajapathi, hatte die Original-Notizbücher, aus denen später das Manuskript wurde, gerettet. Er brachte sie 1948 zusammen mit Gajapathi zu Bhagavan und nahm Bhagavans Zustimmung entgegen (S. 9).

In den 1950er Jahren setzte er sich dafür ein, dass der Ashram sie veröffentlicht. Später gab er eine spirituelle Zeitschrift „*Call Divine*", mit Sitz in Bombay heraus. So könnte er eventuell mit möglichen zusätzlichen Schriften in Berührung gekommen sein, die hinzugefügt wurden, als die Notizbücher zum Manuskript wurden.

Das Erscheinen des Manuskripts ist den enormen Anstrengungen des Bhagavan-Anhängers Blutkeim (ein Pseudonym) zu verdanken, eines älteren indischen Mannes, der in Chennai lebt. Unterstützt wurde er von Athreya, einem jüngeren Mann, dessen Mutter Nalini das Manuskript abtippte. Wir von Open Sky Press haben Kontakt mit ihm aufgenommen; er ist erfreut, dass wir die Veröffentlichung übernommen haben.

Als Zeichen seiner Zuneigung und seines Vertrauens hat er uns vier Seiten – wie von Gajapathi beschrieben (S. 259) – der Original-Notizbücher zur Verfügung gestellt. Ebenso vier Notizbücher, die aus den 1930er Jahren stammen, aber vielleicht von der Originalschrift kopiert wurden. Diese vier wertvollen Notizbücher wurden eingescannt, transkribiert und mit in dieses Buch aufgenommen. Sie waren bisher noch nicht veröffentlicht worden.

Man riet uns, das Papier aus den Notizbüchern analysieren zu lassen. Laut dem Bericht des CICS (Kölner Institut für Konservierungswissenschaften) kann man davon ausgehen, dass es aus den 1930er Jahren stammt. Das Papier stammt aus der Zeit nach 1929, zu dieser Zeit änderte sich die Technik der Papierherstellung. An einer Stelle findet sich ein Datumseintrag von 1936.

Wenn Anhänger Bhagavans die Herausgabe des gesamten Manuskripts mit einer finanziellen Spende unterstützen möchten, würde das gewiss die Veröffentlichung beschleunigen.

Das Open Sky Press Team und ihre Berater haben viele Stunden verwandt, diese Lehren aufzubereiten, da wir leidenschaftliche Anhänger von Bhagavan sind. Die Kosten für den Druck weiterer Bände liegen zurzeit außerhalb unserer Möglichkeiten. Sofern die Einnahmen aus einem Buch den Druck des nächsten finanzieren können, werden wir nach und nach weitere Bände des Manuskripts veröffentlichen.

John David, Direktor, Open Sky Press, August 2022

Buchformatierung

Verwendete Schriftstile und Symbole

Die folgenden Schriftstile werden im gesamten Buch verwendet

Tagebuchschreiber............................ normal
Fragesteller..................................... *kursiv*
Bhagavan... **fett**
von Bhagavan zitiert............................ ***fett, kursiv, eingerückt***
von anderen zitiert........................... normal eingerückt
Sanskrit Wörter.................................... *kursiv*

Die folgenden Symbole werden im gesamten Buch verwendet

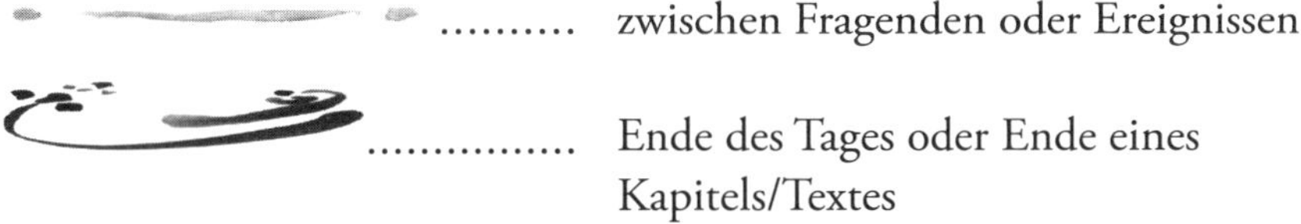

.... zwischen Fragenden oder Ereignissen

.... Ende des Tages oder Ende eines Kapitels/Textes

F–Fragender, B–Bhagavan, G–Gajapathi, C–Chadwick, Co–Cohen, K–Kunja Swami, CP–Cycle-Pillai

Weitere Erläuterungen

Hrsg.................................... Anmerkungen des Herausgebers
Sanskrit Wort [Bedeutung]....... im Text und im ausführlichen Glossar
10. August.......................... Treffen in der Reihenfolge der Daten

Dez 1948

Gajapathi besucht Bhagavan mit seinen Tagebüchern

Sri Gajapathi Aiyyer war ein angesehener Anwalt und ein Maharshi-Verehrer par excellence. Er kam im Jahr 1936 in den Ramana Ashram. Er blieb ungefähr sechs Monate und führte akribisch Tagebuch über die Begegnungen in Bhagavans Halle.

Diese Tagebücher sind der Kern des Manuskripts, das als „*Aham Sphurana*" [Pulsieren des „Ich"] bekannt ist. Es scheint, dass sein Freund, Swami Rajeshwarananda, in den 1950er Jahren diese Notizbücher veröffentlichen wollte. Zu dieser Zeit verfügte der Ashram nicht über die notwendigen Mittel.

Jetzt, etwa siebzig Jahre später, ist ein Manuskript – ***Aham Sphurana*** – aufgetaucht, das das Material aus den *roten Notizbüchern von Sri Gajapathi Aiyyer* zu enthalten scheint. Es ist möglich, dass noch weiteres Material hinzugefügt wurde. Es ist ein umfangreicher Text von mehr als 1000 Seiten.

Im Dezember 1948 brachten Sri Gajapathi Aiyyer und sein Freund Swami Rajeshwarananda einen Koffer mit einem halben Dutzend Notizbüchern in den Ramana Ashram und packten ihn vor Bhagavan aus.

Bhagavan blätterte geduldig durch die Bücher. Es sind gebundene Notizbücher, alle von der gleichen Sorte, gehalten in wunderschöne rote Rexine (Kunstleder). Die Seiten sind mit schwarzer Tinte von eins bis dreihundert durchnummeriert. Die linken Seiten haben ihre Nummer in der linken oberen Ecke, die rechten Seite in der rechten oberen Ecke eingeschrieben. Die Seiten haben bläuliche Linien mit engen Abständen und sind mit den akribisch ausgeführten Notizen des jungen Gajapathi gefüllt, alle mit Bleistift geschrieben.
(Vier dieser Originalseiten finden Sie hinten im Buch auf S. 259 – Hrsg.)

Bhagavan lächelte und sagte: Seht, wie schön das Kind alles geschrieben hat!

Swami Rajeshwarananda: Gajapathi glaubt, dass er ein Vergehen begangen hat, indem er deine Worte aufgeschrieben hat, ohne dich um Erlaubnis zu fragen.
B: Das spielt keine Rolle.

Gajapathi: Ich habe nur für meine eigene Erinnerung geschrieben; wird das nicht zu Verwirrung führen, wenn es anderen gezeigt wird? Bhagavan gibt einzelnen Personen spezifische Ratschläge zu spirituellen Fragen; wenn man sie einer Person zeigt, die damit nichts zu tun hatte, wird diese Person nicht fälschlicherweise denken, dass der Ratschlag auch auf ihren eigenen Fall anwendbar ist, und sich in die Irre führen, mit unangemessenen Folgen? Dennoch will Swami Rajeshwarananda es allen im Ashram zugänglich machen.

Rajeshwarananda: Bhagavans Worte sind feierlicher und heiliger als selbst die Upanishaden. Warum sollte man glauben, sie könnten jemanden in die Irre führen?
B: Jemand mag die gleichen Zweifel wie die in diesen Büchern beschriebenen haben.

Gajapathi: Aber Bhagavan gibt verschiedenen Personen auf dieselbe Frage unterschiedliche Antworten, abhängig vom individuellen Temperament!
B: Wenn die Antwort, die gefunden wird, nicht zufriedenstellend ist, geht die Suche weiter! Der ernsthaft Suchende gibt sich nicht damit zufrieden, eine Antwort zu erhalten, die er als unpassend oder nur teilweise zufriedenstellend empfindet. Ein Verstand, der durch wiederholtes und längeres Eintauchen in das Sein immer feiner wird, weist automatisch Ratschläge zurück, die ihn vom Herzen wegführen.

Wenn man das ständige Verweilen im Leuchten des Herzens praktiziert, stärkt das die Fähigkeit der Intuition in dem Maße, dass sie immer wieder nur die Worte auswählt, die ihren

Kurs auf das sich selbst erleuchtende Herz lenken. Ein solches Unterscheidungsvermögen ist keine Funktion des fiktiven Gefühls eines individuellen freien Willens, es geschieht vielmehr automatisch und kommt durch Gottes Gnade zu dem aufrichtig Suchenden.

Gajapathi wollte gerade etwas sagen, aber es war Zeit für den Beginn des *Veda Parayanam* [Vedisches Chanten im Ramana Ashram].

Bhagavan griff nach seinem Stock und bemerkte, bevor er ging:
Es gibt ein Schicksal, das den Lauf der Dinge lenkt. Man muss sich nicht um irgendetwas sorgen, indem man sich einbildet, persönlich dafür verantwortlich zu sein.

Nun ist der Meister nicht mehr im Körper, aber Swami Rajeshwarananda und ich (Gajapathi) möchten den Inhalt dieser Notizbücher einem breiteren Publikum zugänglich machen. Swami Rajeshwarananda hat die Idee mit mir besprochen, und er hat zugestimmt, aus den Notizbüchern eine gemeinsame Zusammenfassung zu machen, so dass die Lehren des Meisters, die in ihnen aufscheinen, als praktische Referenz seiner Lehre veröffentlicht werden können.

Sri Gajapathis Notizen

Hinweise und Übersetzung

Ein großer Teil des hier präsentierten Inhalts, der zeigt, wie Bhagavan Verse aus der Bibel und andere Texte liest, werden in der stillschweigenden Annahme vorgelegt, dass der Leser ganz natürlich davon ausgeht, dass Bhagavan aus einem Buch vorliest; sicherlich hat Bhagavan diese Prosa- oder Gedichtzeilen nicht aus dem Gedächtnis heraus vorgetragen – zumindest nicht in der Mehrzahl der Fälle.

Ich war zu träge, jedes Mal mitzuschreiben, wenn Bhagavan den Diener bat, dieses oder jenes Buch aus dem Bücherregal in der Halle zu holen. Wenn der Diener dem nachkam, schlug Bhagavan – ohne zu suchen – das Buch an der gewünschten Stelle auf und übergab es dem Dolmetscher mit der Anweisung, ausgewählte Teile in der Halle vorzulesen … und so weiter.

Ebenso wurde immer dann ein Dolmetscher – oft Herr TKS, gelegentlich (in den wenigen glücklichen Monaten, in denen ich ständig in Tiruvannamalai wohnte) ich selbst oder jemand anderes – eingesetzt, wenn mit einer Person auf Englisch gesprochen werden sollte; selbst wenn es sich um einen langjährigen Schüler handelte, der dauerhaft im Ashram wohnte, wie Chadwick oder Cohen.

Bhagavan selbst brauchte keinen Dolmetscher. Wenn Bhagavan Englisch spricht, ist dies hier von mir in Klammern gesetzt. Es gab Zeiten, in denen es für eine Sprache der Weißen keinen Dolmetscher gab. Dann sprach der Meister sie selbst, sanft, ruhig und deutlich.

Gespräche, die mit einem Dolmetscher geführt wurden, habe ich mit Rücksicht auf die Länge dieses Manuskripts nicht gesondert hervorgehoben. Ebenso wurden Namen, kulturelle Hintergründe, Ethnien, Nationalitäten und erklärtermaßen vorhandene spirituelle Kompetenzen der verschiedenen Besucher, die den Meister befragten, bei der Erstellung dieses Manuskripts (weitgehend) herausgefiltert. Ein langatmiges Manuskript kann die Geduld eines potentiellen Verlegers sprengen; außerdem ist mir bewusst, dass ein Buch, das zu langatmig erscheint, in Buchhandlungen oft ignoriert wird und liegen bleibt!

4. September 1936

Mrs. Piggot stellt den Ashram und Bhagavan vor

Vor dieser Reise hatte ich Indien schon mehrmals besucht, aber dies war meine erste Reise abseits der ausgetretenen Pfade.

Man hatte mir von Sri Ramana Maharshi erzählt, und schon nach dem Wenigen, was ich gehört hatte, wusste ich, dass ich überall hinreisen und jede Unannehmlichkeit in Kauf nehmen würde, um ihn zu treffen und die Heiligkeit seiner Gegenwart zu erfahren. Der Freund, der mir die willkommene Nachricht von der Existenz des Maharshi überbrachte, bot mir an, mich zu ihm zu bringen, und so kamen wir eines späten Nachmittags in Tiruvannamalai an.

Dakshinamurti [Aspekt des Gottes Shiva] Schrein

Auf dem Weg zum Ashram des Maharshi fällt mir auf, dass unser Fahrzeug an einem einfachen Steinschrein vorbeifährt, der Shiva als Dakshinamurti gewidmet ist, dem ältesten aller Yogis, der die unbeschreibliche Absolute Wahrheit durch die Stille der Seele lehrt. Er ist eine Gottheit, die immer nach Süden schaut, und da Süden die Richtung des Todes ist, ist er auch als *Mrityunjaya*, [Form von Shiva] der Bezwinger des Todes, bekannt. Der Tod wird zweifelsohne durch das Erwachen zur endgültigen Wahrheit über uns selbst besiegt.

Kurz nachdem wir den Schrein von Dakshinamurti passiert hatten, erreichten wir unser Ziel, das von einem Torbogen mit der Aufschrift „Sri Ramanasramam" angekündigt wurde. Nachdem wir auf das Gelände gefahren waren, stiegen wir aus unserem Fahrzeug aus. Der jüngere Bruder des Maharshi, Sri Nagasundaram, begrüßte uns. Er war der Leiter des Ashrams, bekannt als *Sarvadhikari* oder als Chinnaswami.

Begegnung mit Bhagavan

Er informierte mich, dass ich nun Bhagavans *Darshan* [glückverheißender Anblick einer Gottheit oder Heiligen] haben könne. Ich überquerte einen kleinen Hof und kam in eine lange Halle, deren Türen und Fenster offenstanden. Ich ging ein paar Stufen hinauf und dort saß der Weise vom Arunachala vor mir auf einer Couch. Er ist ein schlanker, goldhäutiger Mann in seinen späten Fünfzigern. Abgesehen von einem Lendenschurz ist er völlig nackt.

Vor der Couch brannten Sandelholzstäbchen und ein kleines Feuer mit heißen Kohlen, auf das ständig eine besondere Art von Weihrauch geworfen wurde. Obwohl er als *Brahmane* [die höchste Kaste im Hinduismus] geboren wurde, sah Bhagavan mit seinen Gesichtszügen tatsächlich wie ein gutmütiger Bauer vom Lande aus. Das Bewusstsein des Absoluten ist jedoch deutlich auf seinem Gesicht zu erkennen, was es zutiefst heiter und schön macht.

Die Herrlichkeit der Verwirklichung ist auf seinem Gesicht mit einem Blick klar erkennbar. Ich sehe jetzt, dass die psychologischen Etiketten, die der moderne Verstand der spirituellen Erfahrung gerne anheftet, sich als irrelevant und unwürdig erweisen, sobald man mit einer wahren Verwirklichung konfrontiert wird.

Ich war so in die Kontemplation Bhagavans vertieft, dass ich zunächst nicht hörte, dass einer der Begleiter mir sagte, ich solle meinen Platz bei den Frauen einnehmen, die zur Linken des Meisters saßen. Die Männer, die zahlreicher waren, saßen ihm der Länge nach in der Halle gegenüber.

Der Saal, in dem sich die Anwesenden befanden, war einfach dekoriert und eingerichtet. Ein Fries aus blauen Blumen zog sich an den Wänden entlang. An der Wand gegenüber den Anhängern hing eine Uhr. Darunter, auf einem Regal, standen ein paar Blechdosen. In diesem Moment sah ich, wie Bhagavan aus einem dieser Behälter einige Nüsse für das Eichhörnchen nahm, das an der Rückseite des Sofas zu ihm gelaufen war.

Doch der banale Rahmen konnte die Großartigkeit des Weisen nicht schmälern. Außergewöhnlich war vor allem, dass er einfach er selbst war. Jede seiner Handlungen, ob er nun ein Manuskript korrigierte oder einen Brief las, war von vollkommener Natürlichkeit und ohne jede Pose. Das ist sehr selten, denn es gibt nur wenige Menschen, die in ihrer wahren Identität verwurzelt sind und es nicht nötig haben, ein schmeichelhaftes Bild von sich selbst abzugeben oder Bestätigung zu suchen durch den Eindruck, den sie auf andere machen.

Mittagessen

Um elf Uhr standen Bhagavan und seine Anhänger auf und verließen die Halle, denn es war Zeit für die Hauptmahlzeit des Tages. Die Mahlzeit wurde im gemeinsamen Speisesaal serviert, wo Reihen von frisch gewaschenen Kochbananenblättern auf dem blitzsauberen Steinboden ausgelegt worden waren. Bhagavan nahm seinen Platz zwischen den Anhängern ein. Die *Brahmanen* saßen auf der einen Seite von ihm und die Nicht-*Brahmanen* auf der anderen, um die religiösen Bräuche zu respektieren. Bhagavan trug jedoch nicht den heiligen Faden der *Brahmanen*, und ich erinnerte mich daran, dass er bei seiner Ankunft in Tiruvannamalai den Faden weggeworfen hatte, der von der – durch Geburt erworbenen – priesterlichen Rasse getragen wurde und der die Überlegenheit über jede andere Rasse anzeigte.

Mir wurden Reis, Gemüse, Pfefferwasser und Joghurt serviert. Bhagavan aß sehr sparsam. Er fragte mich höflich, ob das Essen nicht zu scharf für mich sei. Diese Worte der Fürsorge waren die ersten Worte, die er zu mir sprach.

Treffen in der Halle

In der Halle gesellte ich mich dann zu den Anhängern, die gekommen waren, um den Nachmittag mit Bhagavan zu verbringen. Einige von denen, die am Morgen anwesend gewesen waren, sah ich nicht, aber einige neue waren da. Ich war überrascht, als ich hörte, dass Anhänger schon um vier Uhr morgens in die Halle kommen konnten; die meisten Morgenbesucher kamen jedoch um sieben Uhr. Viele verbrachten nur ein paar Stunden mit ihm, aber er war den ganzen Tag über für Besucher zu sprechen. Wie am Vormittag war die Stimmung eher zwanglos. Für die Schüler, die den höchsten Grad an Wissen anstrebten, hielt Bhagavan offenbar keine Vorträge. Er antwortete auf Fragen, wenn sie ihm gestellt wurden, meist sehr knapp, als wolle er das eine Wort oder die wenigen Worte, die er sagte, direkt in das Verständnis des Fragenden hineinfließen lassen.

Andererseits, als ein junger Mann um das Begreifen des Absoluten Selbst kämpfte, führte Bhagavan ihn mit großer Geduld durch seine Überlegungen, bis er wenigstens einen Schimmer davon bekam, was Bhagavan meinte. Natürlich ist die Antwort auf die Natur des unpersönlichen Noumenons nur auf der intuitiven Ebene zu finden, aber der Durchbruch der Intuition kann durch fehlerhafte Argumentation behindert werden. Abgesehen von diesen Ausnahmen des Schweigens gab es lange stille Momente, in denen Bhagavan nichts sagte und nichts tat, die aber in der Vermittlung der transzendenten Wahrheit wirksamer waren, als jeder Vortrag oder jede Predigt es gewesen wäre.

Kaffee und abendliches Treffen

Der Nachmittag endete mit einer zwanzigminütigen Kaffeepause, und dann stand Bhagavan auf und machte seinen Abendspaziergang. Dies war das Signal für einen allgemeinen Aufbruch, und wir strömten alle nach draußen.

Bhagavan und seine Anhänger versammelten sich um fünf Uhr wieder in der Halle zum abendlichen Treffen. Ich fand, dass die Atmosphäre jetzt ganz anders war, viel feierlicher und energetischer als früher am Tag. Zuerst rezitierten eine Gruppe junger *Brahmanen* und ihr Lehrer die *Veden* [die ältesten Hindu-Schriften]. Als die kraftvollen Sanskrit-Silben in der Halle vibrierten, machte Bhagavans Erscheinung eine bemerkenswerte Veränderung durch. Sein Ausdruck wurde streng, sein Blick war nach innen gerichtet. Sein Gesicht schien transparent zu sein, als ob es von einer inneren Erleuchtung erhellt würde, während das ständige leichte Zittern seines Körpers, das ich zuvor bemerkt hatte, völlig aufgehört hatte.

Doch selbst in diesem Zustand war es offensichtlich, dass er seine Umgebung nicht vergaß und dass er sich sowohl der inneren als auch der äußeren Realität bewusst war. Nach den *Veden* sangen die Anhänger gemeinsam eine Hymne an Arunachala. Dann saßen sie in tiefer Stille und nahmen die Kraft auf, die vom Meister ausging, eine Kraft, die so stark war, dass sie fast greifbar wurde. Bhagavans Ashram ist ein Ort, an dem nur die Menschen ständig wohnen können, die ihr ganzes Leben der spirituellen Suche gewidmet haben.

Meist gibt es keine Anordnungen oder verbindlichen Regeln, und jeder kann kommen und gehen, wie es ihm beliebt. Zu meiner angenehmen Überraschung stelle ich fest, dass die meisten Menschen, die im Ashram leben, Englisch sprechen und darauf bedacht sind, mich herzlich und freundlich zu begrüßen. Am Tag meiner Ankunft versuchten mehr als ein Dutzend Menschen, ein Gespräch mit mir zu beginnen. In ihrem indisch akzentuierten Englisch wollten sie gerne wissen, wie ich vom Meister gehört hatte und was mich hierher führte.

Ein Dialog mit dem Meister

Es waren nun schon einige Stunden vergangen, seit die Nacht über die kleine Stadt hereingebrochen war. Die Bewohner des Saals sprachen leise miteinander, und ein Kind plapperte mit seiner Mutter; aber bald verstummten diese Geräusche und es wurde still. Ich saß im Schneidersitz mit den anderen auf dem Boden, obwohl ein Stuhl für mich bereitgestellt worden war.

Ich fragte den Maharshi in einem respektvollen, gedämpften Ton: „Die Gedanken hören plötzlich auf, dann erhebt sich das ‚Ich-Ich‘ ebenso plötzlich und setzt sich fort. Es ist nur im Gefühl und nicht im Intellekt. Kann das richtig sein?“ Er war so gnädig, mir zu antworten und sagte, dass es sicherlich richtig sei. Daraufhin versuchte ich, ihm in die Augen zu schauen. Immer wieder versuchte ich, seinen Blick zu fangen. Eine Zeit lang geschah nichts. Ich versuchte, meinen Verstand auf das Sein des formlosen Selbst zu konzentrieren.

Plötzlich wurde ich mir bewusst, dass Bhagavans Augen auf mich gerichtet waren. Sie erschienen mir buchstäblich wie brennende Kohlen, die einen durchbohren. Sie glitzerten im schwachen Licht des Kohleofens, der an der Seite des Sofas brannte. Nie zuvor hatte ich etwas so Erschütterndes erlebt – es war sogar fast beängstigend. Was ich in dieser schrecklichen halben Stunde in einer Art Selbstverurteilung und Verachtung für die Kleinlichkeit meines eigenen Lebens durchmachte, ist schwer zu beschreiben.

Nicht, dass er kritisiert hätte, auch nicht im Stillen – dazu war er nicht fähig –, aber im Licht der Vollkommenheit werden alle Unvollkommenheiten offenbar. Um festzuhalten, wie wenig er für meine

Gefühle verantwortlich war, muss ich hier erwähnen, dass er mir später sagte, dass Zweifel, mangelndes Selbstvertrauen und Selbstabwertung zu den größten Hindernissen bei der Verwirklichung der Wahrheit gehören.

Dies ist eine Aufzeichnung weiterer Gespräche, die ich mit ihm am Tag nach meiner ersten Ankunft im Ashram führte:

F: Ist ein realisierter Meister notwendig, um Verwirklichung zu erlangen?
B: Die Verwirklichung ist mehr das Ergebnis der Gnade des Gurus als von Lehren, Vorträgen, Meditation und so weiter. Sie sind nur sekundäre Hilfsmittel, während Ersteres die primäre und wesentliche Ursache ist.

Dann ordnete Bhagavan an, dass eine bestimmte Abhandlung in der Halle verlesen werden sollte, in der es hieß, dass man bei jeder körperlichen und intellektuellen Ausbildung einen Lehrer oder Anleiter sucht, und dass in spirituellen Angelegenheiten das gleiche Prinzip gilt. Der Meister fügte hinzu, dass es für einen Menschen schwer sei, ohne die Hilfe eines verwirklichten Meisters das Ziel zu erreichen.

F: Ich habe jedoch gehört, dass du keinen Guru [Lehrer] hattest.

Ein Aufschrei des Entsetzens ging durch den Saal, weil ich ihn versehentlich in der zweiten Person angesprochen hatte, anstatt ihn als „Bhagavan“ zu bezeichnen. Doch der Maharshi war nicht im Geringsten beunruhigt oder beleidigt. Im Gegenteil, er schaute mich mit einem Funkeln in den Augen an. Dann warf er den Kopf zurück und lachte fröhlich und aus vollem Herzen. Das machte ihn mir so sympathisch wie nichts sonst. Ein Heiliger, der über sich selbst lachen kann, ist wirklich ein Heiliger. Schließlich gab er eine Antwort auf meine unverschämte Bemerkung:
B: Ja, aber in der Mehrheit der Fälle ist ein Lehrer sicherlich nötig.

F: Wie soll ich einen Lehrer finden?
B: Intensive Meditation wird dich automatisch in das Feld seiner Gegenwart führen.

Der Ashram
Am dritten Tag meines Besuchs bot mir einer der Anhänger an, mir den Ashram zu zeigen, eine Ansammlung von kleinen, weiß getünchten Gebäuden und Hütten, die alle makellos sauber und in einigen Fällen durch einen überdachten Gang miteinander verbunden sind. Der Ashram lag malerisch auf halber Höhe des berühmten heiligen Berges Arunachala. Es war an diesem Berghang, wo Bhagavan vor mehr als dreißig Jahren seinen Wohnsitz nahm, und seitdem ist es sein Zuhause.

Bhagavan muss um die fünfzig Jahre alt sein, sieht aber älter aus, was zweifellos auf die vielen Entbehrungen in seinem frühen Leben zurückzuführen ist. Es war dunkel, als ich zur Abendmeditation zurückkehrte, und die meisten Menschen, die nicht ständig im Ashram lebten, hatten ihn verlassen. In der Halle herrschte eine dichte Stille. Die Augen des Heiligen leuchteten nicht mehr. Sie waren heiter und in sich gekehrt. Alle meine Sorgen schienen in den Hintergrund getreten zu sein, und die Schwierigkeiten schmolzen dahin. Nichts von dem, was wir in der Welt wichtig nennen, war von Bedeutung. Die Zeit war vergessen. Das Leben in seinen vielen Aspekten war jetzt eins.

(Dieser Text oder Auszüge daraus sind in verschiedenen Veröffentlichungen zu finden. – Hrsg.)

Essenzielle Lehren

Summa Iru [Sei still]

Wesentliche Auszüge

Ein typischer westlicher Besucher

20. Juli 1936

Summa Iru [Sei still]

F: Wie kann ich diesen Zustand für mich selbst erreichen?
B: *Summa Iru* [Sei still]! Das ist die Übung.

F: Soll ich die ganze Zeit untätig sein? Ist es ein Verbrechen, einer gewinnbringenden oder produktiven Arbeit nachzugehen?
B: Die Bedeutung von *Summa Iru* ist: „Halte deinen Geist untätig oder schlafend im Sein des Selbst". Was den Körper betrifft, so hat er sich um sein eigenes *Prarabdha* [das Schicksal, das unser Leben jetzt beeinflusst] zu kümmern. Du hast kein Recht, über den Körper zu bestimmen. Du kannst nicht entscheiden, ob der Körper arbeiten oder untätig bleiben soll. Was geschehen muss, wird geschehen.

Wenn der Körper dazu bestimmt ist, ohne Arbeit zu bleiben, wirst du keine Arbeit bekommen, selbst wenn du danach jagst. Wenn der Körper dazu bestimmt ist, zu arbeiten, kannst du dieses Schicksal nicht ändern, denn der Körper wird gezwungen sein, zu arbeiten.

Überlasse es also der höheren Macht. Die Arbeit für den Körper kannst du nicht nach deinem Willen vermeiden oder beschaffen. Diese Freiheit hat Gott nicht bewilligt. Nur eine Freiheit ist dem Menschen gestattet – und das ist die Freiheit, in sein eigenes unsterbliches Selbst einzugehen. Dies ist ebenso der einzige „freie Wille".

F: Kann Meditation oder Vichara *(Selbsterforschung) inmitten weltlicher Aktivitäten ausgeübt werden?*
B: Das Gefühl „Ich arbeite" ist das Hindernis. Frage dich: „Wer arbeitet?" Erinnere dich daran, dich jedes Mal zu fragen: „Wer bin ich?", wenn dich solch falsche Vorstellungen von einem Handelnden beunruhigen. Dann kann dich keine Arbeit mehr fesseln; alles wird von selbst gehen. Bemühe dich weder um Arbeit noch um den Verzicht auf Arbeit. Deine Anstrengung ist die Fessel. Bleibe

einfach immer so, wie du BIST, mit einem Verstand, der mit seiner Quelle verschmolzen ist, so dass er vom Sein des Selbst nicht zu unterschieden ist, und kümmere dich nicht um die Frage, ob der Körper tätig oder müßig sein soll. Wenn du nicht anhaftend bleibst – weder anhaftend noch losgelöst, denn beides ist willentlich – wird das *Prarabdha* des Körpers ihn mühelos durch alle Aktivitäten tragen, die in diesem Leben für ihn vorgesehen sind. Du bleibst dem Selbst hingegeben – alles andere verschwindet. Es tauchen keine Fragen, Zweifel oder Bedenken mehr auf. Dies ist der Weg zu unerschütterlichem *Shanti* [Frieden].

(Der gesamten Text ist in – Ein totaler Laie, S. 114 – Hrsg.)

Aham Sphurana

Wesentliche Auszüge aus dem Manuskript

F: Wird der Zustand des Bewusstseins, der – von Gedanken ungestört – beständig nur als das Selbst verbleibt, Sahajastithi *[der natürliche Zustand] genannt?*

B: Nein. Er wird *Aham Sphurana* genannt.

F: Was ist dann Sahajastithi*?*

B: Es ist nicht möglich, das zu beschreiben. Das reflektierende Wesen – das Bewusstsein, das sich in einem physischen Körper glaubt – wird zerstört. Nachdem dieses zerstört ist, bleibt allein das übrig, was immer gewesen ist. Es ist die Absolute Realität. Sie transzendiert die Dualitäten – wie Sein und Nichtsein, Wissen und Nichtwissen, Licht und Dunkelheit und dergleichen. Es ist DAS-WAS-IST; das ist alles, was man darüber sagen kann. Das ist das, was in der Bibel als JAHWEH bezeichnet wird. Obwohl es dort ein persönlicher Gott zu sein scheint, der die Geschicke der Kinder Israels lenkt, kannten die

talmudischen Propheten des Altertums den transzendenten Aspekt ebenso wie Christus. Gott sagte zu Moses: „Ich bin Abraham, Isaak und Jakob als allmächtiger Gott erschienen, aber unter meinem Namen JAHWEH war ich ihnen nicht bekannt". Andererseits kommt der Begriff JAHWEH in der Genesis mehrfach vor. Liegt darin ein Widerspruch? Nein. Die Propheten vor der Zeit Moses kannten den persönlichen Gott JAHWEH, aber Moses war der Erste, dem der transzendente, formlose Aspekt offenbart wurde. Die früheren Propheten kannten zwar den Namen, aber nicht seine Bedeutung. Sie liebten Gott und verehrten seinen Namen, aber sie verstanden nicht die Bedeutung oder den Sinn des Namens.

Der Name bedeutet: „Ich bin, wer ich bin". Gott offenbarte Moses die Bedeutung des Namens, den früheren Propheten war nur der Name gegeben worden. Die Bedeutung des Namens ist, dass derjenige, der sich – ohne irgendein Objekt zu kennen – einfach nur seiner Subjektivität bewusst ist, in Gott aufgeht oder sich in ihn verwandelt. Dies ist keine intellektuelle Überzeugung oder verstandesmäßige Behauptung. Es ist das Erblühen der Herzblume [*Hridayapundarikam*] der Liebe – von innen heraus.

F: Bhagavan erwähnte gestern etwas, das „Aham Sphurana" *genannt wird. Wenn man dieses* Aham Sphurana *erreicht hat, wie kommt man dann von dort zur Selbstverwirklichung des endgültigen* Sahajastithi*?*

B: Wenn man *Aham Sphurana* erreicht hat, ist keine weitere Anstrengung mehr möglich. Für jemanden, der *Sphurana* erreicht hat, ist diese Frage unmöglich – wie jede andere Frage auch. Es gibt keine Zweifel, denn der Zweifler hat sich längst dem unendlichen Sein hingegeben, das in seinem eigenen Herzen als das Licht des wahren „Ich" leuchtet. Jemand, der *Sphurana* erreicht hat und – statt zu schwanken – ständig darin versunken bleibt, würde niemals denken: „Ich habe *Aham Sphurana* erreicht; jetzt frage ich mich, wann mir die Verwirklichung des Absoluten Selbst erscheinen wird." Er denkt auch keinen anderen Gedanken.

Wenn der Denkende nicht mehr da ist, wer bleibt noch übrig, um Gedanken zu produzieren? Wer unerschütterlich im *Sphurana*-

Zustand verweilt, sehnt sich nicht nach Verwirklichung – und auch nicht nach etwas anderem –, denn er hat keine Bedürfnisse mehr. Da ein Absturz theoretisch immer möglich ist, wird *Sphurana* immer noch als *Sadhana* eingestuft. Es ist jedoch die erhabenste Stufe des *Sadhana*, denn sie wird – um in ihr zu bleiben – ohne die geringste Anstrengung oder *Sankalpa* [Wille] aufrechterhalten.

Kontinuierliches *Sphurana* ist erst möglich, nachdem das Ego endgültig aufgegeben wurde. Bevor es sich kontinuierlich manifestiert, ist es für den *Sadhaka* möglich, Einblicke davon zu erleben. Anstatt sich von diesen Einblicken ablenken zu lassen und anstatt sich absichtlich darum zu bemühen, sie aufrechtzuerhalten oder sie willentlich wieder herbeizuführen, sollte er sich ruhig fragen: „Wer hat das erfahren?" Solange, bis das *Sphurana* kontinuierlich wird. Sobald das *Sphurana* zum Dauerzustand wird, wird es zu gegebener Zeit auch wieder erlöschen, so wie die Verbrennung eines Kampferblocks abgeschlossen ist, wenn weder Kampfer noch Flamme mehr zu sehen sind und nur noch die Wirklichkeit übrig bleibt – das ist der *Sahajastithi* [natürlicher Zustand] des *Jnanasiddha* [der, der wahres Wissen erlangt hat], nach dem du fragst.

F: Was sind die körperlichen Symptome von Sphurana*? Kommt es zu einem Funktionsverlust der Sinnesorgane? Kommt es zu einem Verlust des Körperbewusstseins?*

B: Es kann sein oder auch nicht, dass es zu einem unwillkürlichen Anfall vereinzelten Atemanhaltens kommt; es kann auch ein pochendes oder pulsierendes Empfinden geben – aber warum stellst du diese Frage? Wende dich nach innen und SIEH selbst. Das Wichtigste ist, dass es im Zustand von *Sphurana* so etwas wie „eine Entschcidung treffen" nicht gibt. Alles wird von der höheren Macht entschieden … und dein Verstand, der die Fähigkeit verloren hat, Vielheit zu messen oder Werturteile zu fällen, ist reduziert auf das bloße Gewahrsein des Seins. Die Sinnesorgane funktionieren normal, die Entfremdung vom Körperbewusstsein ist noch nicht abgeschlossen, aber die Ereignisse der Außenwelt werden lediglich distanziert und ohne jegliche Abneigung oder Faszination

beobachtet, so wie man einen Kinofilm ohne das geringste Interesse betrachtet. Die Handlungen sind nicht im Voraus geplant, sondern spontan.

Der Körper wird zu einem Werkzeug in den Händen des Allmächtigen, Ekstase durchflutet die Seele, und geblendet vom Zauber des göttlichen Rausches weint und lacht, singt und schreit man – ohne ersichtlichen Grund. Dies sind nur sichtbare, äußere Symptome des tiefen Nach-innen-Ziehens, die sich vielleicht nicht bei allen manifestieren. So ging es mir in Madurai, als ich im Meenakshi-Tempel Tränen der Sehnsucht vergoss, ohne die geringste Ahnung zu haben, warum. Selbst der Gedanke „Warum weine ich?" kam mir nicht. Nicht alle können die Erfahrung machen, um Gott zu weinen, ohne zu wissen – und es ist ihnen egal –, ob sie in Sehnsuchts-Qualen oder in der Ekstase der Erfüllung weinen. Wichtig ist, ob innerlich *Dehatmabuddhi* [der Intellekt, der einen dazu veranlasst, das Selbst mit dem Körper zu identifizieren] oder *Kartritvabuddhi* [die Vorstellung „Ich bin der Handelnde"] durchbrochen wurden oder nicht. Wenn die Vorstellung „Ich bin der Körper-Geist-Komplex" vollständig aufgegeben wird, bleibt keine Spur von *Sankalpa* oder Willen zurück. Bhagavan hat nicht entschieden: „Lasst uns zum Arunachala gehen." Sondern (Gajapathi sah, wie die Gestalt auf dem Sofa mit einem seiner zarten Finger sanft seine rechte Schulter berührte): **„Komm her!" Das ist alles.**

F: Und wie, wenn es „aufblitzt", kann man Aham Sphurana *erkennen?*

B: Wenn sich die Erfahrung tatsächlich zeigt, ist es nicht möglich, sie zu verwechseln. Welche Beschreibung auch immer abgegeben wird, sie ist nicht nur nutzlos, sondern auch kontraproduktiv, denn wenn eine Beschreibung der Erfahrung von *Aham Sphurana* gegeben wird, verdreht und verzerrt der Verstand die gegenwärtige banale Erfahrung von nach außen drängenden, Befriedigung ersehnenden geistigen Impulsen in eine, die perfekt mit der gegebenen Beschreibung übereinzustimmen scheint – denn er will vermeiden, zerstört zu werden. Selbst wenn du also eine in dieser

Halle abgegebene Beschreibung der Erfahrung des *Aham Sphurana* gehört hast, mach dir bitte nicht die Mühe, dich daran zu erinnern.

Wenn *Aham Sphurana* tatsächlich aufblitzt, wirst du es schon erkennen. Das Erkennen des *Aham Sphurana* braucht keine intellektuelle Bestätigung; es ist eine direkte Erfahrung des Selbst, die nur der *Sahajastithi* des *Jnani* unterlegen ist.

F: Im „Sat Darshana Bhashya" *und in* „Gespräche mit Maharshi" (1932) *wird folgendes gesagt:*

> „Die Verwirklichung von *Jnana* ist immer ein *Vritti*. Es gibt einen Unterschied zwischen *Jnana* [geistige Veränderungen, Wissen] oder Verwirklichung und *Swaroopa* [Essenz], dem Wirklichen. *Swaroopa* ist *Jnana* selbst, es ist Bewusstsein; *Swaroopa* ist *Sat Chit*, das allgegenwärtig ist. Es ist immer da, erfüllt in sich selbst. Wenn du es verwirklichst, wird diese Verwirklichung Wahrhaftigkeit, *Jnana* genannt. Nur in Bezug auf deine Existenz spricht man von Verwirklichung oder *Jnana*. Wenn wir also von *Jnana* sprechen, meinen wir immer *Vritti Jnana* und nicht das *Swaroopa Jnana* [Wissen über die Essenz]; denn *Swaroopa* selbst ist immer *Jnana*-Bewusstsein."

Ich finde diese Passage völlig verwirrend. Könnte Bhagavan sie mir bitte erklären?

B: Wenn der Verstand aufhört, sich für die objektive Welt zu interessieren, und unwillkürlich und mühelos in seinem angeborenen, ursprünglichen Zustand des reinen Seins verweilt, ist dies *Vrittijnanam* [Hinwendung des Verstandes nach innen]. Man kann nur dann sagen, dass man den Zustand von *Vrittijnanam* erreicht hat, wenn der Verstand nicht aufgrund eines Antriebs oder Ziels in diesem Zustand verbleibt, sondern aufgrund der Tatsache, dass er jetzt nichts anderes kennt. Der Verstand, der früher ein durch

ein labyrinthisches Geflecht von *Vrittis* verborgenem Bewusstsein war, ist jetzt auf das einfache Bewusstsein des Seins reduziert, dem Anstrengung oder Zielsetzung völlig fremd sind. Es steht nicht infrage, ob still bleiben Anstrengung erfordert.

Stille ist jetzt der natürliche Zustand. Dies ist *Manonivritti* [Freiheit von Verstandesstrukturen] oder *Vrittijnanam.* In diesem Zustand gibt es nichts, was die Aufmerksamkeit von der subjektiven Wahrnehmung ablenken könnte. Der Verstand bleibt auf den Punkt seines Ursprungs fixiert. Das Licht des „Ich-Ich" kann deutlich als leuchtend empfunden werden. Die Erfahrung des Aufblitzens des „Ich-Ich" wird *Aham Sphurana* genannt. Da dieser Zustand nicht durch die Aufwendung geistiger Anstrengung, sondern vielmehr durch das Nachlassen des Verstandes herbeigeführt wird, sagen einige Bücher, dass es sich um einen transzendentalen Zustand handelt.

F: Ist das der Zustand eines Jnani*?*

B: Nein. Wenn im Jenseitigen sogar der verfeinerte Verstand zerstört wird, so ist dies das *Sahajastithi* des *Jnani.* Aber du brauchst dir über all das keine Sorgen zu machen. Das ist unnötig. Es reicht aus, das Ego zu verlieren. Danach geschieht alles automatisch.

B: Dieses Phänomen wird *Aham Sphurana* oder das „Aufblitzen des Ich" genannt. Es zeigt an, dass zu dem Zeitpunkt, an dem dieses Aufblitzen auftrat, im Herzen ein Zustand unvollständiger oder partieller Versunkenheit vorherrschte. Der wünschenswerte Zustand ist die vollständige Versunkenheit.

F: Wie kann ich eine solche vollständige Versunkenheit erreichen?

B: Deine Bemühungen können nur so weit reichen wie das *Sphurana* [Aufblitzen] reicht. Verweile kontinuierlich und unaufhörlich in *Sphurana*; den Rest überlasse Gott oder dem Selbst.

F: Selbst während des Sphurana *tauchen oft Gedanken auf, die mich ablenken. Was sollte ich in solchen Momenten tun?*

B: Löse dich sanft von dem Gedanken – das ist alles. Das geistige Vermögen wird nicht zerstört, während du im Zustand von *Sphurana* bist; es befindet sich in einem Zustand der Ruhe oder Unterdrückung. Wann immer es wieder auftaucht, schaue genau auf den Gedanken, der dieses Wiederauftauchen verursacht hat, und er wird verschwinden. Stetiges, kontinuierliches Üben ist erforderlich, bis du dich auf natürliche Weise in *Sphurana* etabliert hast – das heißt, bis du einen Zustand erreichst, in dem keine Anstrengung deinerseits mehr nötig ist, um *Sphurana* aufrechtzuerhalten.

Tauche den Verstand immer und immer wieder in *Sphurana* ein und halte ihn dort untergetaucht, bis du feststellst, dass *Sphurana* auf natürliche Weise und ohne jegliche Anstrengung deinerseits geschieht. Wenn es einen Wunsch oder eine Entschlossenheit im Verstand gibt, „Ich mache mit *Sphurana* weiter, weil ich dadurch Befreiung erlangen werde“, wird Befreiung niemals erscheinen. *Sphurana* sollte nicht das Ergebnis eines geistigen Prozesses sein; es sollte natürlich, motivlos, spontan und durch nichts verursacht sein. Nur dann wird Befreiung erscheinen. Diejenigen, die Befreiung erwarten, erhoffen oder wollen, werden sie nie finden. Gib dich *Sphurana* bedingungslos hin und es wird dich befreien.

F: Was ist der Unterschied – wenn überhaupt – zwischen dem Zustand des Nirvikalpa Samadhi *[der Verstand ist aufgelöst, nur das Bewusstsein bleibt] und dem des* Aham Sphurana *[Einblick in die Selbstverwirklichung]? Welcher dieser beiden Zustände ist der bessere und welcher ist der höchste Zustand?*

B: Beide sind gleichermaßen wertvoll. Im *Nirvikalpa Samadhi* kann das Körperbewusstsein abwesend sein. *Nirvikalpa* plus Körperbewusstsein ist gleich *Aham Sphurana*. Jedoch ist *Aham Sphurana* förderlich für die Zerstörung der *Vasanas*, während selbiges nicht möglich ist, wenn der Verstand vorübergehend in das Herz gezogen wird – wodurch das Körperbewusstsein abgeschaltet und die Möglichkeit der Sinneswahrnehmung für die Dauer der Erfahrung (des *Samadhi*) umgangen wird.

F: Von Yogis wird gesagt, dass sie sich des Körperbewusstseins entledigen und jahrzehntelang in Abwesenheit dessen verharren.

B: Yogis versuchen, das Körperbewusstsein zu eliminieren, indem sie *Kevala Kumbhaka* [Anhalten des Atems] über ungewöhnlich lange Zeiträume praktizieren. Aber das Problem bei einem solchen Ansatz ist, dass der Wille oder die Absicht, ohne Körperbewusstsein zu bleiben, verbleibt und nicht angegangen wird. Aus diesem Grund ist es besser, nicht zu versuchen, das Körperbewusstsein gewaltsam auszulöschen – das schließlich nur eine harmlose *Upadhi* [Begrenzung] ist, sobald man die notorische, trügerische Gewohnheit der falschen Identifikation (des Selbst mit dem Nicht-Selbst) aufgegeben hat.

Alle Möglichkeiten des Wollens und der Anstrengung müssen zerstört werden, bevor *Jnana* beginnen kann. Entsprechend dem *Prarabdha* des Körpers wird das *Upadhi* des Körperbewusstseins automatisch wegfallen. Wir brauchen uns nicht darum zu kümmern und es nicht als ein Hindernis zu betrachten, das es zu beseitigen oder zu bekämpfen gilt. Du brauchst nicht zu versuchen, den Körper zu zerstören oder ihn irgendwie ins Nichts zu versenken. Es genügt, wenn du aufhörst, dich mit ihm zu identifizieren oder in irgendeiner Weise mit ihm in Verbindung zu treten. Der Versuch, den Körper loszuwerden, bedeutet, dem Körper weiterhin Aufmerksamkeit zu schenken. Lenke stattdessen deine Aufmerksamkeit vom Körper weg und auf das Selbst; das ist das, was zu tun ist. Was den höchsten spirituellen Zustand anbelangt, nach dem du gefragt hast, so ist es das *Sahajastithi* des *Jnani*. Er kann nicht durch *Sadhana* erlangt werden. Keine Anstrengung kann ihn erreichen. Gib dich ihm bedingungslos hin und du wirst in ihm aufgehen. *Vichara* [Selbsterforschung] dient nur dazu, den Verstand auf die bedingungslose Hingabe vorzubereiten. Wenn du dich absolut hingeben kannst, wo ist dann die Notwendigkeit für *Vichara*, und wo ist die Möglichkeit? Denn wer würde dann noch übrig sein, um zu erforschen?

F: Ist das Selbst auf der rechten Seite des Brustkorbs zu finden?

B: Nur so lange es für dich notwendig ist, anzuerkennen, dass du einen Körper hast. Hast du einen?

F: Ja, wie sollte ich das abstreiten? Sieht Bhagavan diesen Körper nicht, der mit ihm spricht?
B: Der Körper sagt nicht: „Ich bin du". Du sagst, dass du es bist. Wenn du dich von dieser irrigen Einstellung gelöst hast, dass du irgendwie mit dem Körper verbunden bist, dann wirst du wissen, wo das Selbst ist. Das Selbst ist nicht irgendwo: Es IST.

F: Was ist mit Sri Bhagavans Vorstellung, dass der Hridayagranthi *[der Knoten des Herzens] durch einen physischen Punkt im Körper repräsentiert wird? Wenn das Selbst nur inhärent vorhanden ist, verliert dann diese Vorstellung nicht ihre Gültigkeit?*
B: Entdecke das nicht-duale Selbst und wir können uns später – sofern es notwendig ist – um seine Beziehung zum Körper kümmern; dann, nicht jetzt. Es stimmt, dass es auf der rechten Seite der Brust eine Öffnung gibt, die wie ein kleines Loch geformt ist. Diese Vorrichtung bleibt immer geschlossen, aber sie wird durch *Vichara* geöffnet; die Folge ist, dass *Aham Sphurana* hervorleuchtet. All dies ist jedoch nur von einem relativen Standpunkt aus gesehen so. In Wirklichkeit ist der *Jnani*, der im Zustand des *Ajata Advaita* [das Absolute] verweilt, für die „physische Realität" unwiderruflich verloren. Diese Erklärungen sind nicht für ihn, sie wurden nur in Worte gefasst, um die Neugierde des gewöhnlichen Menschen zu befriedigen; ihre Wahrheit ist nur so wahr, wie die Wahrheit deiner eigenen körperlichen Existenz – und nicht darüber hinaus.

F: Würde eine Vivisektion (das Öffnen eines lebenden Körpers) durch einen erfahrenen Anatomen das Vorhandensein dieses Organs offenbaren?
B: Nein. Es befindet sich auf der feinstofflichen Ebene.

F: Und wenn man ein Mikroskop benutzt?
B: Ich wollte damit sagen, dass es meiner Erfahrung nach nur ein Ort für die Ansammlung geistiger Energie ist. Es mag sein, dass es

gar keine physische Entsprechung gibt. Vielleicht kann man eine körperliche Empfindung des Pulsierens oder Pochens in dieser Region spüren. Tatsache ist, dass solche Dinge überhaupt nicht wichtig sind. Was wir tun – oder besser gesagt „nicht tun" – sollten, ist, das Selbst zu verwirklichen. Was auch immer du erfährst ist nebensächlich. Wer ist der Erfahrende? Das ist die entscheidende Frage.

F: Ist das japanische Konzept von Satori *dasselbe wie das hinduistische Konzept von* Moksha *[Befreiung]?*

B: Nein. *Satori* ist *Spandabhraja Samadhi* [Aufgehen in Glückseligkeit] oder *Aham Sphurana.*

F: Was ist dieses „Ich-Ich"? Ist es das Gleiche wie Jnana*?*

B: Nein. „Ich–Ich" ist das Stadium vor dem *Sahajastithi* des *Jnani.* Es ist bekannt als *Aham Sphurana.* Wenn das *Sphurana* kontinuierlich, unaufhaltsam und spontan wird – das heißt, wenn es sich sozusagen zu einer dauerhaften Erscheinung verfestigt hat –, führt es zum *Sahajastithi.* Im *vedantischen* Sprachgebrauch ist *Aham Sphurana* als *Vrittijnanam* bekannt. Es kann auch als kosmisches Bewusstsein bezeichnet werden. Es wird „kosmisch" genannt, weil der Verstand in diesem Zustand in einer exemplarischen Form ist. Das heißt, er wird für die Dauer der Erfahrung nicht von *Ahamvritti* [„Ich"-Gedanke] gefangen gehalten. Wenn die Zerstörung der *Poorvasamskaras* [latente Veranlagungen] unvollständig ist, stellt sich danach *Ahamvritti* wieder ein und der Gedankenfluss setzt sich wie gewohnt fort. *Sphurana,* wenn es kontinuierlich beibehalten wird, schwächt *Ahamvritti* – welches allein die Ursache des *Hridayagranthi* [Knoten zwischen dem Empfindungsfähigen und dem Nicht-Empfindungsfähigen, d.h. dem Ego] ist – und schenkt *Mukti* [Freiheit von Verkörperung und Wiedergeburt].

F: Wie kann man Sphurana *kontinuierlich aufrechterhalten?*

B: Die Anstrengung, der Wille oder die Absicht, es zu tun, sind

selbst ein Hindernis für das Leuchten von *Sphurana*. Wenn du so bleibst, wie du BIST, leuchtet das *Sphurana* von selbst.

F: Hat Bhagavan gesagt, dass die Sphurana-*Erfahrung von einem prickelnden Gefühl auf der rechten Seite der Brust begleitet wird?*
B: Lassen wir die körperliche Empfindung beiseite; sie mag durch *Sphurana* hervorgerufen werden, aber es ist nutzlos, zu denken, dass die bloße Erfahrung dieser Empfindung bedeutet, dass man etwas erreicht hat. Das Wichtigste ist, immer im Zustand mühe- und willenloser Gedankenlosigkeit zu bleiben. Das subtile „Ich", das die Tatsache bezeugt, dass der Verstand in diesem Zustand verbleibt, muss ebenfalls verschwinden. Nur dann ist Verwirklichung möglich.

F: Manchmal sprichst du von etwas, das Aham Sphurana *genannt wird. Ist das dasselbe wie das kosmische Bewusstsein?*
B: Ja. Er wird so genannt, weil der subtile Verstand in diesem Zustand das Herz als pulsierende Schwingung spürt; die begleitende körperliche Empfindung auf der rechten Seite der Brust kann sich ebenfalls zeigen. Aber diese Empfindung ist im Großen und Ganzen keiner tieferen Betrachtung wert; sie dient nur als Hinweis darauf, dass der Verstand durch lange Übung weitgehend subtil und gelassen geworden ist. Es ist ein Symptom des Fortschritts, sollte aber nicht fälschlicherweise für das Ziel gehalten werden. Das Wichtigste ist, dass der Verstand immer in seinem ursprünglichen Zustand der mühe- und willenlosen Abwesenheit von Gedanken bleibt.

F: Wenn ich „Wer bin ich?" erforsche, spüre ich auf der rechten Seite der Brust ein intensives, pochendes Gefühl im Herzzentrum, von dem Sri Bhagavan spricht. Es ist wie ein Gefühl, das ein Mensch hat, der von Emotionen überwältigt ist; es treibt mir Tränen in die Augen. Jedes Mal, wenn ich „Wer bin ich?" erforsche, fühle ich mich zu diesem Zentrum hingezogen. Reicht es aus, an diesem Gefühl festzuhalten? Ich stelle diese Frage, weil ich gehört habe, dass Bhagavan meint, dass die Konzentration auf dieses Herzzentrum zwar eine nützliche spirituelle Übung, aber nicht dasselbe wie Vichara *ist; und ich möchte nicht vom Weg abkommen und irgendetwas tun, was nicht ausdrücklich* Vichara *ist. Ich bin sehr bestrebt, mich in dieser Geburt zu befreien.*

B: Anstatt dich zu bemühen, an dieser Empfindung festzuhalten, bleibe ohne Reaktion. Warum ein unechtes „Ich" erfinden und es dann bitten, zu entscheiden, ob es an der Empfindung festhalten will oder nicht? Wenn du versuchst, an einer solchen Empfindung festzuhalten, wird sie verschwinden. Versuche nicht, irgendetwas mit *Sphurana* „zu machen". Wenn du versuchst, irgendetwas damit „zu machen" oder es festzuhalten, wird es verschwinden und du wirst dich fragen, was du falsch gemacht hast und warum die Empfindung verschwunden ist. *Sphurana* muss dauerhaft sein. Es wird nur dann bleiben, wenn du es in Ruhe lässt – das heißt: Bleibe so, wie du natürlicherweise BIST. Um *Sphurana* kontinuierlich aufrechtzuerhalten, ist die vollkommene Abwesenheit von Anstrengung erforderlich.

Warum? Weil Anstrengung auf die Existenz des sie hervorrufenden Egos hindeutet, und wenn das Ego seine Aktivitäten wieder aufnimmt, lässt *Sphurana* nach. Bemühe dich, völlig ohne Anstrengung zu bleiben. Wer ist derjenige, der an *Sphurana* festhalten will? Es ist der boshafte Schelm, den wir Ego nennen. Deswegen erlaube dem Ego nicht, *Sphurana* zu stören; lass es unendlich fortfahren, indem du ständig ausschließlich als dieses (*Sphurana*) bleibst. Dieses *Sphurana* ist eine Teilerfahrung des Selbst. Es ist ein Hinweis auf die kommende Herrlichkeit. Aber um sich zum Selbst zu erheben, muss es ungestört bleiben; ihm muss erlaubt sein, unbegrenzt weiterzuschreiten. Dazu muss das Ego in Schach gehalten werden – durch *Vichara*. Wann immer du also merkst, dass *Sphurana* nachlässt, frage dich: „Wer bin ich?" Am Ende wird sich alles fügen.

4. September 1936

Ausführlicher Dialog mit einem typischen westlichen Besucher

Mir ist immer wieder aufgefallen, dass der Maharshi betont, dass die Verwirklichung eher das Ergebnis der Gnade des Gurus ist als etwas anderes. Ich war schon verzweifelt, den Maharshi jemals wieder alleine anzutreffen; es ist schwer, die Seele vor einer Menschenmenge offenzulegen.

Eines Morgens machte ich mich entschlossen ein paar Stunden früher als sonst auf den Weg in die Halle und fand ihn dort ohne Begleitung. Er strahlte seine übliche wunderbare Stille und seinen unbeschreiblichen Frieden aus. Ich fragte leise, ob ich mit ihm sprechen dürfe. Er nickte lächelnd und schickte nach jemanden, der übersetzen sollte. Als ein Schüler eintraf, stellte ich meine erste Frage.

F: Was sind die Hindernisse, die der Verwirklichung des Selbst im Wege stehen?
B: Es sind die Gewohnheiten des Verstandes *[Vasanas]*.

F: Wie kann man diese mentalen Gewohnheiten überwinden?
B: Indem man das Selbst verwirklicht.

F: Das ist ein Teufelskreis.
B: Es ist der Verstand, der solche Schwierigkeiten hervorruft, Hindernisse schafft und dann unter der Verwirrung scheinbarer Paradoxien leidet. Finde heraus, wer die Nachforschungen anstellt, und das Selbst wird gefunden werden.

F: Was sind die Hilfsmittel für die Verwirklichung?
B: Die Nach-innen-Wendung des Verstandes ist das einzige Hilfsmittel.

F: Wie kann ich dieselbe zustande bringen?
B: Indem du den Verstand daran hinderst, Gedanken, Wünschen und eingebildeten Objekten der Sinneswahrnehmung hinterherzulaufen.

F: Wenn die Welt ein Traum ist, bemühe ich mich dann, das Selbst in einem Traum zu verwirklichen?
B: Ja.

F: Aber es wird immer weitere Träume geben! Müssen wir uns um die Verwirklichung in jedem einzelnen Traum bemühen?
B: Wenn man sich bemüht, das Selbst in diesem Traum zu verwirklichen, bedeutet das, dass man sich auch in allen anderen Träumen bemüht.

F: Diskussionen, Vorträge und Meditationen – sind sie nicht nützlich, um Verwirklichung zu erreichen?
B: All dies sind nur sekundäre Hilfen, während die wesentliche Hilfe die Gnade des Gurus ist.

F: Wie lange wird es dauern, bis man Verwirklichung erlangt?
B: Warum willst du das wissen?

F: Um mir Hoffnung zu geben.
B: Dieses Verlangen ist auch ein Hindernis. Das Selbst ist immer da, es gibt nichts ohne es. Sei das Selbst und die Wünsche und Zweifel werden verschwinden. Das Selbst ist der Zeuge in den Schlaf-, Traum- und Wachzuständen des Daseins. Diese Zustände gehören zum Ego. Das Selbst transzendiert das Ego. Ob Ego oder kein Ego, das Selbst bleibt immer. Es ist immer so, wie es ist. Hast du im Schlaf nicht existiert? Wusstest du da, dass du schliefst? Gab es im Schlaf ein Bewusstsein von der Welt? Im Schlaf warst du ohne Körper und ohne Welt. Warum sehnst du dich jetzt nach diesen Dingen? In *Jagrat* [Wachzustand] bist du Körper und Welt ebenso fern. Es ist nur im *Jagrat,* dass du die Erfahrung des Schlafes als Unbewusstheit

bezeichnest. Folglich ist das Bewusstsein im Schlaf das gleiche wie im Wachzustand.

Wenn du weißt, was dieses Wachbewusstsein ist, kennst du das Bewusstsein, das alle drei Zustände bezeugt; ein solches absolutes Bewusstsein findest du, indem du die Quelle des reinen Bewusstseins suchst.

F: Bei dem Versuch, das reine Bewusstsein zu seinem Ursprung zurückzuverfolgen, werde ich vom Schlaf überwältigt und schlummere bald ein.
B: Das macht nichts!

F: Ich bleibe dabei, dass der Schlaf für mich nichts als reine Leere ist.
B: Für wen ist die Leere? Finde es heraus. Du kannst deine Existenz zu keiner Zeit verleugnen. Das Selbst ist immer da und besteht in allen Zuständen fort.

F: Soll ich wie im Schlaf sein und gleichzeitig wachsam?
B: Ja. Wache Wachsamkeit ist der wahre Wachzustand. Daher wird der Zustand des *Jagrat Sushupti* [Tiefschlaf im Wachzustand] kein Schlaf sein, sondern ein schlafloser Schlaf. Wenn du den Weg deiner Gedanken gehst, wirst du von ihnen mitgerissen und findest dich in einem endlosen Labyrinth wieder.

F: So muss ich also zurückgehen und die Quelle der Gedanken aufspüren?
B: Ganz recht; auf diese Weise werden die Gedanken verschwinden und allein das Selbst wird bleiben.

F: Führt mich die Übung „Wer bin ich?“ zu irgendeinem Punkt im Inneren des Körpers?
B: Für das Selbst gibt es kein Innen oder Außen. Diese Konzepte sind lediglich mentale Projektionen des Egos. Das Selbst ist rein und absolut. Bis zur Verwirklichung kann man jedoch sagen, dass das Bewusstsein einen Ort im Körper hat, der sich auf der rechten Seite der Brust befindet.

F: Ist der Intellekt nicht eine Hilfe für die Verwirklichung?
B: Ja, bis zu einer gewissen Stufe. Dennoch solltest du erkennen, dass das Selbst den Intellekt transzendiert; letzterer muss selbst verschwinden, damit das Selbst verwirklicht werden kann.

F: Hilft meine Verwirklichung anderen?
B: Ja, sicherlich. Sie ist die bestmögliche Hilfe. Doch die eigentliche Wahrheit ist, dass es keine anderen gibt, denen man helfen kann, denn eine befreite Seele sieht in allem nur das Selbst – so wie ein Goldschmied, der das Gold in verschiedenen Juwelen schätzt, nur Gold und nichts als Gold sieht. Wenn du dich mit deinem Körper identifizierst, findest du Formen und Gestalten. Aber wenn du deinen Körper transzendierst, verschwinden zusammen mit deinem Körperbewusstsein auch die anderen in der Welt.

F: Ist es auch so mit Pflanzen, Bäumen und dergleichen?
B: Existieren sie überhaupt neben dem Selbst? Finde es heraus. Du denkst, dass du sie siehst. Der Gedanke wird aus dem Verstand heraus projiziert. Finde heraus, woher der Verstand aufsteigt. Die Gedanken werden aufhören, aufzusteigen, und das Selbst allein wird bleiben.

F: Theoretisch verstehe ich das. Aber die Gedanken weigern sich, zu verschwinden.
B: Gedanken sind nichts anderes als ein mentales Übersprudeln. Der Verstand ist nur eine Blase, die auf dem Selbst schwimmt. Zerbrich die Blase und du wirst zum Ozean.

F: Ist es der Verstand, der die Welt erschafft, die wir sehen?
B: Ja. Es ist wie bei einer Filmvorführung im Kino. Das Licht auf der Leinwand und die Schatten, die über sie huschen, beeindrucken das Publikum als Inszenierung eines Drehbuchs. Wird im selben Drehbuch auch ein Publikum gezeigt, was ist dann die Position? Der Seher und das Gesehene sind dann nur noch Leinwand. Übertrage diese Analogie auf dich selbst: Du bist die Leinwand, das Selbst hat das

Ego erschaffen, und das Ego hat Gedanken angehäuft, die dargestellt werden als Welt, Bäume, Pflanzen, als all das, nach dem du fragst.

Die Wahrheit ist, dass all diese Dinge nichts anderes sind als das Selbst. Wenn du das Selbst schaust, wirst du feststellen, dass es alles, überall und immer ist. Nichts als das Selbst existiert.

F: Ja, aber immer noch verstehe ich es nur theoretisch. Doch die Antworten sind einfach, schön und überzeugend.
B: Selbst der Gedanke „Ich verwirkliche nicht" ist ein Hindernis. Das Selbst allein IST und nur ES allein kann jemals SEIN.

F: Was sind Vasanas?
B: Gewohnheiten des Denkens, angesammelte Tendenzen des Verstandes und intellektuelle Veranlagungen.

F: Wie kann man sich von diesen Hindernissen befreien?
B: Suche das Selbst durch Meditation auf diesem Wege: Verfolge jeden Gedanken zu seinem Ursprung zurück, der nur der Verstand ist. Erlaube niemals, dass ein Gedanke weiterläuft. Wenn du das tust, wird er unendlich werden. Führe ihn immer wieder zu seinem Ausgangspunkt zurück – zur Essenz des Verstandes, zum reinen Bewusstsein – und sowohl der Gedanke als auch der Denker werden schließlich durch Untätigkeit sterben.

Der Verstand existiert nur aufgrund des Denkens. Hört das Denken auf, dann gibt es keinen Verstand mehr. Wenn ein Zweifel oder ein deprimierender Gedanke auftaucht, frage dich: „Wer ist es, der zweifelt? Was ist es, das deprimiert ist?" Kehre ständig zur Frage zurück: „Wer oder was ist dieses Ding, das ‚Ich' genannt wird? Wo ist die Quelle des Verstandes?" Reiße alles heraus und wirf es immer wieder weg, bis nur noch die Quelle von allem übrig ist. Und dann lebe immer in dieser Quelle – und nur in ihr.

Es gibt keine Vergangenheit oder Zukunft, außer im Verstand. Nur die Gegenwart existiert. Ja, und selbst die Gegenwart ist nur eine Vorstellung. Sie IST. Das ist alles. Ehyeh Asher Ehyeh [Hebräisch: Ich bin, wer ich bin].

F: Wie kann ich einem anderen bei seinen Problemen und Schwierigkeiten helfen?

B: Was soll das Gerede von einem anderen? Es gibt nur den Einen. Versuche zu erkennen, dass es kein „Ich", kein „Er", kein „Du" gibt, sondern nur das Eine Selbst, das alles ist. Wenn du an das Problem eines anderen glaubst, glaubst du an etwas außerhalb des Selbst. Besser als durch irgendeine äußere Aktivität wirst du ihm helfen, wenn du die Einheit von allem erkennst. Das Ego verbirgt die Wirklichkeit.

Alle geistigen Aktivitäten während der Zustände von *Jagrat* und *Swapna* [Zustand des Träumens] sind nur das Werk des Egos. Die Emotionen und der Intellekt sind lediglich vom Verstand geschaffene Fiktionen. Im Tiefschlaf ist der Körper verschwunden, aber das Selbst ist noch da. Es ist der ablenkende, aktive Verstand, der das wahre Selbst verschleiert.

F: Welche Meditation wird mir helfen?

B: Keine Meditation auf irgendein Objekt ist hilfreich. Du musst lernen, Subjekt und Objekt als eins zu erkennen. Wenn du über ein Objekt meditierst, ob konkret oder abstrakt, zerstörst du das Gefühl der Einheit und erschaffst Dualität.

Meditiere über das, was du in Wirklichkeit bist. Versuche zu erkennen, dass der Körper nicht du bist, die Emotionen nicht du bist, der Intellekt nicht du bist. Wenn all das verworfen wird, wirst du DAS finden.

F: Was ist „DAS"?

B: Du wirst es selbst entdecken. Es steht mir nicht zu, von etwas zu sprechen, das eine individuelle Erfahrung sein sollte. „DAS" wird sich dem reifen Aspiranten automatisch offenbaren. Wenn es sich offenbart, halte ohne Unterlass daran fest.

F: Ich bleibe immer noch dabei, dass ich beim Versuch, den Verstand zu beruhigen, wahrscheinlich einschlafe.

B: Das spielt keine Rolle. Versetze dich in den Zustand des

Tiefschlafs, aber mit Gewahrsein. Dann beobachte dich selbst, um sicherzustellen, dass kein Gedanke auftaucht, der deinen Frieden stört. Schlafe bewusst, anstatt unbewusst zu schlafen. Dann wird es nur ein Bewusstsein geben.

Von diesem Zeitpunkt an begann ich eine Routine, die viele Wochen lang gleichbleiben sollte. Morgens um sechs Uhr tauchte der klapprige Wagen auf. Er brachte mich zum Ashram und kam abends um halb acht für die Rückfahrt wieder zurück.

Oben im Ashram erhielt ich eine kleine Hütte, sieben mal sieben Fuß groß, die ich tagsüber benutzen konnte. Darin befanden sich ein Holzbrett, ein Stuhl und ein Tisch, auf dem ein Waschbecken, ein Handtuch und Seife lagen. Sie war nicht gerade luxuriös, aber die Umsichtigkeit und Sorgfalt, mit der sie eingerichtet worden war, berührten mich mehr als ich sagen kann.

Es gab zwei Hauptmahlzeiten im Ashram, eine um 11.30 Uhr morgens und die andere gegen 8 Uhr abends. Ich aß mit den anderen die Morgenmahlzeit. Das Essen war jeweils mehr oder weniger dasselbe – Reis mit einer Auswahl an Gemüse und Joghurt. Jeder saß auf dem Boden vor einem einzelnen Bananenblatt.

Die Frage des Essens, insbesondere die streng vegetarischen Mahlzeiten, die im Ashram serviert wurden, und die von Bhagavan selbst für den spirituell Suchenden als förderlich vorgeschriebene Ernährung, war etwas, das ein Weißer notwendigerweise in Frage stellen würde. Also bat ich den Meister um eine maßgebende Erläuterung zu dieser Praxis.

F: Welche Ernährung ist für einen spirituell Suchenden vorgeschrieben?
B: *Sattvische* [klare, leichte] Nahrung in begrenzten Mengen.

F: Was ist sattvische *Nahrung?*
B: Weizen, Reis, Gemüse, Früchte, Nüsse und so weiter.

F: Einige Brahmanen *in Nordindien nehmen Fisch zu sich. Darf man das?*
Bhagavan gab keine Antwort.

F: Wir Weißen (Menschen aus dem Westen) sind an eine bestimmte Ernährung gewöhnt; eine Änderung der Ernährung beeinträchtigt die Gesundheit und schwächt den Geist. Ist es nicht notwendig, die körperliche Gesundheit zu erhalten?
B: Durchaus notwendig. Je schwächer der Körper ist, desto stärker wird der Verstand.

F: Wenn wir uns nicht wie gewohnt ernähren, leidet unsere Gesundheit, und der Geist verliert an Kraft.
B: Was meinst du mit „Kraft des Geistes"?

F: Die Kraft, weltliche Anhaftungen zu beseitigen.
B: Die Qualität der Nahrung beeinflusst den Geist. Der Geist ernährt sich von der Nahrung, die er zu sich nimmt.

F: Wirklich! Wie kann sich der Weiße auf nur sattvische *Nahrung einstellen?*
B: (Fragt einen anderen Weißen, der in der Nähe sitzt). Du isst unser Essen. Fühlst du dich deshalb unwohl?

Der Herr antwortete, dass er mit dem Essen, das im Ashram serviert wird, zufrieden sei, da er daran gewöhnt sei.

F: Was ist mit denen, die daran nicht so gewöhnt sind?
B: Gewohnheit ist nur eine Anpassung an die Umgebung. Es ist der Geist, der zählt. Tatsache ist, dass der Verstand darauf trainiert wurde, bestimmte Nahrungsmittel als schmackhaft und gut zu betrachten.

Die Nahrungsmittel sollten sowohl in der vegetarischen als auch in der nicht-vegetarischen Ernährung gleich gut sein. Aber der Verstand wünscht sich fleischliche Nahrung, weil er daran gewöhnt ist und sie für schmackhaft hält.

F: Gibt es für die befreite Seele in ähnlicher Weise Einschränkungen?
B: Nein. Sie ist beständig und wird nicht von der Nahrung beeinflusst, die sie zu sich nimmt.

F: Ist es nicht unethisch, Leben zu töten, um Fleischspeisen zuzubereiten?
B: Für den *Mumukshu* [Sucher nach Befreiung] ja. *Ahimsa* [Gewaltlosigkeit] steht im Gebot der Disziplin für Yogis an oberster Stelle.

F: Aber auch Pflanzen haben Leben.
B: So auch die Steinplatten auf denen du sitzt!

F: Können wir uns allmählich an vegetarisches Essen gewöhnen?
B: Ja. Das ist der Weg. Die Nahrung beeinflusst den Geist. Bestimmte Sachen machen ihn *sattvischer*. Für die Praxis jeder Art von Yoga ist Vegetarismus absolut notwendig.

F: Warum isst du Milch, aber keine Eier?
B: Die domestizierten Kühe geben mehr Milch, als sie für ihre Kälber brauchen, und sie empfinden es als angenehm, von der Milch befreit zu werden.

F: Aber auch die Henne kann ihre Eier nicht behalten!
B: Aber in ihnen steckt potenzielles Leben.

F: Kann man spirituelle Erleuchtung erfahren, wenn man regelmäßig fleischliche Nahrung zu sich nimmt?
B: Vorausgesetzt, man entwöhnt sich langsam von ihnen und gewöhnt den Körper allmählich an reinere Nahrungsmittel. Wie auch immer, sobald man Erleuchtung erlangt hat, macht es keinen Unterschied mehr, was man isst. Es sind die frühen Stadien, die wichtig sind. Bei einem großen Feuer ist es gleichgültig, welches Brennmaterial aufgeschüttet wird.

Meditiere auf das Selbst und nur darauf. Es gibt kein anderes Ziel.

Die Philosophie und Lehre des Maharshi ist die reinste Form des *Advaita* [Nicht-Dualität], bekannt als *Ajata-Advaita* [eine besondere Philosophie der Nicht-Dualität: Das Nicht-Erschaffene].

Im Laufe der Tage sah ich immer deutlicher, dass dies keine theoretische Philosophie war. Er selbst lebte sie kontinuierlich und mit Freude. Er war einer der wenigen, denen ich begegnet bin, die nicht nur ununterbrochen glücklich, sondern auch von der Welt völlig unbehelligt waren.

(Dieser Dialog ist in einer Publikation des Ramana Ashrams erschienen – Hrsg.)

Dialoge
Chronologisches Tagebuch
Sommer 1936

6. Juli 1936

Wer bin ich? Erklärungen für Major Chadwick

F: Was ist ein Jnani*? Was tut er? Was sieht er, was andere nicht sehen?*
B: Jemand, der nichts weiß, wird ein *Jnani* genannt. Er tut nichts und er sieht nichts.

F: Was ist das Geheimnis der Selbstverwirklichung?
B: Selbsthingabe.

F: Ist das nicht Jnanavichara*?*
B: Der Unterschied besteht nur in den Ausdrücken.

F: Ist für Jnanavichara *ein Guru erforderlich?*
B: Ja.

F: Es wird gesagt, dass die Hilfe des Gurus eine unabdingbare Voraussetzung für das Erreichen der Erleuchtung ist. Ist das bei allen Margas *[Pfaden] so?*
B: Ja.

F: Ist der freie Wille nur ein Mythos?
B: Ja.

F: Was denkt Bhagavan über die Abschaffung des Kastensystems und die Beseitigung der Kastenunterschiede? Sind nicht alle Kinder Gottes gleich

geschaffen? Ist nicht die gesamte Schöpfung vor dem Auge Gottes gleich?
B: Sein Auge sieht keine Schöpfung.

F: Wenn Advaita *die einzige Wahrheit ist, warum hat* Madvacharya *dann von* Dvaita *[dual] gesprochen?*
B: Vielleicht ist es besser, ihn zu fragen.

F: Aber er ist doch tot!
B: Das bin ich auch.

F: Welche Bedeutung hat die Wanderung um den Berg Arunachala?
B: Die Schlinge der Gnade zieht sich zu und schnürt sich enger und enger um den Hals des Egos, bis es erstickt und schließlich zerbricht.

F: Reicht das allein aus, um Bhagavans höchsten Zustand zu erreichen, wenn man keine andere Sadhana *macht?*
B: Ja.

F: Wie oft muss ich den Berg umrunden, um die endgültige Befreiung zu erreichen?
B: Bis du nicht mehr in der Lage bist, anzuhalten oder herumzugehen.

F: Ich habe gehört, dass die Aghori Swamis *von Benares Kannibalen sind. Ist das nicht ekelhaft und abscheulich? Gibt es nicht viele andere, gute Dinge zu essen? Warum sollte man Menschenfleisch und -abfälle essen?*
B: Das Ziel ist, die Vorstellung „Ich bin dieser Körper aus Fleisch und Blut" auszurotten. Jemand, der sich mit seiner scheinbaren körperlichen Existenz zufriedengibt, verwirklicht niemals das Selbst.

F: Würde Bhagavan dann wollen, dass ich zum Kannibalen werde?
B: Du praktizierst deine Methode und lässt andere ihre praktizieren. Die Welt wäre in der Tat ein sehr trauriger Ort, wenn man nur das tun dürfte, was du für richtig hältst. Jeder will der Welt seine Vorstellungen von Moral und Anstand aufzwingen. Sterben und

sterben lassen – das sollte die Einstellung sein!

Ein tamilischer *Pandit* [Gelehrter] fragte: *Kannst du deine Erfahrung der Selbstverwirklichung in ein paar Worten beschreiben?*
B: Ich kam. Ich sah. Ich wurde besiegt.

F: Der Gipfel allen Wissens?
B: Abwesenheit von jeglichem (objektiven) Wissen.

F: Der König aller Tugenden?
B: Mitgefühl.

F: Der Gipfel allen Mitgefühls?
B: (sagt nichts)

F: Ist es Stille?
B: Ja.

F: Unzerstörbarer Reichtum?
B: Armut.

F: Das ewige Glück?
B: (Die wahre Bedeutung von) Ich.

F: Das ewige Leid?
B: Wollen.

F: Das wahrhaftig unzertrennliche Paar?
B: *Meipporulum prakrirtiyum* [Absolute Wahrheit und ursprüngliche Natur].

F: Das ewig verfeindete Paar?
B: *Atrium urakkamum* [Wissen und Schlaf].

F: Das ewige Geheimnis?
B: Arunachala.

F: Das, was auf ewig unfähig ist, sich zu äußern?
B: *Sadhvasthu* [wahres Substrat].

F: Der süßeste Ragam *[Lied]?*
B: *Thannunarvu* [Bewusstsein des Selbst].

F: Die erhabenste Siddhi *[magische Kräfte]?*
B: Selbstbeherrschung.

F: Die wahre Natur Gottes?
B: Liebe.

Der Dichter Muruganar saß in der Halle. Am Ende des Dialogs sah man, dass seine Augen feucht waren.

F: Ich bin ein einfacher Laie, der auf der Suche nach Verwirklichung ist. Ich frage dich mit großer Sehnsucht: Swami, würdest du mich bitte einen einfachen und schnellen Weg lehren, um Mukti *[Befreiung] zu erlangen?*
B: *Irukkai* ist die Quelle, von der das Denken ausgeht. Verschmelze mit dieser Quelle.

F: Aber was bedeutet das?
B: Es bedeutet, ständig in das Leuchten des Herzens (d.h. in das Sein des Selbst) versunken zu sein. *Irukkai* ist die Quelle, von der der denkende oder duldende Teil des Verstandes ausgeht; es ist die Natur des formlosen Bewusstseins oder des Bewusstseins, das nicht durch Gedanken verunreinigt ist. Wenn es uns gelingt, mit der Quelle zu verschmelzen, aus der das Denken hervorgeht, und dort ein für alle Mal zu verweilen, werden unsere Probleme vorbei sein.

F: Ist das Selbst oder das Herz selbst reines subjektives Bewusstsein, oder ist reines subjektives Bewusstsein eine seiner Eigenschaften?

B: Keine der beiden Aussagen ist richtig. Reines subjektives Bewusstsein ist jenseits des Denkens, und das Selbst oder Herz ist sogar jenseits des reinen subjektiven Bewusstseins; reines subjektives Bewusstsein geht von ihm aus, wie ein Lichtstrahl von der Sonne.

F: Wie soll ich dann das Selbst verwirklichen?
B: Indem du fortfährst, dieses Ding zu untersuchen, das erscheint und sich „Ich" nennt.

F: Viele scheinen es zu versuchen, aber nicht viele scheinen zu einem erfolgreichen Ergebnis zu kommen.
B: Es muss intensiv und ohne Unterbrechung oder Pause durchgeführt werden. Wenn ein verirrter Splitter das Zahnfleisch durchbohrt hat, bleibt dann die Zunge ruhig, bis er herausgezogen wurde?

F: Ich sollte mich also weiter anstrengen, bis Selbstverwirklichung eintritt?
B: Ja. Unaufhörliche *Vichara*-Praxis ist notwendig, bis man ohne die geringste Anstrengung diesen natürlichen und ursprünglichen Zustand des Verstandes erreicht, der völlig frei von Gedanken und Absichten ist.

F: Aber hat Bhagavan nicht gestern gesagt, dass wir das bereits sind, hier und jetzt, und dass alles, was wir tun müssen, um Verwirklichung zu erlangen, darin besteht, den Gedanken aufzugeben, dass wir nicht verwirklicht sind? Und hat er nicht auch, um seinen Standpunkt zu veranschaulichen, das Gleichnis von den zehn unwissenden Männern angeführt, die einen Fluss überqueren und den Verlust des Ertrunkenen beklagen, obwohl in Wirklichkeit keiner von ihnen ertrunken ist, und das Gleichnis von der Dame, die nach der verschwundenen Halskette sucht, die ihren Hals nie verlassen hat?

Heute sagt Bhagavan etwas, das im Widerspruch zu seiner vorherigen Aussage steht. Ich bin sehr verwirrt von diesen gegensätzlichen

Positionen. Bitte helft mir, indem Ihr etwas Licht in die Angelegenheit bringt.
B: Bis zum Moment der Verwirklichung ist unaufhörliches, intensives Bemühen absolut notwendig. Jene in den Gleichnissen leiden so lange Qualen, bis ihnen die richtige Erkenntnis dämmert.

Dein gegenwärtiger Zustand ist der Zustand eines wandernden oder schwankenden Verstandes. Wenn der Verstand durch lange Übung in der Selbstversenkung gefestigt ist, ist er nicht mehr bereit, sich auf Objekte zu stürzen; egal, ob sie durch Sinneseindrücke oder durch den Intellekt erzeugt werden.

Dann setzt sich die in dir schlummernde Kraft durch. „Das Absolute ist bereits verwirklicht" ist ein Schutz gegen die falsche Vorstellung, es gäbe etwas Neues zu gewinnen – das ist alles. Wer die Wolken zurückzieht, erschafft keinen Himmel. Aber wenn der Himmel zu sehen sein soll, müssen die Wolken aus dem Weg geräumt werden.

Chadwick las der Halle eine englische Zusammenfassung vor, die er aus Bhagavans Essay *„Who am I"* (*„Wer bin ich?"*) vorbereitet hatte.

> Da unser Ziel das Erreichen des *Samadhi* ist, sollte man, um es unzweifelhaft zu erreichen, die Erinnerung an „Wer bin ich?" stets wachhalten. Das Mittel dazu ist, dass man, wenn andere (ablenkende) Gedanken auftauchen, ihnen nicht nachgeht, sondern sich fragt, zu wem sie gekommen sind. Ganz gleich, wie viele Gedanken auftauchen, wenn man sie mit der Frage konfrontiert, zu wem dieser Gedanke gekommen ist, wird jeder von ihnen mit Gewissheit zu der Antwort führen: „Zu mir".
>
> Wenn man sich fragt, „Wer bin ich?", kehrt der Verstand zu seiner Quelle zurück und der Gedanke (mit dem verknüpft diese Untersuchung aufgenommen wurde) verschwindet ebenfalls. Indem man ständig mit den oben genannten Zeilen

arbeitet, wird die Kraft des Verstandes, in seiner Quelle zu bleiben, verstärkt. Wenn der Verstand auf diese Weise in das Leuchten des Herzens eingetaucht bleibt, wird der Gedanke, der als Fundament oder zugrundeliegende Substanz aller Gedanken dient, der „Ich“-Gedanke, als falsch erkannt (oder als unfähig zur Existenz und somit als nicht existent oder fiktiv), und das stete und alleinige DAS leuchtet auf.

Solange der Verstand (als scharfsichtig unterscheidendes Auge) Eindrücke von Objekten wahrnimmt, ist es notwendig, die oben erläuterte Praxis der Selbsterforschung anzuwenden. Wie viele Gedanken auch im Verstand auftauchen (oder mit großer Geschwindigkeit aus ihm herausströmen), sobald sie auftauchen, sollten alle, jeder einzelne von ihnen, an Ort und Stelle, unmittelbar an ihrer Quelle, durch die Übung der Selbsterforschung umfassend ausgelöscht werden, ohne auch nur einen einzigen zu verschonen.

Wenn man dauerhaft im Gewahrsein seines unmittelbaren Gefühls des WAHREN Selbstseins, der Empfindung von „Ich-Ich“, verweilen würde, würde das allein schon ausreichen, um den Zustand der Freiheit – von der illusionären Erscheinung des Getrenntseins und des Gefangenseins im Kreislauf von Geburt und Tod – zu erreichen, der als wahre Unsterblichkeit beschrieben wird und der einfach ein Verweilen als reines und undifferenziertes Bewusstsein des Seins oder als Eins-Sein mit der EINEN Wirklichkeit ist.

Der vorangegangene Inhalt ist nicht aus dem Gedächtnis wiedergegeben; ich habe ihn aus Chadwicks Buch auf einen Zettel abgeschrieben und schreibe ihn jetzt in dieses Heft.

Bhagavan fragte ihn: „Hast du diese Zusammenfassung so abgefasst, dass du sie auswendig lernen und sie dir selbst immer wieder vorsagen kannst?"

Chadwick bejahte diese Frage.
B: Es schadet nicht, wenn du das Bedürfnis verspürst, aber allein die tatsächliche Praxis wird zur Erleuchtung führen.

C: Praxis bedeutet, jedem Gedanken mit dem Gegengedanken zu begegnen: „Zu wem ist dieser Gedanke gekommen?" – liege ich richtig?
B: Die Frage „Wer bin ich?" sollte den Verstand in seine ursprüngliche Natur des bloßen Seins zurückführen. Das ist ihr Zweck und ihr Ziel.

C: Das Seiende oder das subjektive Gewahrsein, das nicht durch Gedanken verunreinigt wird, ist auch ein Bestandteil des Verstandes. Es bleibt noch, nachdem man „Wer bin ich?" gefragt hat. Wenn Bhagavan sagt, dass das Stellen der Frage zur Zerstörung des Verstandes führt, verwirrt mich diese Aussage.
B: Das Seiende ist kein Bestandteil des Verstandes; es ist seine Grundlage. Wenn dieses unverfälschte Gewahrsein dauerhaft so bleibt, nachdem es ein für alle Mal jeden Willen verloren hat, sich in den Bereich des Denkens zu ergießen, wird es ebenso zerstört werden; aber du spielst weder eine Rolle bei dieser endgültigen Zerstörung noch hast du irgendeine Macht, sie herbeizuführen. Das bleibt ganz dem Jenseitigen überlassen.

C: Was bleibt nach dieser endgültigen Zerstörung übrig?
B: Das Jenseitige. Es wird *Parabrahman* [das höchste Selbst] genannt. Es kann nicht beschrieben werden. Der Verstand kann es sich nicht vorstellen. Dennoch ist es dein wahres Selbst.

C: Unser Endziel ist also nur dieses „Parabrahman"*. Das zu erreichen, wird Selbstverwirklichung genannt. Ist das richtig?*
B: Es gibt kein Erreichen von etwas. Wird das reflektierende

Bewusstsein beseitigt, bleibt nur das ursprüngliche Bewusstsein übrig. Die Zerstörung der reflektierenden Erscheinung, nämlich des trügerischen Ego-Verstandes, ist das Ziel, oder besser gesagt, sie offenbart das Ziel. Das ist die Selbstverwirklichung.

C.: Kann man die einmal erlangte Selbstverwirklichung wieder verlieren?
B: Die Terminologie, die man verwendet, sollte klar sein. Auch ein Einblick des Verstandes in *Brahman* im Bereich des subjektiven Bewusstseins kann als Selbstverwirklichung bezeichnet werden. Führt sie zur Freiheit von Wiedergeburt oder Verkörperung? Nein. Ein Mensch wird nicht zu einer hochrangigen Persönlichkeit, nur weil er eine solche aufsucht, ihre Bildungsabschlüsse notiert und ihre Kleidung nachahmt. Der äußerst seltene Zustand von *Sahajajnanastithi* [Verweilen in *Brahman*] ist nur demjenigen möglich, der keine *Vrittis* [Verstandesstrukturen] mehr im Verstand hat.

Wünsche, Anhaftungen, Meinungen, Vorlieben, Persönlichkeitsmerkmale und so weiter und so fort sind alles Beispiele für *Vrittis*. Sie lassen das reine subjektive Bewusstsein in das irreführende Reich der Gedanken überlaufen und halten die Menschen im Teufelskreis von Geburt und Tod – also in der Körperlichkeit – gefangen. Sind diese sehr stark darin gefangen, zeigt das, dass sich die *Vrittis* so kräftig und tief eingegraben haben, dass sie sich als *Vishayavasanas* [Verlangen nach Sinnesobjekten] manifestieren. *Vishayavasanas* sind schwer auszurotten, weil sie ein anmaßendes, heuchlerisches Gefühl der Legitimität in sich tragen. Wenn du zum Beispiel versuchst, zu einem hungernden Mann zu gehen und ihm zu sagen: „Das ist alles nur Einbildung", dann wirst du wahrscheinlich ein paar gut gezielte Schläge einstecken müssen …

C: (lacht) Aber die Grundbedürfnisse des Lebensunterhalts – Nahrung, Wasser, Kleidung, ein bescheidenes Dach über dem Kopf – können doch sicher als angemessen betrachtet werden?
B: Glaube nicht, dass das deine Bedürfnisse sind. Es sind die des Körpers.

C: Ich bin nicht der Körper, dennoch ist es meine Pflicht, mich angemessen um den Körper zu kümmern, habe ich recht? Nicht alle haben die außergewöhnliche geistige Kraft, sich in einem verlassenen unterirdischen Keller voller Tausendfüßler und Ratten auszusetzen und sich nur auf das Selbst zu konzentrieren!

B: Es ist nicht nötig, in irgendeinen Keller zu gehen. Wenn man die Vorstellung „Ich bin der Körper" aufgibt und sich bedingungslos der Barmherzigkeit der Höheren Macht überlässt, dann wird die Verantwortung für die Erhaltung des Körpers automatisch auf die Höhere Macht übertragen, und DIESE übernimmt von da an. Man sollte nicht denken: „Ich habe die Pflicht, mich um den Körper zu kümmern". Du hast dich ihr anvertraut; überlasse ihr alles, auch den Körper. Sie regelt alles auf höchstem Niveau. Ihre Wege sind unergründlich, aber am Ende wird die Arbeit erledigt.

C: Ich habe Bhagavan sagen hören, dass die vollständige Zerstörung aller Vasanas *nur im endgültigen* Sahajastithi *[natürlicher Zustand] möglich ist. Ich habe ihn ebenso sagen hören, dass ohne eine solche Zerstörung der besagte Zustand nicht erreicht werden kann. Das klingt paradox.*

B: Paradox ist das nur auf der unechten, schein-realen Ebene des Egos. Das Ego ist eine in sich geschlossene Illusion; verschwindet es, stellst du fest, dass es nie existiert hat.

C: Das verstehe ich nicht.

B: Wenn Zenos Paradoxon wahr wäre, wäre es uns unmöglich, von einem Ort zum anderen zu gelangen. Doch was das Paradoxon betrifft, scheint es aufrichtig wahr zu sein, wenn man es in einem isolierten intellektuellen Licht untersucht oder überdenkt. Ist unsere alltägliche Lebenserfahrung vereinbar mit der Schlussfolgerung, die aus dem Paradoxon gezogen werden soll? Halten wir eine Bewegung nicht für möglich? Die Frage der Selbstverwirklichung ist ebenso ein lästiges Paradoxon, wenn sie mit dem Intellekt erörtert wird. Wird der Intellekt umgangen oder transzendiert, bleibt nur das Reich des Seins. Darin stellen sich keine Fragen und es herrscht einzig Stille.

C: Vasanas *sind ein entscheidendes Hindernis für die Selbstverwirklichung; doch die wiederholte und kontinuierliche Praxis von* Vichara *entwurzelt die* Vasanas *und die Befreiung wird schließlich erlangt; so weit ist das klar. Kann Bhagavan mir bitte erklären, wie die* Vasanas *aus dem entstanden sind, was ursprünglich reines subjektives Bewusstsein war?*
B: Die Vorstellung, dass *Vasanas* gegenwärtig unwiderruflich mit dem Bewusstsein verbunden sind und dass ihre Beseitigung durch *Sadhana* eine Trennung dieser beiden normalerweise miteinander verflochtenen Bestandteile des Verstandes bedeutet, ist ein falsches Verständnis. *Vasanas* sind samenartige Eindrücke, die das Bewusstsein den schmalen, begrenzten Kanal entlang führen, den wir Intellekt nennen.

Vasanas sind winzige, gefühllose, imaginäre Schichten, die sich scheinbar über dem unergründlichen Selbst angesammelt haben und es daran hindern, zu leuchten. Sie sind weder real noch natürlich. Nur das Sein ist real. Du kannst in das Leuchten des Herzens eintauchen oder dich darin versenken – und das Auslöschen der *Vasanas* vergessen.

Wenn man in diesem Zustand verweilt, in dem der Verstand dauerhaft eins und identisch mit dem Sein des Selbst geworden ist, braucht man sich nicht darum zu sorgen, dass der Verstand noch einen endgültigen Tod sterben muss – lass *Granthinasam* [Zerstörung des Knotens] geschehen, wenn es geschehen soll. Du bleibst dabei, darin gegenwärtig zu sein, die Abwesenheit eines Gedanken-Wirrwars zu gewährleisten, und das ist genug. Sollten dich Gedanken über *Vasanas* beunruhigen, dann sieh nach, wessen *Vasanas* es sind.

C: Das Selbst ist das Allmächtige; doch so winzige Vasanas *sind in der Lage, es zu verschleiern!*
B: Die Verschleierung ist nur imaginär. Es gibt in Wirklichkeit keine Unwissenheit. Doch solange die *Vasanas* bestehen bleiben, wird der endgültige Zustand niemals erreicht werden.

Der Meister las aus dem *Kaivalya Navaneetham* [*Advaita*-Klassiker in Tamil] vor:

• Dieses üble Ding namens *Vasana*, die nie endende Versuchung, sich dem Genuss sinnlicher und lustvoller weltlicher Objekte hinzugeben, ist das strahlende Kennzeichen für die Existenz der Unwissenheit, die die Ursache für die sogenannten Zyklen leidvoller Geburten und Tode, des *Samsara* [durch *Karma* bedingter, endloser Kreislauf von Geburt und Tod] ist. Wunschlosigkeit hingegen ist das strahlende Kennzeichen für WAHRES WISSEN.

• Unwissenheit bedeutet, das eigene Selbst mit dem Nicht-Selbst zu identifizieren. Auf diese Weise entwickelt sich das Ego; ebenso der Handelnde und der Genießer, der *Jiva* [das individuelle Selbst]. Das einzige Hindernis, das der Verwirklichung des wahren Selbst im Wege steht, ist dieses verdorbene Etwas, das *Vasana* genannt wird; durch dieses wird es blockiert, so wie dunkle Wolken zur Regenzeit die hellste Sonne blockieren.

• Das Ego oder *Ahamvritti* [„Ich"-Gedanke, grundlegende Annahme eines „Ich"] erzeugt die Genuss-Denkmuster, die *Sankalpas* [Wille] genannt werden. *Sankalpas* werden, wenn sie vollständig entfaltet sind, selbst zu Bündeln des Begehrens, die in Form von *Vasanas*, den bösen Vorratskammern des Begehrens, im Gedächtnis des *Jiva* gespeichert sind. Wenn der geeignete Ort und die richtige Zeit gekommen sind, verleiten diese üblen *Vasanas* den *Jiva* dazu, in den schädlichen Ozean der unendlichen, immer leidvollen Handlungen und Reaktionen zu springen und dessen Früchte zu ernten: Sorgen

und Schwierigkeiten, Geburten und Tode im *Samsara*.

- ***Vasana prakshyo moekshaha:*** **Die vollständige Auslöschung oder Zerstörung der *Vasanas* oder der Erinnerungsmuster der Wünsche wird Befreiung genannt.**

- **Aufgrund der gigantischen Menge und immensen Zähflüssigkeit der *Vasanas*, die sich im Gedächtnis des *Jiva* angesammelt haben, zieht die negative Kraft der geistigen Eindrücke, die sich in zahllosen Hunderttausenden von vergangenen Inkarnationen angesammelt haben, den Suchenden zwangsweise nach außen zu den Genüssen der sinnlichen und lustvollen Objekte. So wird es für den Verstand selbstverständlich, nach außen zu gehen und in den tiefen Abgrund der sinnlichen und lustvollen Genüsse zu fallen.**

- **Durch die gewaltige Kraft von *Vivegam* [Besonnenheit] und *Vairagya* [Loslösung] wird der nach außen gewendete Verstand angehalten, nach innen gewendet, unterworfen und dazu gebracht, unnachgiebig, beharrlich und stets im Selbst, im Zeugen, zu verweilen. Das ist wahre *Sadhana*.**

Chadwick schien überglücklich über die ausführliche Erklärung des Meisters. Er verneigte sich mit seiner imposanten Gestalt tief vor dem Meister, dankte dem Dolmetscher und verließ den Saal.

Vorsichtig kam ein Besucher in die Nähe des Sofas, ließ sich dort nieder und sprach in leisem, gedämpftem Ton.

F: Warum nennt dich jeder Maharshi und Bhagavan und behandelt dich besonders? Ist dir wie bei einem Rhinozeros ein Horn auf dem Kopf gewachsen?
B: (bricht in Gelächter aus) Ich weiß das so wenig wie du!

F: Kann ich auch ein Maharshi werden?
B: Ja, sicher!

F: Ich habe Bhagavan sagen hören, dass Vairagya *[Loslösung] für den* Sadhsishya *[wahren Schüler] notwendig ist. Was ist* Vairagya? *Ist es die Haltung der Nicht-Anhaftung oder der Gleichgültigkeit gegenüber weltlichen Sorgen?*
B: Was lediglich eine Haltung des Verstandes ist, kann nicht wahres *Vairagya* sein. Was ist wahres *Vairagya*? Es ist eine mentale Entgleisung.

F: Was?! Sollen wir alle verrückt werden, um die Selbstverwirklichung zu erreichen?
B: Mentale Entgleisung ist der völlige Verlust des Glaubens an die objektive Realität der Welt.

F: Wird jemand, der nicht einmal auf der intellektuellen Ebene in der Lage ist, das unpersönliche Absolute oder Brahman *zu verstehen oder zu würdigen, aber unerschütterlich seinen eigenen Gott anbetet und liebt, in der Lage sein, das Selbst zu verwirklichen?*
B: Gott wird ihm in der Form eines *Satgurus* erscheinen und ihn zur Wahrheit führen.

F: Wie kann ich Frieden in meinem Verstand finden?
B: Der Ausdruck „Frieden im Verstand finden" ist ein Widerspruch in sich. Es ist der Verstand, der deinen natürlichen Zustand des Friedens behindert. Solange es noch einen Verstand gibt, kann man

keinen wirklichen Frieden finden.

F: Wenn das so ist, wie wird man den Verstand los?
B: Nur indem man die Gedanken bis zu ihrem Ursprung zurückverfolgt und entdeckt, dass es keinen Verstand gibt, den man loswerden muss.

F: Ist die Selbstverwirklichung für alle bestimmt oder nur für diejenigen, deren Prarabdha-Karma *dies zulässt?*
B: Die Verwirklichung erfolgt mit dem Verstand. *Karma* betrifft lediglich den Körper.

F: Was ist der Grund für meine Geburt? Ist es Karma*? Wie wird man sein* Karma *los?*
B: Was ist Geburt?

F: Wenn der Körper ins Dasein kommt, nenne ich das Geburt.
B: Nichts kommt ins Dasein oder verlässt das Dasein. Das Dasein wurde nie erschaffen, es kann nie zerstört werden. Das, was die Menschen gemeinhin als „Geburt" bezeichnen, ist nicht der Beginn des Daseins, sondern die Annahme von Begrenzungen. Auf der anderen Seite ist „Tod" nicht die Auflösung oder Zerstörung des Körpers, sondern die Offenbarung des wahren Selbst.

F: Wie kann man die Begrenzungen überwinden?
B: Schau, wem sie entspringen!

F: Ich möchte noch einmal fragen: Warum wurde ich geboren? Ich möchte den tatsächlichen Grund wissen.
B: Wer wurde geboren? Wenn du wirklich geboren wurdest, sollte sich die Frage dann nicht auch im Tiefschlaf stellen? Warum stellt sie sich dann nicht?

F: Der Verstand ist im Tiefschlaf inaktiv.

B: Ganz genau! So entdecken wir, dass Geburt und Tod nur im Verstand existieren; sie sind nur mentale Vorstellungen.

F: Trailanga Swami von Benares war dreimal so dick wie ein durchschnittlicher Mann; dennoch habe ich gehört, dass er die Fähigkeit hatte, hoch in die Luft zu fliegen. Außerdem wurde sein Alter zum Zeitpunkt seines Todes auf 450 Jahre geschätzt. Wie sind diese übernatürlichen Phänomene zu erklären?
B: Übernatürliche Phänomene werden deshalb so genannt, weil sie nie zur Zufriedenheit des Verstandes erklärt werden können.

F: Möchte Bhagavan uns nicht beeindrucken, indem er uns irgendwelche fantastischen Siddhis *zeigt, die den bekannten Gesetzen der Physik trotzen?*
B: Der Verlust des persönlichen „Ich" ist die höchste *Siddhi*.

F: Ist Hatha Yoga *[ein System körperorientierter Yoga-Techniken] für den Suchenden von Nutzen?*
B: In den frühen Stadien der *Sadhana* mag das so sein. Es ist aber nicht notwendig.

F: Was ist Sri Bhagavans Meinung zur Theorie der Reinkarnation? Gibt es eine Wiedergeburt?
B: Bist du jetzt geboren?

F: Ja, ich bin mir meiner Existenz in diesem Körper bewusst.
B: Bleibt das Bewusstsein des Körpers im tiefen Schlaf erhalten?

F: Der Verstand ist im Schlaf inaktiv, so dass er sich des Körpers nicht bewusst sein kann – aber am nächsten Morgen ist derselbe Körper wieder da. Ist das alles nur Illusion?
B: Ja.

F: Wenn alles eine Illusion ist, wie ist dann die Illusion entstanden? Wie bin ich da hineingeraten?
B: Frage dich, wer die Illusion erschaffen hat, und du wirst feststellen, dass es nie eine Illusion gegeben hat.

F: Es ist also „die Illusion einer Illusion"?
B: Genau.

F: Aber warum ist das Selbst aus seinem natürlichen Zustand herausgefallen und zum Ego geworden?
B: Das Selbst bleibt immer in SEINEM natürlichen Zustand. Du bist es, der vor IHM wegläuft!

F: Wer bin ich, wenn ES nicht da ist?
B: Das ist es: Finde es heraus!

F: Wenn ich meine scheinbare Individualität dem Selbst übergebe, wird das Ergebnis die Selbstverwirklichung sein?
B: Die bedingungslose Hingabe ist selbst das Ziel.

Als Bhagavan seine Rede beendete, hörte man, wie ein Stück Eisenbahngleis ungestüm gegen einen Stein geschlagen wurde. Es war Mittagszeit in der Einsiedelei des Weisen. **„Oh! Schon!"**, rief der Maharshi freundlich aus. Dann erhob er sich und verließ die Halle.

Am Abend kam ein alter Mann, der die traditionellen Kastenzeichen trug, stellte sich neben Bhagavan und sprach ihn an:

F: Ich habe die Advaita-*Philosophie gelesen, aber sie hat keinen Reiz für mich. Ich bin nicht an Bhagavans* Atmavichara-*Methode [Selbsterforschung] interessiert. Alles, was ich will, ist,* Rama *zu sehen. Ich möchte die ganze Zeit mit* Rama *[Gott] zusammen sein. Selbst der Gedanke an* Rama *erfüllt mich mit Glückseligkeit. Ich möchte zu* Rama *gehen. Wird Bhagavan mir den Weg zu ihm zeigen oder nicht? Ich interessiere mich nicht für das unpersönliche* Brahman. *Alles, was ich will, ist* Rama. *Wo ist* Rama*? Bitte sag es mir, Bhagavan. Ich möchte zu* Rama *gehen. Wird Bhagavan mir bitte den Weg zu* Rama *zeigen?* Rama! Rama! Rama! *Wo ist* Rama*?* (Jedes Mal, wenn der Besucher *„Rama"* sagte, erhellte sich sein Gesicht vor Ekstase. Er schien zu Tränen gerührt zu sein, wenn er nur an *Rama* dachte.)

B: (rätselhaft, aber nachdrücklich) Bald wird *Rama* dich in sein Reich abrufen.

Diese knappe Zusicherung schien den alten Mann zufrieden zu stellen. Er warf sich nieder und ging.

•———•

F: Ich meditiere ständig über den Pranava *[kosmischer Klang]* oder Omkara *[*Om-*Klang]. Reicht das für die Selbstverwirklichung aus oder ist auch* Vichara *erforderlich?*
B: (antwortet nicht)

F: (nach einiger Zeit, wie von einer Eingebung getroffen) Ja, jetzt verstehe ich.

•———•

F: Wenn ich, beginnend mit dem heutigen Tag, zwölf Jahre ununterbrochen in Bhagavans physischer Gegenwart oder Nähe bleibe, werde ich dann in der Lage sein, das Selbst automatisch zu verwirklichen? Es wird gesagt, dass Satsangam *[Verbindung mit einem spirituellen Lehrer] für die Verwirklichung notwendig und ausreichend ist.*
B: Eine solche Garantie kann nicht gegeben werden.

F: Viele Gurus behaupten, dass ihre bloße physische Anwesenheit ihre Schüler erleuchtet.
B: Warum kommst du dann hierher und verschwendest deine Zeit, anstatt zu diesen Gurus zu gehen?

F: Ich möchte wissen, was Bhagavan darüber denkt; ob Bhagavan denkt, dass ihre Behauptungen wahr sind oder nicht.
B: Darüber denkt Bhagavan nicht nach.

F: Wie kann man feststellen, ob ein Guru echt ist oder nicht?
B: (antwortet nicht)

11. Juli 1936

Samuel Cohen stellt Fragen

Bhagavans *Prarabdha* [Schicksal] schien es an diesem Tag zu sein, dass seine Kehle keine Ruhe haben sollte. Ein Mann, den ich fast jeden Tag in der Halle sah, vielleicht ein Amerikaner, der nordindische Kleidung und eine lächerliche Mütze trug und im hinteren Teil der Halle saß, erhob sich und kam nach vorne zu einem freien Platz auf dem Boden, und er fing an, eine Frage nach der anderen zu stellen.

F: Einigen gelingt es, das Wirkliche zu verwirklichen, anderen gelingt es nicht, obwohl die Anstrengung in beiden Fällen die gleiche sein mag. Können wir sagen, dass Prarabdha *der Grund ist, und die Sache damit abhaken?*
B: Je mehr man sich nach innen wendet, desto mehr gelingt es einem, das dreifache *Karma* zu überwinden; denn nur der Körper ist daran gebunden, und man identifiziert sich immer weniger mit dem Körper, während die Selbstversenkung in das Bewusstsein des Seins immer kontinuierlicher und intensiver wird. Schließlich wird jede Art von körperlicher oder sonstiger Identifikation unmöglich, und man ruht in aller Stille im Leuchten des Herzens, ganz gleich, ob der Körper inaktiv oder aktiv ist.

F: Aber was ist die Antwort auf meine Frage?
B: Nein, man kann nicht sagen, dass *Prarabdha* der Grund ist.

F: Was ist dann der Grund?
B: Wenn einem Menschen gesagt wird, dass er weder der Körper noch der Geist ist, ist er zunächst verwirrt, denn sein ganzes Leben lang war seine Erfahrung des Selbst auf diese beiden beschränkt. Wenn er zum ersten Mal die Worte des *Jnanaguru* [wahrer Guru] hört, erfährt er zu seinem Entsetzen, dass diese beiden plötzlich als unwirklich, unbedeutend und unwesentlich zu betrachten sind, und dass allein das Bewusstsein des Seins als wirklich und wesentlich zu behandeln ist.

Für jemanden, dessen Verständnis der Welt von begrifflichem Wissen getragen wird und dessen Leben von Subjekt-Objekt-Beziehungen beherrscht wird, kann dies ein zu großer Schock sein, um ihn zu ertragen. Entweder tut er die *Ajata-Advaita*-Lehre [das Absolute ist *Aja*, das ungeborene Ewige, Nicht-Duale] als reinen Unsinn ab, entwickelt von schelmischen Geistern, die nichts Besseres zu tun haben – oder er nimmt sie ernst und ist schockiert von der Tragweite: Alles, was er jemals in seinem Leben gekannt und geschätzt hat, wird nun plötzlich als bedeutungslos, austauschbar, kurzlebig und unbeständig enthüllt und somit unwirklich und einer Berücksichtigung unwürdig. Wohingegen das, was er vorher nie beachtet hatte, als die einzige dauerhafte und bleibende Wirklichkeit enthüllt wird.

Für jemanden, der sich bis zu diesem Zeitpunkt als ein endliches Subjekt innerhalb von Zeit und Raum betrachtet hat, das eine objektive Welt bewohnt, bedeutet diese Offenbarung eine große emotionale und mentale Erschütterung, denn er ist an die Dinge der Welt gebunden. Jemand, dessen vergangene *Sadhanas* jegliche Anhaftung geschwächt haben, nimmt ganz natürlich die Vorstellung an, dass die Welt ein Traum ist; so oder so wird sie ihm egal sein, weil er sich nicht für sie interessiert.

Die Vorstellung, dass die Welt nicht als eine Ansammlung unabhängiger Objekte existiert, sondern dass ihre scheinbare Existenz abhängig von der Wahrnehmung ist, schockiert manche Menschen. Der Nachweis durch die fünf Sinnesorgane ist lediglich eine zufällige „Information". Sie besagt nicht, dass ein solches Objekt tatsächlich „da draußen" ist. Es gibt kein „da draußen".

Es gibt nur einen Eingang des Bewusstseins; daher hängt alles Wahrgenommene nur vom Wahrnehmenden ab. Nach außen gewendet, ist dieses Bewusstsein die Welt und ihr Wahrnehmender; nach innen gewendet, stellt es fest, dass es das Selbst ist. *Jagratprama* ist das *Prama* [das Wissen der Welt] von *Jagrat Pramata* [der Wissende der Welt]. Außerhalb des Wahrnehmenden gibt es so etwas wie das Wahrgenommene nicht. Der *Pramata* [der subjektiv Wissende] glaubt, ganz viele Dinge über die Welt zu wissen; dabei

greift er lediglich auf die Inhalte seines eigenen Geistes zu. Alle Gedanken und Wahrnehmungen sind Variationen innerhalb des Verstandes.

Das Licht des Selbst fällt auf *Ahamvritti* [reines „Ich bin"-Gefühl, „Ich"-Gedanke] und dessen Kinder – und ein *Jiva* [individuelle Seele] wird geboren. (Mit „Kinder des *Ahamvritti*" bezieht sich Sri Bhagavan hier auf die anderen *Vrittis*, die aus *Ahamvritti* hervorgehen.) Die Aufgabe des Aspiranten ist es, alle anderen *Vrittis* zu zerstören. Um das bloße *Ahamvritti* kümmert sich das Selbst, das heißt, es zerstört es. Dann wird es ohne Widerspiegelung verbleiben.

F: Das ist reiner Egoismus: Sein ist Sein.

B: Der Egoist sagt, dass der Verstand real ist und dass alles, was von ihm ausgeht – einschließlich der Welt und der Gedanken – ein Phantom oder ein Schatten ist. Die Realität des Verstandes selbst stellt er nicht in Frage. Ich bitte dich, noch weiter zu gehen. Ich sage, dass der Verstand selbst ein Schatten oder ein Phantom ist, das vom Selbst ausgeht. Du wirst dies durch direkte Erfahrung entdecken – wenn es dir einzig darum geht, die Quelle des Verstandes zu erforschen.

Du fragst, warum manche keine Verwirklichung erlangen. Du fragst, ob *Prarabdha* [das Schicksal, das unser Leben jetzt beeinflusst] der Grund sein könnte. Nein. *Prarabdha* hat keine Macht, einen *Jiva* in die Welt zurückzuholen, der fest entschlossen ist, für immer in seiner Quelle unterzutauchen. Du fragst, was dann der Grund dafür ist.

Das Festhalten am objektiven Wissen – das ist der Grund. Es gibt gebildete *Pandits* [Gelehrte], die – Band für Band – ausführliche Kommentare zu verschiedenen *Advaita*-Texten geschrieben haben, die die *Ajata-Advaita*-Lehre unmittelbar darlegen: *Ashtavakra Geethai, Ribhu Geethai, Panchadasi, Kaivalya Navaneetham, Ozhivil Odukkam* und so weiter … Geh zu ihnen nach Hause, wenn ein vielgeliebtes Kind gestorben ist, und frage sie, was sie fühlen. Du wirst wahrscheinlich mit einem feindseligen Blick empfangen

werden. Wenn du dich dann dort hinsetzt und all dies hier erklärst, kannst du dich glücklich schätzen, wenn du mit dem Leben davonkommst.

Wo liegt das Problem? All das Lernen war vergeblich, weil es auf der Ebene des Intellekts stehen geblieben ist. Es ist nicht in der Lage, das Ego zu zerschlagen, denn es gab keine Praxis. Die einzige Anstrengung, die unternommen wurde, bestand darin, noch mehr Bücher zu lesen, weitere Kommentare zu schreiben, weiterhin Auszeichnungen als „Experte auf dem Gebiet des *Advaita*" entgegen zu nehmen – das ließ das Ego größer und größer werden. Nie wurden Anstrengungen unternommen, die unaufhörlichen Wellen des Denkens zu beruhigen. Nur ein wenig Anstrengung in diese Richtung hätte wechselseitig aus dem Selbst einen Strom der Gnade nach sich ziehen können. Aber nein!

Lies, schreib, nimm Auszeichnungen bei Buchvorstellungen entgegen, bilde dir ein, hochintelligent zu handeln, wenn du die Worte sprichst: „Nein, nein, das ist alles Gottes Werk. Ich bin ein Instrument in seinen Händen, das ist alles." Erhalte Beifall und blase dein Ego immer weiter auf. Sonne und Erde mögen eines Tages aus Langeweile beschließen, ihre Positionen zu tauschen, aber solche Menschen, betört vom giftigen Wein der Liebe zum Bücherlernen, können kein wahres Wissen erlangen.

Objektives Wissen und Bücherlernen sind die tödlichsten Feinde auf dem Weg zur Selbstverwirklichung, denn sie sind meisterhaft als die allerliebsten Freunde getarnt, und in der Tat gründet diese Tarnung tief.

F: Wenn ich Verwirklichung erlange, ist eines der Spiegelbilder zerstört. Was ist dann mit den anderen, die in der Welt leben? Wann werden alle aufwachen?

B: Tue es erst und schaue – und danach stelle diese Frage, wenn es nötig sein sollte. Wenn du aus einem Traum erwachst, denkst du dann: „Oh, ich habe von so vielen ertrinkenden Menschen geträumt, ich frage mich, ob jemand sie gerettet hat oder ob sie umgekommen sind?"

F: Ich allein bin also unwissend – oder vielmehr, es gibt nur mich allein! Aber dann müsste ich mich doch hoffnungslos einsam fühlen.
B: Allein zu sein bedeutet, ohne Gedanken zu sein, und das schließt ein, ohne den Gedanken „Ich bin allein“ oder „Ich bin einsam“ zu sein.

F: Wenn mir gesagt wird, dass ich das Selbst bin, warum ruhe ich dann nicht zufrieden in diesem Wissen? Warum verirre ich mich weiterhin in das Reich der Gedanken?
B: *Ahamvritti* haftet ein unlauteres Gefühl der Rechtmäßigkeit an. Das ist die Ursache für deine Schwierigkeiten. Es muss verschwinden, bevor gute Ergebnisse folgen können. Man könnte es als die Weltanschauung des Egos bezeichnen. Sie ist für *Ahamvritti* das, was das Gehirn für das Herz ist. Ohne das Herz gäbe es keine Sauerstoffzufuhr zum Gehirn, und das Überleben des Körpers wäre nicht möglich; ohne die Funktion des Gehirnabschnitts, der die unwillkürliche Muskeltätigkeit steuert, wäre das Zusammenziehen und Ausdehnen des Herzens nicht möglich, weil keine diese Funktion antreibenden neuroelektrischen Impulse vorhanden wären, was ebenfalls das weitere Überleben des Körpers unmöglich machen würde. Das Töten des einen tötet das andere. Die Tötung eines der beiden tötet den Körper über den Punkt der Wiederbelebung hinaus.

So ist es auch hier. Das Töten der Weltanschauung tötet *Ahamvritti* und vice versa. Die Tötung eines von beiden zerstört das Ego ein für alle Mal. Der *Bhakta* [Gottgeweihter], der sich hingibt, zerstört damit vollständig jede Bedeutung, die das „Ich“ für sich selbst hat – damit entwurzelt er die Weltanschauung. Der *Jnanasadhaka* [jemand, der den Weg der spirituellen Erkenntnis geht] fährt fort im Versuch, das „Ich“ zu finden – damit entwurzelt er *Ahamvritti*. Beachte, dass diese Erklärung nur zu analytischen Zwecken dient. Um dir die beiden parallelen Ansätze zu erklären, habe ich diese intellektuelle Unterteilung vorgenommen.

Eigentlich sind Weltanschauung und *Ahamvritti* einfach zwei verschiedene Schattierungen oder Aspekte des Ichs, so wie ein

Chamäleon je nach Farbe der unmittelbaren Umgebung seine Farbe ändert, aber im Grunde ein und dasselbe Chamäleon ist. *Ahamvritti* ist der Gedanke „Ich"; die Weltanschauung ist der intellektuelle Rahmen, der die scheinbare, illusorische, individuelle Existenz dieses Gedankens „Ich" legitimiert, indem er ihn mit ebenso fiktiven Objekten oder Umgebungen verknüpft. Der Grund dafür ist, dass der Gedanke „Ich" nicht ohne eine solche Verknüpfung bestehen kann.

Das Töten des „Ichs" bewirkt also, dass Intellektualisierung oder Verknüpfung automatisch enden; und das Beenden der Gewohnheit des Intellektualisierens oder Verknüpfens tötet automatisch das „Ich". Das „Ich" und seine objektivierende oder verknüpfende Tendenz sind also ein und dasselbe, aber seine Zerstörung kann auf die eine oder andere Weise erfolgen, je nach psychologischem Temperament des Einzelnen. Wenn du dir unsicher bist (lacht), führe einen Zangen-Angriff aus! Als Alexander der Große in Indien einmarschierte, besiegte er auf diese Weise König Purushottama, den Herrscher des Punjabs, der Alexanders stärkster Gegner gewesen sein soll, nachdem alle anderen Taktiken versagten. Es gibt kein Entkommen aus dem Zwillingsgebiss eines Krokodils.

Wann immer das Ego zu laut und zu schwierig erscheint und sich weigert, sich zu ergeben, bekämpfe es mit *Vichara*; wann immer du das Gefühl hast, dass du geistig zu angeschlagen und geschwächt bist, um *Vichara* zu machen, gib dich hin! Eine Vernichtungsschlacht auf der einen Seite und eine Zermürbungsschlacht auf der anderen – so sollte man den Krieg gewinnen! Aber denke daran, dass all dies geschieht, während dein Körper mit seinen weltlichen Aktivitäten beschäftigt ist! Benutze niemals *Ajata Advaita* als Ausrede, um dich vorsätzlich vor deinen Pflichten zu drücken, indem du dir sagst: „Alles ist eine Illusion! Warum sollte ich mich anstrengen, wenn alles nur ein Traum ist?"

F: Ja, genau das wollte ich gerade fragen! Sri Bhagavan hat meine Gedanken mit unheimlich scharfsinniger Genauigkeit gelesen!

B: Weltliche Pflichten aufzugeben wird zu mehr Komplikationen führen, als du dir im Moment vorstellen kannst. Du wirst vom Regen in die Traufe kommen.

F: Ist es möglich, den Verstand auf das Selbst zu richten und trotzdem wie gewohnt seiner Arbeit nachzugehen?
B: Warum nicht?

F: Für einen spirituellen Herkules wie Sri Bhagavan ist das zweifellos ein Kinderspiel. Aber was ist mit mir?
B: Ja, was ist mit dir?

F: Wie kann jemand, der nicht denkend verbleibt – und das ist ja mit der Fixierung der Aufmerksamkeit auf das Selbst gemeint –, seinen weltlichen Pflichten nachgehen? Hier ein Beispiel für das, was ich zu sagen versuche: Nehmen wir an, dass ich im Laufe meiner Berufstätigkeit oft mathematische Berechnungen mit großen Zahlenmengen durchführen muss, was die Verwendung von Logarithmentafeln erfordert – was mache ich dann? Ist es nicht notwendig, den Verstand einzusetzen, zumindest einen Teil davon? Kann man ohne den Verstand logarithmische Tabellen verwenden?
B: Das Problem ist, dass du dich so sehr an die Identifikation mit dem Körper gewöhnt hast, dass du denkst, dass du derjenige bist, der die Handlungen ausführt, die dein Körper vollzieht. Aber es ist die Höhere Macht, die alles tut. Du nimmst lediglich Anerkennung oder Verdienst für dich selbst in Anspruch. Mit ein wenig Übung wirst du die Wahrheit erkennen. Hast du die Angewohnheit, Fahrrad zu fahren?

F: (überrascht) Gewiss! Warum, stärkt das Fahrradfahren irgendwie das Ego?!
B: (lacht herzlich) Nein, nein! Hör zu! Singst du manchmal beim Fahrradfahren?

F: (erstaunt über die Hellsichtigkeit des Maharshi) Ja, warum? Woher weiß Bhagavan das alles?!
B: Ich habe es von jemandem gehört. Nun, der Punkt ist: Wenn du

in einer dir vertrauten Gegend unterwegs und zuweilen so vertieft in das entzückende Lied bist, das du gerade singst – ist es dir schon geschehen, dass du feststellst, dass du dein Ziel schon erreicht hast, obwohl die Route kompliziert, das Wetter alles andere als perfekt war, und es auf dem Weg Büffel und Ochsenkarren gab, denen du ausweichen musstest?

F: (fast lachend in verblüffter Verwunderung) Ja! Gütiger Himmel, ja! Aber was hat das damit zu tun …?
B: Aber wenn dich jemand auffordern würde, zu fahren, ohne auf das zu achten, was du gerade tust, würdest du ihn zweifellos für verrückt halten?

F: Ohne respektlos sein zu wollen: Ja, gewiss.
B: Du siehst also, worauf ich hinaus will. Wir legen zu viel Wert auf unseren Intellekt. Wir denken, wir treffen Entscheidungen. Wir denken, wir hätten die Kontrolle. Wir denken, dass alles, was der Körper macht, von uns gemacht wird. Wir denken, wir bringen den Körper dazu, sich zu bewegen, zu sprechen und sich so zu verhalten, wie er es tut. Das ist ein raffiniert konstruierter Betrug! Alles geschieht aus eigenem Antrieb, auch die Körperbewegungen. So etwas wie ein „Handeln aufgrund einer Entscheidung" gibt es also nicht. Der freie Wille ist eine Illusion. Die Welt der Ereignisse und die Welt der Gedanken liegen beide im Verstand, sind aber nicht miteinander verbunden und bedingen sich nicht gegenseitig.

Du sagst, dass du eine Entscheidung triffst und dann danach handelst. Betrachte, was tatsächlich geschieht. Die Handlung wird durch *Prarabdha* entschieden. Wie auch immer du dich entscheidest, das Ergebnis der Entscheidung ist letztendlich nur die vorgesehene Handlung – nichts anderes! Die Entscheidung zählt also gar nicht. Folglich ist keine Handlung jemals das Ergebnis einer Entscheidung des Menschen. Das gaukeln wir uns selbst vor. Da dem Menschen das Wissen um die Zukunft verwehrt ist, kann er unmöglich wissen, ob die Handlungen den Gedanken folgen oder ob sich die Gedanken einfach vor den Handlungen einreihen, wie Eisenspäne vor einem

Stabmagneten, und so eine illusorische Ursache-Folge-Beziehung zwischen Gedanken und Handlungen schaffen – während es in Wirklichkeit eine Folge-Ursache-Beziehung sein könnte …

„Der Mensch kann zwar tun, was er will, aber er kann nicht wollen, was er will", hat Schopenhauer gesagt; dieselbe Wahrheit in dem, was ich sage, kann man auch so ausdrücken. In beiden Fällen ist die Schlussfolgerung, dass der freie Wille unmöglich existieren kann. Sobald du aufhörst, an den freien Willen zu glauben, lockert sich automatisch der Griff des Egos.

F: (zweifelnd) Beim Fahrradfahren war das in Ordnung, da genügte die körperliche Koordination. Aber wenn man das auf alle Aktivitäten ausdehnt … (schüttelt nachdenklich den Kopf).

B: Ich wiederhole: Die Praxis wird die Wahrheit dessen, was ich sage, offenbaren. Übe dich darin, als reines subjektives Bewusstsein des Seins zu verbleiben und sieh, ob die Handlungen von selbst weitergehen oder nicht.

F: Was ist, wenn die Handlungen nicht nach meinem Geschmack sind?

B: Du strebst nach Selbstverwirklichung, doch du willst das Leben gemäß deiner eigenen Bedingungen leben! Kein anderes Streben kann sinnvollerweise mit dem Streben nach Selbstverwirklichung koexistieren. Mit der Zeit wird sogar das Streben nach Selbstverwirklichung zu einem Hindernis für das Aufblühen in die Selbstverwirklichung – denn was sollen wir mit dem Aspiranten tun? Wenn die *Sadhana* an Schwung gewinnt, muss sogar das Streben nach Selbstverwirklichung aufgegeben werden. Sobald du dich in den Händen der Höheren Macht befindest, darf dein eigener Wille oder deine eigene Meinung nicht mehr im Wege stehen. Du wirst zu Lehm in ihren Händen. Jede noch bestehende Vorstellung wird niedergerissen, alles Gelernte verlernt, alles objektive Wissen rückgängig gemacht, beraubt und vernichtet, um das reine Substrat zu enthüllen, das darunter als „Ich-Ich" leuchtet.

Was die Frage der physischen Abkehr betrifft, so ist das Leben in der Welt wie bisher fortzusetzen – sofern es der Wille der

Höheren Macht ist. Wenn du in der Welt bleibst, tust du das zu ihren Bedingungen; wenn du dich von ihr abkehrst, geschieht es wiederum nur zu ihren Bedingungen. Sie entscheidet, ob du im Haus oder im Wald oder in beiden bleibst. Für dich ist es völlig gleichgültig, wo der Körper ist oder was er tut. Was dich betrifft, so hast du an dem Tag, an dem du dein Ego dem Selbst zugekehrt hast, alles aufgegeben, was du hattest oder zu haben glaubtest, einschließlich des Körpers.

An diesem Tag wird deine Abkehr abgeschlossen. Sobald das Ego im Licht der wahren Selbsterkenntnis verendet, wird die verwirrende Ansammlung von Namen und Formen, die man „Welt" nennt, als nichts anderes als das süße, liebliche Selbst enthüllt. Das ist *Jnana* [spirituelles Wissen].

13. Juli 1936

Samadhi aus Major Chadwicks Notizbuch

Ein muslimischer Gentleman fragte:

F: Bhagavan hat gestern zwei verschiedene Begriffe verwendet: Selbstverwirklichung und Sahajastithi *[natürlicher Zustand]. Gibt es da einen Unterschied? Ist der erste Begriff eine übersetzte Version des zweiten?*

B: Sobald der Verstand *Brahman* im Bereich der subjektiven Erfahrung wahrnimmt, interessieren ihn die Launen der Welt nicht mehr. Er hält sich von Sinneserfahrungen fern und betrachtet sie weder als Last noch als Vergnügen. Der *Sadhaka*, der die unbeständige, illusorische und vergängliche Natur der Manifestation verstanden hat, nimmt nach einer längeren Periode von *Vichara*

abhyasa **[Praxis der Selbsterforschung] die Welt nur als einen Traum wahr und sieht die Objekte der Welt als bloße mentale Projektionen (während der *Jnani* nur das Selbst sieht).**

Einen solchen Menschen kann man als selbstverwirklicht bezeichnen. Sein Verstand ist jedoch nicht zerstört und die *Vasanas*, die in der Samenform verbleiben, verursachen eine unvermeidliche Wiedergeburt. Man kann nicht sagen, dass er das transzendentale Gewahrsein besitzt, in dem sich der *Jnani* immer befindet. Wenn durch die mitfühlende Gnade Gottes oder des *Gurus* auch die verbleibenden *Vasanas*, die ein Hindernis darstellen, zerstört werden, wird der Geist in das Herz gezogen. Dort löst er sich auf wie eine Puppe aus Salz, die in den Ozean geworfen wird. Dies ist das endgültige *Sahajastithi* [natürlicher Zustand] des *Jnani*, und dies allein verleiht Befreiung von zukünftigen Geburten.

F: Gestern hat Bhagavan über die drei Arten von Samadhi *aufgeklärt. Ich habe darüber nachgedacht. Meine Frage ist: Ist es notwendig, durch das tranceartige* Nirvikalpa *zu gehen, bevor man zum* Sahaja *übergeht?*
Bhagavan rief Chadwick an seine Seite und sagte etwas zu ihm.

Chadwick verließ die Halle und kam mit einem Notizbuch zurück, aus dem er die folgenden Notizen vorlas, die er in einem früheren Gespräch mit Bhagavan gemacht hatte:

> Ich fragte meinen Meister, ob es ihm etwas ausmachen würde, mir eine ausführliche Erklärung des Begriffs *Samadhi* und seiner verschiedenen Arten zu geben. Lord Ramana willigte gnädig ein und sprach die folgenden Worte:
> **B: Die Bedeutung des Wortes *Samadhi* wird im Allgemeinen als Vereinigung mit der Wirklichkeit angegeben, aber das ist es nicht. *Samadhi* meint den Zustand der Nicht-Abgrenzung von der Wirklichkeit oder von DEM, WAS IST. Seine Arten sind die folgenden:**

1. *Savikalpa Samadhi* [Gedanken existieren noch, haben aber keinen Einfluss mehr]. Der Verstand wird durch Willensanstrengung gezwungen, am reinen SEIN festzuhalten – ohne eine solche bewusste Aufmerksamkeit oder einen solchen Willen beginnt der Verstand wieder in die Welt der Sinnesobjekte oder das Reich der Gedanken abzuschweifen – *Vrittis* oder Konzepte bleiben in latenter Form oder Samenform – wenn die Konzentration ausreichend fortgeschritten ist, schreitet man von hier zu *Aham Sphurana* fort; dies ist im Allgemeinen nicht durch den Verlust des Körperbewusstseins gekennzeichnet – „Ich-Ich" – Pulsieren wird deutlich gefühlt, Glückseligkeit wird erfahren – kontinuierliche Verankerung in *Aham Sphurana* führt zu *Sahaja* [spontane Erleuchtung] *Samadhi* und umgeht somit die Voraussetzung für *Kevala Nirvikalpa Samadhi.*

2. *Kevala Nirvikalpa Samadhi.* Der Verstand ist vorübergehend mit *Parabrahman* verschmolzen – wie ein Eimer, der in einen Brunnen gefallen ist, an dem aber ein Seil befestigt ist, mit dem er wieder hochgezogen werden kann – das Seil repräsentiert *Vasanas* oder *Vrittis* oder *Samskaras* [geistige Prägungen] – die Konzepte oder *Vrittis* sind lediglich in der Schwebe; sie verschwinden nur vorübergehend, um nach dem Ende der Trance wieder aufzutauchen – für die Dauer der Trance gibt es keine Möglichkeit eines „Ich-Ich"-Pulsierens oder einer anderen wahrnehmbaren Empfindung; für diese Zeitspanne gibt es niemanden, dem sie widerfahren kann.

Wird das Wort „Zeit" verwendet, bezieht es sich auf das Erleben des Betrachters, dass die Zeit vergeht, (nicht auf das eigentliche Erleben, denn das ist nur Sein, sondern auf den scheinbaren Eindruck, der von einem nach außen gewendeten Verstand erschaffen wird).

Eine Person, die in *Kevala Samadhi* eingetaucht ist, ist sich des Ablaufs der Zeit nicht bewusst, weil sie für diese Dauer – nur vom Beobachter so bezeichnet – als Individuum tot und nur als Wirklichkeit lebendig ist – kein Verstand während der *Kevala*-Trance, daher ist es nicht möglich, irgendetwas zu erkennen, was „Zeit" genannt wird.

Vollständige Abwesenheit des Körperbewusstseins, selbst unwillkürliche Körperfunktionen hören auf, der Körper wird zum Kadaver – keine Chance, ihn von einem tatsächlichen Kadaver zu unterscheiden – der derzeitige Körper kann aufgrund der Intensität der erlebten Glückseligkeit für immer aufgegeben werden – ist dies der Fall, ist die Aufnahme eines neuen Körpers (grob-/feinstofflich) unvermeidlich, weil die *Vrittis* in der Samenform verbleiben.

Unterschied zwischen *Yoganidra* [yogischer Schlaf] und *Kevala Samadhi*: *Yoganidra ist* auf Grundlage von Patanjalis Lehren oder einer falsch angewandten Methode des *Raja Yoga [königlicher Pfad]* zustande gekommen – der tödlichste aller Stolpersteine auf dem spirituellen Pfad – man muss sehr achtgeben, ihn zu vermeiden – einfach ein langer Zeitraum eines schlafähnlichen Zustands

Geschichte eines Mannes, der am

Ufer des Ganges etwas tut, das er für *Tapas* [Enthaltsamkeit] *hält* – er bittet einen Schüler, Wasser aus dem Fluss zu holen, um es zu trinken – er fällt in Trance, wacht erst 1000 Jahre später wieder auf - kein Fluss mehr da, die Landschaft völlig verändert, sein Körper versunken in einem Sumpf – der erste Gedanke, der ihm nach dem Erwachen aus der Trance kommt: Ich möchte Wasser trinken! – 1000 Jahre also völlig verschwendet.

Der Yogi denkt, dass die Erfahrung von Vergnügen oder Glückseligkeit für ihn Erlösung bedeutet: Nichts könnte absurder sein! – Viele, die *Vichara* machen, denken, sie hätten die Wirklichkeit gefunden und tappen in diese Falle – sehr schwer, davon loszukommen – macht süchtiger als Kokain, Morphium usw.

Wie herausfinden, ob man aktuell mit dieser Gefahr konfrontiert ist? – Gerade nach einer schweren Mahlzeit, bei der die Lieblingsspeisen serviert wurden, entspannt man sich – der Verstand angenehm eingelullt, keine Gedanken, nur Vergnügen an der Schwelle zur Schläfrigkeit – das entspricht genau dem Zustand von *Yoganidra*, nur ist darin die Intensität des Vergnügens um ein Vielfaches erhöht – der Verstand denkt nicht, schläft nicht, träumt nicht, ist nicht völlig von Sinneswahrnehmungen abgeschnitten, aber dennoch sich seiner selbst NICHT bewusst – nur ein leerer Verstand.

Viele bedauernswerte Seelen, aufgefordert, nicht mehr zu denken, gehen in diesen Zustand, weil dies der einzige gedankenfreie Zustand ist, den sie kennen – sie denken, dass dies das

Ziel der Selbsterforschung ist – denken, dass das Befreiung ist, aber es ist eine Sackgasse – das Schlimmste, was einem *Sadhaka* passieren kann.

Hat sich der Verstand erst einmal an diese Art von giftigem Vergnügen gewöhnt, findet er das Herauskommen immer weniger wünschenswert, es ist daher immer weniger möglich – nach dem Anfangsstadium keine Rettung mehr – die *tamasische* [dunkle] Natur nimmt immer mehr zu – ewige Verdammnis.

Um dies zu vermeiden, darf sich der Verstand nicht auf Vergnügen, Glück oder Freude konzentrieren, sondern muss sicherstellen, dass es keine Ablenkungen vom SEIN gibt – wird dagegen eine bestimmte kritische Grenze von *Tamas* [Dunkelheit, Trägheit] erreicht und überschritten, werden *Rajas* [Leidenschaft] und *Sattva* [klar, hell] auf unbedeutende Mengen reduziert – nimmt man den Körper an, um das Gleichgewicht zwischen den *Gunas* [Tendenzen] zu verändern, kann Verwirklichung erreicht werden, indem man *Sattva* zur einzigen vorherrschenden *Guna* macht – weil nicht genügend *Sattva* und *Rajas* übrigbleiben, um daran zu arbeiten, den grob- oder feinstofflichen Körper zu bilden, ist Verwirklichung nicht mehr möglich – keine Hilfe ist mehr möglich.

Tamas wächst und wächst – der Körper wird zum Gemüse und verrottet dann, das *Tamas* des Verstandes nimmt zu – es sei denn, *Ishwara* [das höchste Wesen] selbst erbarmt sich und fügt *Rajas* hinzu, um die Mischung günstig auszugleichen – so wird die arme Seele in einen primitiven Körper versetzt, um sich in diesem – indem sie die *Sattva* erhöht – weiterentwickeln

zu können. Ansonsten ist keine Erlösung möglich – große Gefahr bei den Methoden des *Raja Yoga* [königlicher Pfad] und *Kundalini Yoga* [göttliche Energie].

Deshalb empfiehlt sie Bhagavan nicht; die Gefahr besteht sogar für *Vichara*-Praktizierende, die Vergnügen oder Glückseligkeit mehr wollen als Freiheit von Knechtschaft. Als Bhagavan auf dem Berg lebte, begegnete er einem solchen *Yogi Adityanath* – sein Körper zerfiel aufgrund von Vernachlässigung, aber alle dachten, er sei in *Samadhi* und verehrten ihn – Bhagavan konnte die Wahrheit sehen: Er hatte sich in einer yogischen Trance [*Yoganiththirai*] verloren – Bhagavan versuchte einmal, ihm zu helfen, der Mann stieß Bhagavan wütend von sich, er war süchtig nach dem Vergnügen geworden, nicht bereit, es jemals aufzugeben – Bhagavan überließ ihn seinem Schicksal und ging, denn es gab nichts mehr zu tun.

Deshalb ist es wichtig, das GEWAHRSEIN DES SEINS während der *Sadhana* aufrechtzuerhalten – in dem Moment, in dem das Selbstgewahrsein zu schwanken beginnt oder die Trägheit versucht, die Kontrolle zu übernehmen, muss man den Verstand hartnäckig in den Bereich des Seins zurückholen.Vergnügen oder Glückseligkeit sind nicht das Ziel – das einzig wahre Ziel: die Möglichkeit der Manifestation zu zerstören – ein Gewahrsein, das frei von *Upadhis* ist, muss während der gesamten *Sadhana* aufrechterhalten werden, damit es erfolgreich ist – Geburt ist die größte Krankheit des Menschen – der gewöhnliche Mensch denkt, Geburt ist der Beginn der

Existenz – nichts könnte weiter von der Wahrheit entfernt sein – Geburt bedeutet, Begrenzungen anzunehmen – dies muss auf der intellektuellen Ebene verstanden werden, bevor eine sinnvolle *Sadhana* beginnen kann.

3. *Sahaja Nirvikalpa Samadhi* [der Geist ist tot, aufgelöst im Selbst]. Keine Beschreibung in Worten könnte ihm gerecht werden. Keine Konzepte, keine Empfindungen, keine Erfahrung, keine Glückseligkeit, kein Kosmos, keine Person, kein Gott, kein Nichts. ES IST DAS, in dem die Manifestation und ihre Abwesenheit enthalten sind und durch das die Anwesenheit oder Abwesenheit der Manifestation wahrgenommen werden kann. Der Verstand erfährt das Selbst als glückselig – das Selbst an sich ist weder Glückseligkeit noch Qual – es ist, wie es ist. Die Worte *Trupthi* [Gefühl der Sättigung] oder *Shanti* beschreiben das Selbst aussagekräftiger als *Ananda* [Glückseligkeit], doch Beschreibungen können keinen Einblick in diesen Zustand gewähren.Der Zustand, der *Sahajastithi* genannt wird, wurde nicht erst erschaffen, gerade jetzt ist er da und du bist DAS.

Der Verstand verschleiert ihn – die Suche nach dem Verstand – aber Verstand hat nie existiert – doch es muss praktisch entdeckt werden, dass er nicht existiert, damit Selbstverwirklichung stattfinden kann – der Entdecker selbst bleibt nicht übrig, um zu sagen, „Ich habe diese Entdeckung gemacht", nur das Selbst bleibt übrig – das Ende aller Anstrengungen – in diesem Zustand liegt DAS EINZIGE Mittel zur Freiheit von Wiedergeburt.

Zusätzliche Anmerkungen: Der *Kevala-Samadhi*-Zustand, obwohl nicht so schlimm wie der *Nidra* [Schlaf-Zustand], ist auch nicht wirklich wünschenswert. Kommt nicht bei allen Suchenden vor; ist Zeitverschwendung, kann andererseits genutzt werden, um *Vasanas* zu zerstören, die das endgültige Erreichen des Ziels verhindern. Ziel ist nicht, das Selbst zu erlangen – was für ein Unsinn! Wer kann das Selbst erlangen? Was könnte neben dem Selbst existieren? Gibt es etwa zwei Selbste? Das Ziel ist, das illusorische Nicht-Selbst zu zerstören, so dass nur das Selbst bleibt.

***Kevala Samadhi* wird im Allgemeinen von treuen Anhängern der Yoga-Schulen des *Patanjali* oder *Ashtanga* [die acht Glieder des Yoga] erreicht. Auch hier eine gewisse Gefahr: Der Suchende denkt, das endgültige Ziel erreicht zu haben, sobald der Verstand einmal *Brahman* erkannt hat – völlig absurd! Die Versuchung, in *Kevala Samadhi* zu gehen, anstatt die *Vasanas* auszurotten, ist aufgrund der gefühlten großen Glückseligkeit sehr groß – so wird das endgültige Ziel hinausgezögert. Der richtige Meister muss kommen, um zu überzeugen, dass dies nicht der endgültige Zustand ist. Das Problem ist, der Suchende könnte sich selbst einen *Brahmajnani* [jemand mit Wissen über das Selbst] nennen, sich also für jemanden halten, der *Brahman* erkannt hat; zulassen, dass sein Ego untergeht, würde nicht auf den richtigen Rat hören – es könnte zu hochmütigem Verhalten kommen, also am besten diesen Zustand vermeiden. Familienangehörige mögen beunruhigt sein und den Körper einäschern, denn es ist nicht**

zu sagen, wann das Körperbewusstsein zurückkehren wird. *Vicharamarga* [der Weg der Selbsterforschung] umgeht dieses Stadium.

Das bereits beschriebene *Aham Sphurana* dient als Ersatz. *Kevala Samadhi* ist in der Tat eine Nebenstraße, die nicht angestrebt werden sollte. Wer die Glückseligkeit *Brahmans* will, ohne Persönlichkeit oder Individualität zu verlieren, für den ist *Kevala Samadhi* die letzte Schwelle. *Jnanamarga* unterstützt nicht das Verlangen nach Glückseligkeit. Ein *Vicharamarga*-Aspirant sollte nach überhaupt nichts streben. Auf natürliche Weise ohne Verlangen zu bleiben, das kennzeichnet einen idealen *Jnanamarga*-Aspiranten. Selbst das Verlangen nach Erleuchtung ist ein ernsthaftes Hindernis. Ebenso, wie du andere Wünsche meidest, meide auch das Verlangen nach Trance oder Glückseligkeit oder Erleuchtung – indem du dich fragst, wem all dies widerfährt.

BLEIBE, WIE DU BIST. Frei von Gedanken, Ideen, Wünschen und allen anderen Arten von *Vrittis.* Verbleibe im natürlichen Zustand, der allein wahre Freiheit ist – denn dieser Zustand kann sich nicht über Verkörperung oder Gefangenschaft beklagen. *Sahaja Samadhi* [der natürliche Zustand des Seins] wird als Negation erklärt, weil es das ist, was jenseits des Letztendlichen ist. Hier existiert niemand außer dem Selbst, um die Glückseligkeit des Selbst zu erfahren, und das Selbst ist nicht fähig, irgendetwas zu erfahren, nicht einmal sich selbst. Die Frage, wer was durchdringt, stellt sich nicht; um ES zu durchringen, gibt es nichts als ES. Deshalb heißt es *Advaita* und nicht

Ekatva **[Einheit]. Die Frage, ob der *Jivatman* jemals *Parabrahman* erreicht, stellt sich nicht. Wenn ER mit der Aufrichtigkeit des Aspiranten zufrieden ist, streckt ER selbst die Hand aus und zerstört ihn. Diese Handlung geschieht auf natürliche Weise. Im *Parabrahman* gibt es keine Fähigkeit des Wollens, die entscheidet: „Lass uns diesem *Jivatman* Befreiung geben oder ihn zerstören.“ Wenn der *Jivatman* nahe genug herankommt, wird er automatisch angesaugt und vernichtet, aber dafür muss der *Jivatman* sehr, sehr nahe herankommen.**

Der Meister nannte das Beispiel von Asteroiden, die auf ihrer Umlaufbahn nahe an der Sonne vorbeiziehen. Die Energie (oder Geschwindigkeit oder was auch immer), mit der der Körper die Sonne umkreist, und sein Abstand von der Sonne reichen in der Regel aus, um sicherzustellen, dass er nicht von der massiven Schwerkraft der Sonne angezogen wird. Eine fortschreitende Verringerung einer dieser beiden Faktoren aber macht es immer wahrscheinlicher, dass der Körper in die Sonne stürzt. In ähnlicher Weise, so Bhagavan, sind der „Ich“-Gedanke und seine Tendenz zur Objektivierung zwei Faktoren, die das Ego daran hindern, im Selbst zu verschmelzen. Vernichte einen von ihnen vollständig, das ist genug! Die Gnade des Gurus wirkt wie die Reibung von Trümmern, die allmählich die Geschwindigkeit des Körpers verringern und allmählich den Verlauf seiner Umlaufbahn ändern, so dass er schließlich sicher zur Sonne hin angezogen wird. Der Pfad der Hingabe knackt das Gehirn, die Tendenz zur Objektivierung des Egos, der

Pfad der Selbsterforschung knackt das Herz.

Der „Ich"-Gedanke – beide sind Aspekte desselben Egos; tötet man den einen, tötet man den anderen und tötet das Ego. Manche Suchenden fragen: „Ich bin bereit für die Befreiung, warum bin ich noch nicht befreit worden?" Das zeigt, dass sie überhaupt nicht bereit sind. Der wirklich bereite Aspirant hat kein *Sankalpa* [Wille] oder Willenskraft mehr, um eine derartige Aussage zu machen, denn das Ausmaß seiner Selbsthingabe ist total. Was ist Hingabe? Hingabe bedeutet, keine Sorgen mehr zu haben und es dem Herrn zu überlassen, mit dir zu tun, was er will.

Der sich wahrhaftig Hingebende bittet um nichts, weil er kein Bedürfnis hat, keinen Wunsch verspürt. Er will nicht einmal die Nichtexistenz des Elends, geschweige denn die Befreiung aus *Samsara.* Ein *Jnani* ist immer in *Samadhi*, egal ob der Körper sich bewegt, stillsteht oder tot ist – er kann seinen Körper nicht sehen. Es gibt nur eine Sache, die der *Jnani* tun und wissen kann, und das ist, das Selbst zu SEIN. Die Leute sagen, dass ein *Jnani* so und so ist, doch vom Standpunkt des *Jnani* aus hat das keine Bedeutung. Es gibt nichts in ihm, was die Behauptung „Ich bin ein *Jnani*" hervorruft, es gibt einfach niemanden, der in der Form dieses Körpers verortet ist. Der weise *Sadhaka* beschließt weder, den Haushalt zu verlassen, noch in den Dschungel zu ziehen. Seine Fähigkeit des Wollens überlässt er stillschweigend der Höheren Macht und lässt sich sanftmütig von ihr führen – wohin sie ihn auch führt, in den Dschungel oder in den

Haushalt, in den Himmel oder in die Hölle. Da er sich bereits von der Idee „Ich-bin-der-Körper" befreit hat, denkt er nicht: „Ich werde irgendwohin gebracht."

Selbstlose Liebe zu Gott wird *Bhakti* genannt. Selbstlose Liebe dient nicht dem Erwerb von materiellem Besitz, nicht der Erlangung himmlischer Reiche, nicht der Erlösung, nicht dem Ausbrechen aus dem Kreislauf von Geburt und Tod, nicht der Erfüllung altruistischer oder philanthropischer Motive zur Erbauung der Menschheit. Selbstlose Liebe wird nicht einmal von der Hoffnung oder Erwartung begleitet, dafür wiedergeliebt zu werden; sie muss nichts verlangen. Selbstlose Liebe weiß einfach, dass sie lieben muss, das ist alles. Der ernsthafte *Bhakta* wird nicht von der Anwesenheit oder Abwesenheit aller oder irgendeiner der Welten beeinflusst. Seine eigene scheinbare Existenz ist für ihn eine unerklärliche Beschämung, denn für ihn ist alles der Wille des Herrn.

Sein eigener Wille hört auf, zu existieren, an seine Stelle tritt der Wille des Herrn. Das ist die Liebe, die Hiob in der Bibel für Gott hatte, die die *Gopis* [weibliche Anhängerinnen] für *Krishna* [Höchster Gott, achter Avatar *Vishnus*] hatten, die Karna für Duryodana hatte – eine Liebe, die nur zu lieben weiß. Wenn du in der Lage bist, diese Art von verrückter, alles verzehrender Liebe zu Gott zu kultivieren, wird der daraus resultierende Rausch dafür sorgen, dass Sorgen um Arbeit, Lebensunterhalt und dergleichen aus deinem Kopf verschwinden. Der sich wahrhaft Hingebende hat die Zukunft betreffend keine Hoffnungen oder Erwartungen.

Was auch immer geschieht, er akzeptiert es als den Willen seines Herrn. In der Tat sieht er in allen Objekten und Ereignissen, die er im *Jagrat*- und *Swapna*-Zustand erlebt, nur den Herrn selbst. Du kannst ihn niemals dazu bringen, Schmerzen zu empfinden, denn in dem Moment, in dem sein Körper Leid erfährt, sagt er sich: „Es gefällt dem Herrn, dass einer seiner Besitztümer diese und jene Empfindungen durchmacht; wer bin ich, seinen Willen in Frage zu stellen, und warum sollte ich mich mit der Angemessenheit seiner Entscheidungen beschäftigen?" Es liegt an uns, sich IHM sanftmütig zu unterwerfen und den Rest stillschweigend IHM zu überlassen – das ist alles.

Kultiviere diese Haltung, dann kann dich keine Sorge berühren. Du wurdest nicht aus eigenem Willen geboren; bleibe unbesorgt, gleichgültig und losgelöst von allem, was auf die Geburt folgt; das ist wahre Entsagung. Eins mit dem Herzen zu bleiben, das ist weder ein zu erreichendes Ziel noch kann es sinnvollerweise das Objekt irgendeines Ehrgeizes oder Strebens sein; es ist der natürliche Zustand von allem und jedem. Dieses reine, undifferenzierte Sein zu bleiben, in dem die Fähigkeit zur Andersartigkeit verursachenden Unterscheidung tot ist und in dem es keine Konzepte und nichts mehr zu erreichen gibt, ist keine Errungenschaft: Es ist DAS, mit dem du identisch bist; es ist du; DU BIST DAS! Es ist das, was Befreiung ist: Die vollständige Bindung an Gott – das wird Befreiung genannt.

Major Chadwick aus England ist ein langjähriger älterer Devotee des Maharshi. Er kam ein Jahr vor mir und hatte das Glück, bis zum Tod des Meisters im Ashram zu bleiben. Was Sie oben sehen, sind die Originalnotizen, die Major Chadwick direkt von den Worten des Weisen gemacht hat.

Bei obiger Gelegenheit wurde dieser Herr von Bhagavan gebeten, nur die Teile seiner Notizen zu lesen, die sich mit dem Thema *Samadhi* befassen. Das tat er dann auch und las beliebige Sätze aus den obigen Notizen vor. Da er schnell sprach, hatte ich Schwierigkeiten, ihm zu folgen. Da ich die Informationen haben wollte, wandte ich mich später an den Herrn und erklärte ihm, dass ich dem, was er in der Halle vorgelesen hatte, nicht richtig folgen konnte, und dass ich gerne seine Notizen lesen würde, wenn ich das dürfte. Er willigte daraufhin ein und übergab mir ein Bündel Papiere, von denen ich die darin enthaltenen Notizen schnell abschrieb.

Ich war von Bhagavans Worten so verzaubert, dass ich alle Notizen, die der Major auf den besagten Blättern gemacht hatte, kopierte; nicht nur die Teile, die sich auf *Samadhi* bezogen. Ich habe diese Notizen hier getreu wiedergegeben, obwohl sie sicherlich über den Rahmen der Gespräche hinausgehen, die an diesem Tag in der Halle stattfanden, denn ich bin sicher, dass der geneigte Leser jede Gelegenheit begrüßen wird, die Worte des Meisters nicht zu verpassen.

Als ich dieses Manuskript zusammenstellte, überlegte ich, ob ich auch die kurzen Andeutungen in vollständige Sätze umwandeln sollte; dann entschied ich mich dagegen, weil ich selbst nicht anwesend war, als diese Aussagen von dem Weisen gemacht wurden; deshalb schien es mir im Interesse der Wahrung der Authentizität besser, sie in ihrer ursprünglichen, knappen und prägnanten Form zu belassen. Ich glaube nicht, dass irgendeiner der Anhänger des Meisters irgendwelche Schwierigkeiten haben wird, diese kurzen, treffenden Weisheits-Häppchen aufzunehmen, zu verdauen und zu verarbeiten.

15. Juli 1936

Die Welt existiert nur im Verstand

Samuel Cohen ist zurück!

F: Ich habe Bhagavan sagen hören: „Das Wissen über die Welt ist ausschließlich das Wissen über den ‚Wissenden der Welt'." Was bedeutet das?

B: Dass die Welt nur im Verstand existiert; dass die Erscheinung irgendeiner Welt oder das Phänomen der Manifestation nicht losgelöst von deinem Verstand möglich ist.

F: Gibt es so viele „Verstände" in der Welt, wie es Menschen gibt? Und geht ein jeder Verstand zur gleichen Zeit aus dem Selbst hervor?

B: Es gibt nicht mehrere „Verstände". Einzig dein Verstand taucht auf aus dem Selbst, bezeichnet sich als „Ich" und mutmaßt, dass die Objekte, die er durch die Sinne wahrnimmt, getrennt von ihm existieren und eine von seiner Wahrnehmung unabhängige objektive Existenz besitzen. Dann erzeugt er Wünsche in Bezug auf diese Objekte, fühlt sich frustriert, wenn diese Wünsche nicht erfüllt werden, stellt Fragen über den Sinn und Zweck des Lebens und zweifelt schließlich an sich selbst: „Wer bin ich?" – infolgedessen er ruhig in das Selbst zurücksinkt.

Dieser ganze Kreislauf findet nur aus der Sicht des Verstandes statt. Das Selbst ist sich keiner Veränderung bewusst. Da alle Wahrnehmung (sinnlich oder intellektuell) nur die Wahrnehmung dessen ist, der nicht existiert, und da die Vorstellung von „anderen Verständen" nur eine Schlussfolgerung ist, die den Gegenstand einer geistigen Wahrnehmung bildet, gibt es keinen anderen Verstand. Dein Verstand ist der einzige Verstand, den es zu geben scheint, und wenn du ihn über einen längeren Zeitraum hinweg intensiv untersuchst, wird auch er verschwinden und nur das Substrat zurücklassen, das immer da war.

F: Wie kann das sein? So wie ich einen Verstand habe, müssen auch die anderen in dieser Halle einen haben; außer Bhagavan natürlich, der ihn erfolgreich ausgemerzt hat.

B: Die Szene, die sich vor deinen Augen abspielt, ist nur eine Erfindung deines eigenen Verstandes.

F: Gibt es dafür irgendeinen Beweis?
B: Welt und Verstand entstehen und vergehen als Einheit. Betrachte den Zustand im *Sushupti* [Tiefschlaf]: Hat es darin für dich eine Vielzahl gegeben?

F: Das Universum mag im Schlaf existieren, aber nicht wahrgenommen werden.
B: Der Wahrnehmende ist der einzige Schöpfer und die einzige und alleinige Ursache der Manifestation – und in seiner Abwesenheit gibt es nichts als Glückseligkeit.

F: Ich verstehe diese Argumentation. Aber ich frage noch einmal: Wie kann sie bewiesen werden?
B: Das Wesen, das sich nach Beweisen sehnt, ist der Verstand. Kann der Verstand den Beweis für seine eigene Nichtexistenz finden? Nein. Du kannst den Verstand niemals durch den Verstand finden. Gib ihn auf, und du wirst in das Unendliche absorbiert werden. Die Instanz, die in der Lage ist, die Frage nach der Existenz des Verstandes – und damit die Frage nach der Existenz der Manifestation – festzustellen oder zu beurteilen, kann nicht der Verstand selbst sein. Der Verstand kann nur vom Verstand wissen, während es im Zustand des Nicht-Verstandes eine klare (eindeutige) Abwesenheit des Verstandes gibt.

F: Wer erkennt die Abwesenheit des Verstandes im Zustand des Nicht-Verstandes?
B: Da es keinen Verstand gibt, der ein Erkennen durchführen oder ihm unterworfen sein könnte, stellt sich gar nicht die Frage nach dem Erkennen oder Nicht-Erkennen der Existenz oder Nicht-Existenz des Verstandes im Zustand des Nicht-Verstandes. Der Gedanke, dass der Verstand ein vergängliches Wesen ist, weckt die geistige Neugier, das Substrat zu entdecken, das nach der Zerstörung des Verstandes zurückbleibt – falls es eins gibt und was immer es

sein mag. Diese Neugier, bekannt als *Atmajignasa* [der Wunsch das Selbst zu erkennen], bewirkt, dass der Verstand sich nach innen wendet und führt so zur Verwirklichung.

F: Haben alle Jivas *diese Neugierde?*
B: Nein.

F: Wie bekommt man sie?
B: Durch die Gnade des Gurus.

F: Und wie erreicht man diese?
B: Wenn du mit dem vorhandenen Licht weiterarbeitest, wirst du deinem Guru begegnen, denn er selbst wird dich suchen.

F: Ich habe einige Zweifel an dem, was ich in der Bibel gelesen habe, insbesondere an den Taten und Aussagen von Jesus. Darf ich sie mit Sri Bhagavan klären, den ich als eine lebendige Verkörperung von Christus selbst betrachte? Bhagavan stimmte mit einem geduldigen Nicken seines Kopfes zu. *Was bedeutet „Ego eimi" (Ich bin) aus dem Munde Jesu?*
B: Unter allen Namen Gottes ist der Name „Ehyeh Asher Ehyeh" (Ich bin, wer ich bin), der Moses aus dem brennenden Dornbusch offenbart wird, derjenige, der am wirksamsten die Essenz des einzigen unmittelbaren Mittels zu seiner Verwirklichung erfasst. Demjenigen, der die Bedeutung des Namens kennt, wird das Mittel der Verwirklichung offenbart, denn sie sind ein und dasselbe:

> **„Da er mich begehrt, will ich ihn erretten; da er meinen Namen kennt, will ich ihn erhöhen."**

Jesus versichert seinen Anhängern – und tatsächlich jedem, der bereit ist, zuzuhören –, dass Befreiung nicht durch gute Werke, sondern allein durch Gottes Gnade erlangt wird, und dass diese Gnade nicht willkürlich kommt, sondern zu denen, die Gottes Namen gehört und seine Bedeutung verstanden haben. Die Bedeutung besteht darin,

dass das vollkommene Sich-nach-innen-Wenden die Richtung ist, in die der Verstand kanalisiert oder konzentriert werden muss, um Verwirklichung zu ermöglichen. „Ich bin, wer ich bin" bedeutet, dass der Verstand sich keiner anderen Sache als sich selbst bewusst ist – das ist der Zustand von *Samadhi*. „Ich bin dies oder das ..." ist *Jagrat Swapna* [Tagträumen], dort ist der Verstand mit Name und Form, Erinnerung und Glauben, Andersartigkeit und Trennung beschäftigt. „Ich-bin" ist das Nicht-Objektive, das Substrat, von dem der Verstand seine Existenz ableitet und in das er sich auflöst. „Ich-bin" ist ein Verweis auf einen Zustand, in dem es keinerlei Außen geben kann. Dies ist der Zustand, der vor und nach dem Verstand herrscht.

Mit der feierlichen Erklärung „Ich bin" schmäht Jesus nicht absichtlich das jüdische Glaubenssystem, das zur Zeit des Tempels des Herodes galt, sondern er weist darauf hin, dass sein Zustand Zeit und Raum übersteigt:

„Ich bin, bevor Abraham war."

Der Zweck dieser Worte – sofern man den Taten eines Menschen, dessen Verstand tot ist, so etwas zuschreiben kann – besteht darin, zu verkünden, dass der Zustand, in dem die Konzepte von Zeit und Raum aufgegeben wurden, wahrhaftig der einzige Zustand ist, der es wert ist, Ziel unserer Anstrengungen zu sein. „Ich-bin" – hier geeignet als Interpretation, der Zustand des Verstandes zu sein, der nichts außerhalb seiner selbst sieht oder erkennt –, ist der Weg, die Wahrheit und das Leben.

F: Was meinte Jesus, als er sagte:

> *„Euch ist das Geheimnis des Reiches Gottes gegeben; für die aber, die draußen sind, geschieht alles in Gleichnissen; denn sehen sollen sie, sehen, aber nicht erkennen; hören sollen sie, hören, aber nicht verstehen, damit sie sich nicht bekehren und ihnen nicht vergeben wird."*

Er hat doch nicht gemeint, dass die Menschen leiden sollen, weil sie seine Worte nicht verstehen können?
B: Viele Menschen kommen zum Ramana Ashram, nehmen das Büchlein „Wer bin ich?" in die Hand, kommen zu mir, werfen sich vor dem Sofa nieder, bitten mich um Segen und gehen wieder. Erreichen alle von ihnen *Jnana*?

F: Bedeutet das, dass es notwendig ist, jahrelang in der physischen Gegenwart Sri Bhagavans zu bleiben, um eine echte Chance auf Verwirklichung zu haben?
B: Was zählt, ist die geistige Präsenz.

F: Das verstehe ich nicht.
B: Sri Ramakrishna hat gesagt: „Um Gott zu verwirklichen, braucht es vollkommene Aufrichtigkeit". Ein Mensch mag zu jeder Tages- und Nachtzeit *Tapas* [Bemühen um Selbstverwirklichung] machen, aber wenn er sich nicht von der Vorstellung „Ich mache *Tapas*" befreit hat, wird er daraus keinen spirituellen Nutzen ziehen. Ein anderer mag mitten in der Welt bleiben und verschiedenen Aufgaben nachgehen, die das zu erledigende *Prarabdha* seines Körpers darstellen, ohne zu denken, dass er irgendetwas tut – da er Körper und Verstand, Herz und Seele Gott überlassen hat. Einem solchen geschieht die Verwirklichung ohne Anstrengung.

Was Jesus meint, ist nicht, dass er absichtlich versucht, irgendjemanden über seine Lehren im Unklaren zu lassen, sondern dass seine Lehren für diejenigen unverständlich bleiben, deren Ego nicht untergegangen ist. Diese Textstelle besagt, dass der, der immer noch arrogant „Ich" denkt, selbst nachdem er aufgefordert wurde, sich hinzugeben, keine Gnade verdient, und dass ihm der Weg zur Verwirklichung mit Sicherheit verschlossen bleiben wird.

F: Bhagavan sagt in Vers 30 des Gedichts „Ulladhu Narpadhu", *dass die Suche nach der Wirklichkeit im Verstand beginnt. Doch wenn Menschen ihn um praktische Anleitung für die Suche bitten, spricht er vom Herzen.*

Was ist die Erklärung dafür? Ist das Herz die letzte Stufe der Übungen oder das Ziel selbst?

B: Der *Sadhaka* beginnt die Praxis mit einem nach innen gewendeten Verstand, um sich des Ansturms der bedrohlichen, rasenden Gedanken zu widersetzen, die ihn Tag und Nacht plagen und ihn des Friedens berauben. Mit Wirkung der Praxis kommt er schließlich dazu, durch die Rückbesinnung des Gefühls das „Ich"-Empfinden wiederzufinden. Wenn der Verstand schließlich im Herzen versinkt, ist da ein überwältigendes Gefühl ungestörter Glückseligkeit. Dann gibt es ein „Ich"-Empfinden, das nichts mit dem Intellekt zu tun hat und nicht vom reinen Subjektiven Bewusstsein getrennt ist. Der Verstand muss sich also dem Herzen einfügen. Das Herz kann nicht als Objekt deiner Praxis empfunden werden. Seine Verwirklichung erwacht erst dann, wenn der Verstand endgültig von allen ablenkenden und verdrehenden Tendenzen befreit ist.

F: In Vers 266 des Vivekachudamani *sagt Sri* Adi Shankaracharya *(berühmter* Advaita-Vedanta-*Lehrer aus dem 8. Jh), dass* Brahman *durch* Buddhi, *den subtilen Intellekt, verwirklicht werden kann, was bedeutet, dass der Intellekt bei der Verwirklichung gewiss eine immense Hilfe ist. Während* Shankara *der Meinung zu sein scheint, dass ein gereinigtes* Buddhi *für die Verwirklichung unverzichtbar ist, ist Bhagavan der Meinung, dass es zerstört werden muss, bevor Verwirklichung erwacht. Ist das so?*

B: Das Wort „*Buddhi*" wird von dir zu Recht mit „der subtile Verstand" übersetzt; das ist die übliche Bedeutung. Aber in diesem Vers könnte es konkret auch „die Höhle des Herzens" bedeuten.

Dann bat Bhagavan jemanden in der Halle, den Vers 266 laut vorzulesen:

> „In der Höhle des *Buddhi* ist *Brahman*, ungleich dem Grob- und dem Feinstofflichen, die absolute Existenz, das Höchste, das Eine ohne ein Zweites. Für einen, der in dieser Höhle als *Brahman* lebt, oh Geliebter, gibt es keinen Eingang mehr in den Schoß einer Frau."

B: *Buddhi* im Sinne eines Unterscheidungsvermögens zwischen richtig und falsch, zwischen gut und schlecht, muss auf jeden Fall verschwinden, bevor Verwirklichung erwachen kann. *Buddhi* im Sinne des subtilen Intellekts hilft dem Verstand, unaufhörlich nach seiner eigenen Quelle zu suchen, und führt den *Sadhaka* daher zur Verwirklichung. Der gereinigte *Chittam* [Verstand] oder der von *Vrittis* gereinigte Verstand führt automatisch zur Verwirklichung des Selbst.

F: Wenn ich die Fähigkeit verliere, zwischen richtig und falsch, gut und schlecht zu unterscheiden, wäre das dann nicht gefährlich für mich? Ich könnte anderen schaden, ohne zu wissen, dass ich es tue und dass es schlecht ist. Ich könnte vielleicht nicht verhindern, dass andere mir schaden, und nicht wissen, dass ich geschädigt werde und dass es gut ist, mich vor Schaden zu schützen.
B: Wenn du in deiner Praxis weiter voranschreitest, wirst du von selbst entdecken, dass es solche Dinge wie Gut, Schlecht, Richtig, Falsch, Böse, Moral und so weiter nicht gibt. Das ist es, was ich meinte. In der Welt müssen die üblichen weltlichen Verhaltensnormen beibehalten werden.

F: Aber kommt das nicht einer Doppelmoral gleich, die auf Heuchelei hinausläuft?
B: Nein. Sobald du ein gewisses Maß an geistigem Sich-nach-innen-Wenden erreicht hast, wirst du entdecken, dass dein spontanes Verhalten im Umgang mit anderen nicht auf deinem Verstand beruht, sondern auf ihrem.

F: Vor nicht allzu langer Zeit sagte mir Sri Bhagavan, dass mein Verstand der einzige sei, der existiert.
B: Den scheinbaren Erscheinungen müssen scheinbare Erwiderungen auf der gleichen Ebene der Vorstellungskraft entgegengesetzt werden.

F: Das verstehe ich nicht.
B: *Advaita* ist für die innere, geistige Anwendung gedacht. Es ist

wie in der Geschichte von König Janaka, der gefragt wurde, warum der Elefant in das für die Unterbringung von Elefanten vorgesehene Gebäude gebracht wurde, die Kuh in den Kuhstall und der Hund in seine Hütte. Wenn du versuchst, *Advaita* in der Welt anzuwenden, wirst du in ernsthafte Schwierigkeiten geraten.

16. Juli 1936

Vichara, Selbsterforschung

Major Chadwick teilt seine Zweifel

F: Was sind die Indikatoren, durch die ich selbst herausfinden kann, ob ich Vichara *[Selbsterforschung] richtig mache oder nicht?*

B: Wenn *Vichara* zu einem Geisteszustand geführt hat, in dem er als identisch mit dem reinen Subjektiven Bewusstsein verweilt, dann hast du es richtig gemacht.

Für den Anfänger ist es jedoch nicht leicht, zu erkennen, ob sein Verstand derzeit als identisch mit dem reinen Subjektiven Bewusstsein verweilt, da der dumpfe Geisteszustand von *Manolaya* [Verlust des Gewahrseins] oft fälschlicherweise als der „*Tabula-rasa*“ - Geisteszustand des reinen Subjektiven Bewusstseins angesehen wird.

Wenn der Verstand als identisch mit dem reinen Subjektiven Bewusstsein verweilt, funkelt unverkennbar „Ich-Ich“ durch. Die endgültige Antwort auf deine Frage lautet also, dass *Vichara* dann richtig gemacht wurde, wenn es zum Aufblitzen von *Aham Sphurana* geführt hat.

F: Und wie erkennt man das „Aufblitzen" von Aham Sphurana*?*
B: Es gibt keine Möglichkeit, sie zu verwechseln, wenn die Erfahrung tatsächlich eintritt. Jede Beschreibung ist nicht nur nutzlos, sondern auch kontraproduktiv, denn wenn eine Beschreibung der Erfahrung von *Aham Sphurana* gegeben wird, verdreht und verzerrt der Verstand die gegenwärtige banale Erfahrung von nach außen greifenden, Befriedigung ersehnenden geistigen Impulsen, zu einer, die perfekt mit der gegebenen Beschreibung übereinzustimmen scheint – denn er will vermeiden, zerstört zu werden.

Selbst wenn du also eine in dieser Halle abgegebene Beschreibung der Erfahrung von *Aham Sphurana* gehört hast, bemühe dich bitte nicht, dich daran zu erinnern. Wenn *Aham Sphurana* tatsächlich aufblitzt, wirst du es sicher wissen. Das Erkennen von *Aham Sphurana* basiert nicht auf intellektueller Bestätigung. Es ist eine direkte Erfahrung des Selbst, die nur dem *Sahajastithi* [natürlichen Zustand] des *Jnani* unterlegen ist.

F: Ist Aham Sphurana *etwas, das nur von reifen Seelen empfunden wird?*
B: Ja.

F: Was sollen die anderen dann tun?
B: (lächelt) Selbst heranreifen!

F: Wie?
B: *Vichara abhyasa* [Praxis der Selbsterforschung] ist der Weg.

F: Ich möchte nun eine etwas andere, aber verwandte Frage stellen. Bitte sag mir, wie ich herausfinden kann, wie viel Fortschritt ich in Bezug auf Vichara Abhyasa *mache.*
B: Die Zeitspanne, für die du in der Lage bist, den Verstand in einem Zustand zu halten, in dem er als identisch mit dem reinen Subjektiven Bewusstsein verbleibt, ist der Maßstab, mit dem du herausfinden kannst, wie effektiv du *Vichara* praktizierst. Allerdings ist der Grad der Abwesenheit sowohl des Denkens (sich dies und das vorstellen) wie der geistigen Dumpfheit das

pragmatischere Mittel, den Fortschritt zu messen. Der Wunsch nach Fortschritt ist jedoch ein Hindernis – befreie dich davon! Frage dich, wer das ist, der den Fortschritt messen will.

Chadwick: (unglücklich) Ich bin seit Monaten hier, ich sehe keine Verbesserung bei mir. Wenn überhaupt, scheint sich mein Zustand eher zu verschlechtern. Die Zähflüssigkeit meiner Gedanken nimmt ab – ich benutze konsequent Bhagavans Vichara-*Methode. Dennoch gibt es keine Verminderung bei der Stärke der Gedankenarmee, von der ich Tag für Tag angegriffen werde. Ich möchte unbedingt in diesem Leben verwirklicht werden. Oder, falls ich wiedergeboren werde, muss auch Bhagavan einwilligen, wiedergeboren zu werden, um mir zu helfen, im nächsten Leben Verwirklichung zu erlangen. Was kann ich ohne Bhagavan tun?*

Jemand aus dem hinteren Teil der Halle rief: *„Er ist ein* Jivan Mukta *[befreites Wesen]. Wo ist die Möglichkeit einer weiteren Geburt für ihn? Ist dieser Vorschlag nicht absurd?"* Chadwick ignorierte ihn.
B: Gib die Vorstellung auf, dass du nach Verwirklichung strebst!

C: (entsetzt) Was?! Bhagavan fordert mich auf, die Suche aufzugeben? Hat er entschieden, dass ich unwürdig bin, Verwirklichung zu erlangen?
B: Hast du dem, was dir gesagt wurde, Aufmerksamkeit geschenkt? Du wurdest nicht gebeten, die Suche aufzugeben. Du wurdest gebeten, die falsche Vorstellung aufzugeben, dass es ein „Ich" gibt, das versucht, mit einem „Super-Du" zu verschmelzen.

C: (niedergeschlagen) Ich verstehe nichts.
B: Wirf den Glauben an die Existenz des persönlichen Selbst weg! Nur aufgrund dieser irrigen Grundlage stellst du jetzt Fragen.

C: Aber ich muss bleiben, um Sadhana *[Übungen] zu machen!*
B: Was ist das Ziel der *Sadhana*?

C: Die Zerstörung des Egos.
B: Nein, das Transzendieren der Vorstellung seiner Existenz.

C: Wenn ich mich also einfach von der Vorstellung befreie, dass ich als individuelle Person existiere, wird die Methode „Wer bin ich?" nicht mehr benötigt?

B: Verwirf zuerst diese irrige Vorstellung! Nachdem du diese Vorstellung verworfen hast, setze keine andere Vorstellung an ihre Stelle, wie zum Beispiel „*Aham Brahmasmi*" [Ich bin *Brahman*] und so weiter. Bleibe frei von allen Vorstellungen, das heißt, von jeder geistigen Identifikation. Lass den Verstand im Zustand des reinen Subjektiven Bewusstseins verbleiben, frei von jeglicher Objektivierung oder Identifikation.

Dann, sobald Gedanken auftauchen, gehe sie mit dem Gegengedanken an: „Wem ist dieser Gedanke erschienen?" Das blockiert die weitere Entwicklung des Gedankens. Dann bringe den Verstand in seinen ursprünglichen Zustand des reinen Subjektiven Bewusstseins zurück. Das ist der Weg.

C: Bhagavan wurde mit den Worten zitiert, dass bestimmte Qualifikationen für diejenigen notwendig sind, die erfolgreich Vichara *betreiben wollen. Könnte Bhagavan diese Qualifikationen bitte erklären?*

B: Es genügt, intuitiv zu erkennen, dass die drei Zustände vorübergehende Phänomene sind, die keine Realität besitzen. Aber auch hier dämmert eine solche Intuition unaufgefordert, als Folge einer standhaften und regelmäßigen *Vichara*-Praxis. Es besteht also wirklich keine Notwendigkeit, sich vor Beginn der Praxis hinzusetzen und endlos darüber nachzudenken, ob du kompetent genug bist, die Praxis so zu betreiben, dass sie zum Erfolg führen wird. Wenn du feststellst, dass sie dich anzieht, kannst du sicherlich damit fortfahren, *Vichara* zu praktizieren.

F: Ist es notwendig, bevor ich mit Vichara *beginne, mich zuerst zu qualifizieren oder mich mit anderen Praktiken wie Atemtechniken, Visualisierungen angenehmer mentaler Bilder und so weiter vorzubereiten? Oder kann ich mich sofort in* Vichara *stürzen?*

B: Die beste Vorbereitung auf *Vichara* ist *Vichara*. Die anderen

Praktiken sind für diejenigen, denen *Vichara* – aus irgendeinem Grund – nicht als die passendste erscheint.

F: Ich bin ein Mann, der völlig neu in der spirituellen Praxis ist. Soll ich mit Vichara *beginnen? Oder sollte ich mit einer einfacheren Methode beginnen, wie zum Beispiel den Atem beobachten, und zu* Vichara *übergehen, sobald mein Geist genügend Reife erlangt hat?*
B: Keine Methode ist per se einfach oder schwierig. Je nach Temperament ist das, was dem einen leicht fällt, für den anderen schwer. Halte dich an das, was dich fasziniert. Es ist egal, welche Methode die beste ist. Welche Methode spricht dich an?

F: Ich meditiere gerne, aber Bhagavan hat gesagt, dass Vichara *das einzige Mittel ist, um den Schleier der Unwissenheit zu durchdringen. Also neige ich dazu, mich dafür selbst zu tadeln, dass ich einer Methode folge, die mich laut Bhagavan nicht zur Verwirklichung führt.*
B: Wer hat gesagt, dass ich andere Methoden ablehne? Du kannst deiner gegenwärtigen Methode folgen, bis du selbst – eher intuitiv als intellektuell – fühlst, dass die Zeit für dich gekommen ist, diese *Sadhana* [Praxis] aufzugeben. Zu diesem Zeitpunkt wird der Verstand sich automatisch dazu hingezogen fühlen, unaufhörlich über das „Ich“ nachzudenken.

Die Faszination für das „Ich“ führt zu spontanem *Vichara*. Wenn *Vichara* nicht um ihrer selbst willen getan wird, bringt sie kein erfolgreiches Ergebnis. Wenn ein Holzsplitter in deinem Zahnfleisch steckt, wird deine Zunge von sich aus versuchen, ihn zu entfernen, ohne dass du dich bewusst anstrengen musst.

***Vichara* wird nur erfolgreich sein, wenn es diesen Grad an Spontaneität gibt. Die Zunge weiß, dass der Splitter ein Fremdkörper ist und verschwinden muss. Sie wird solange mit der Bekämpfung fortfahren, bis sich der Fremdkörper gelöst hat. Ebenso muss der Verstand in der Lage sein, das Ego, dem er seine scheinbare Existenz verdankt, auf natürliche Weise als ein unnatürliches und fremdes Wesen zu erkennen.**

Diese Genauigkeit wird nur nach längerem Üben erreicht.

Diese *Abhyasa* kann jede Form annehmen, die dich anspricht. Welchem Weg du auch immer jetzt folgst, er wird dich von sich aus zu *Vichara* führen, wenn der Moment reif ist – vorausgesetzt, du bist aufrichtig und unnachgiebig in deinen Bemühungen.

F: Wenn Gedanken auftreten, sollte ich meine Aufmerksamkeit wieder auf das reine Subjektives Bewusstsein lenken. Das ist der Sinn von Vichara. *Richtig?*
B: Was du beschreibst, ist ohne Zweifel *Vichara*. Aber zu *Vichara* gehört noch mehr.

F: Bitte erkläre das.
B: Sobald die Praxis des *Vichara* ein ausreichendes Maß an Reife – das meint die Reife oder Beständigkeit des Sich-nach-innen-Wendens – bewirkt hat, widerstrebt es dem Verstand, Gedanken zu denken und er wird nun damit zufrieden sein, im Sein des Selbst verschmolzen zu bleiben.

Aber selbst dann gibt es das subtile „Ich", das die Tatsache betrachtet, dass der so verschmolzene Verstand erhalten bleibt. Ergreife es und untersuche es unablässig – und wenn es verschwindet, bleibt *Jnana* allein.

F: Seit mehreren Jahren erforsche ich: „Wer bin ich?". Ich sehe kein Ergebnis. Was ist der Grund? Wo mache ich etwas falsch? Was mache ich falsch? Bitte hilf mir!
B: Was ist mit *Vichara* gemeint? Geht es darum, sich selbst anhand der Frage „Wer bin ich?" intellektuell zu analysieren?

F: Meint es das nicht?
B: Nein. *Vichara* meint das Bemühen, den Gedanken zu seiner Quelle zurückzuverfolgen; und der Höhepunkt dieses Bemühens ist die Entdeckung, dass diese Quelle das Leuchten des sich selbst überstrahlenden Herzens ist, das heißt: Das Sein des Selbst. Der vorletzte Sieg des *Vichara* ist dann erreicht, wenn es mehr Anstrengung erfordert, das Leuchten des Herzens zu verlassen, statt

darin einzutauchen und darin einzugehen.

Wenn du unaufhörlich an der Quelle der Gedanken festhältst, wird es eine Zeit geben, in der das Auftauchen aus dieser Quelle völlig unmöglich wird; die Verkörperung dieses Zustands ist das, was *Vichara Sadhana* zu erreichen versucht. *Vichara* bedeutet, nach der Quelle der Gedanken zu suchen, damit wir ausschließlich und dauerhaft dort verweilen können. *Vichara* zu praktizieren, ist einfach das: Suche, wo in dir selbst der Gedanke entsteht! Nachdem du diese Quelle gefunden hast, bleibe ein für alle Mal dort!

F: Einige üben Vichara *für eine kurze Zeit und schaffen es, sich selbst zu verwirklichen. Andere versuchen es jahrzehntelang; ihre Bemühungen werden nur mit Misserfolg belohnt. Was ist die Erklärung dafür?*

B: Es kommt darauf an, mit welcher Intensität sich der Verstand nach innen wenden kann. Es muss den verzweifelten Wunsch geben, das Selbst zu verwirklichen. Der Durst, die Realität zu entdecken, die Sehnsucht, das Verlangen müssen hell im Verstand brennen, mit genügend Kraft, um den Verstand in Asche zu verwandeln. Halbgare und halbherzige Anstrengungen werden dich nicht weiterbringen.

Sobald du weißt, dass all dies Fiktion ist, kannst du da noch zufrieden sein, bis du die Realität erreicht hast? Je inakzeptabler die weltliche Existenz ist – im Gegensatz zum bloßen intellektuellen Verständnis oder der begrifflichen Vorstellung, dass die Existenz in Form des Körpers für dich unerwünscht ist –, desto größer sind deine Chancen, die absolute Existenz zu verwirklichen. Vollkommenheit in *Vairagyam* [Entsagung] bringt automatisch *Jnana* [Wissen] hervor.

16. Juli 1936

Zeit und Wissenschaft

Abermals der muslimische Herr …
F: Ich möchte so schnell wie möglich Selbstverwirklichung erreichen, damit ich dem Leiden des Samsara *entkommen kann. Wird die „Wer-bin-ich-Methode" allein ausreichen?*
B: Ja.

F: Ich frage mich, wie lange es dauern wird, bis ich erwache?
B: Was ist Zeit?

F: Man misst sie, indem man auf die Uhr und den Kalender schaut.
B: Aber was ist sie?

F: Ich überlasse es dem allwissenden Bhagavan, mich zu erleuchten.
B: Zeit ist nur eine mentale Vorstellung. Betrachten wir die folgende Geschichte aus dem *Mahabarata*:

> **Revati war die einzige Tochter von König Kakudmi, einem mächtigen Monarchen, der über Kusasthali herrschte, ein blühendes und fortschrittliches Königreich, das sich unter dem Grund des Ozeans befand. Da Kakudmi davon ausging, dass sich niemand als gut genug erweisen würde, um im irdischen Reich seine schöne Tochter zu heiraten, nahm er Revati mit nach *Brahmaloka* [Wohnstätte der Göttin *Saraswati* und *Brahma*], um *Brahma* [den Schöpfer] um Rat zu fragen, ob er einen geeigneten Ehemann für sie finden könne. Als sie ankamen, lauschte *Brahma* gerade einer musikalischen Darbietung, und so warteten sie geduldig, bis die Aufführung beendet war.**

> **König Kakudmi verneigte sich und trug seine Bitte vor: „Oh *Brahma*! Mit wem soll ich meine Tochter verloben? Ich bin zu dir gekommen, um dich in dieser Angelegenheit zu befragen. Ich habe nach vielen Prinzen gesucht und auch viele von ihnen gesehen, aber keiner von ihnen gefällt mir, und so kommt mein Verstand nicht zur Ruhe." *Brahma* lachte über die Unvernunft des Königs. „Oh König! Die Prinzen, von denen du dachtest, sie würden der Bräutigam deiner Tochter werden, sind schon alle verstorben; sogar ihre Söhne und Enkel und ihre Freunde sind schon alle verstorben." Die Zeit, so erklärt *Brahma* weiter, vergeht auf den verschiedenen Ebenen des Daseins unterschiedlich. Während ihr in *Brahmaloka* darauf gewartet hattet, *Brahma* zu sehen, sind auf der Erde siebenundzwanzig *Chaturyugas* [ein voller Zeitzyklus der Hindu-Kosmologie] vergangen.**
>
> **Alles, was Kakudmi hatte und besaß – seine Freunde und seine Familie, seine Söhne und seine Frau, seine Armeen und seine Schätze – war verschwunden mit der Zeit, die inzwischen verstrichen war. Der König und seine Tochter waren überwältigt vor Erstaunen und Trauer über all das, was sie verloren hatten, doch *Brahma* tröstete sie und empfahl ihnen Balarama, den Zwillingsbruder von *Krishna*, als würdigen Ehemann, der gerade auf der Erde weilte.**

Heute stellen wir uns die Zeit oft als einen Pfeil vor, der sich in eine Richtung bewegt, mit einem Anfang, einer Mitte und einem Ende. Die alte Hindu-Philosophie jedoch war vertraut mit dem Konzept,

dass Zeit relativ ist, und viele Passagen in den *vedischen* Schriften weisen immer wieder darauf hin, dass die kosmische Zeit der Götter eine andere ist als die Zeit auf der Erde.

Was Kakudmi und Revati für nur wenige Minuten in der Gegenwart *Brahmas* hielten, waren in Wirklichkeit – gemessen an unserer Zeit – Jahrtausende gewesen. Zu Hause waren also Äonen vergangen. Als sie zurückkamen, befanden sie sich an einem völlig anderen Ort, den sie überhaupt nicht wiedererkannten.

F: Was ist die Moral von der Geschichte?

B: Zeit und Raum sind rein willkürliche mentale Konzepte. Sie sind vollkommen unwirklich. Einsteins Relativitätstheorie hat die Vorstellungen von absoluter Zeit und absolutem Raum bereits abgeschafft. Nur die Lichtgeschwindigkeit im Vakuum wird als konstant bezeichnet. Gleichermaßen schreibt Heisenberg in seiner 1930 erschienenen Veröffentlichung „Die physikalischen Grundlagen der Quantentheorie":

> **„In den klassischen physikalischen Theorien wurde immer davon ausgegangen, dass diese Wechselwirkung (die Wechselwirkung zwischen Beobachter und Objekt) entweder vernachlässigbar klein ist, oder dass ihre Wirkung durch Berechnungen auf der Grundlage von ‚Kontroll'-Experimenten aus dem Ergebnis gestrichen werden kann.**
>
> **Diese Annahme ist in der Atomphysik nicht zulässig. Die Wechselwirkung zwischen Beobachter und Objekt verursacht aufgrund der für atomare Prozesse charakteristischen diskontinuierlichen Veränderungen unkontrollierbare und große Veränderungen im beobachteten System. Die unmittelbare Folge dieses Umstandes ist, dass allgemein jedes Experiment, das zur Bestimmung einer**

> **numerischen Größe durchgeführt wird, die Kenntnis anderer Größen illusorisch macht, da die unkontrollierbare Störung des beobachteten Systems die Werte der zuvor bestimmten Größen verändert.“**

Seine Theorie besagt, dass man den Impuls eines Teilchens umso ungenauer bestimmen kann, je genauer seine Position bestimmt ist, und umgekehrt. Was hat das alles zu bedeuten? Bis jetzt dachte der Physiker: „Ich will mehr darüber wissen. Also gehe ich ganz nah ran, um zu messen, damit ich es untersuchen kann.“ Wenn er jedoch versucht, den gleichen Ansatz auf der subatomaren Ebene zu verfolgen, ist die Natur nicht so entgegenkommend. Schon der Akt der Messung scheint die gemessenen Daten zu beeinflussen, wenn nicht sogar ins Leben zu rufen! Jedes Streben nach Informationen über die Position des Teilchens vor dem Zeitpunkt der Messung ist lediglich eine mentale Hypothese.

Die einzige Möglichkeit, Informationen über das Teilchen zu bestimmen oder zu ermitteln, besteht darin, eine Messung durchzuführen. Messung trägt zur Erzeugung derselben Informationen bei, deren Gewinnung das Ziel des Aktes der Messung war. In diesem Fall messen wir nicht, sondern erschaffen. Messung (oder Beobachtung) und Erschaffung sind also untrennbar miteinander verbunden.

Unsere Weisen haben dies vor Jahrhunderten entdeckt und ihm den Namen *Drishti-srishti-vada* [Schöpfung durch Wahrnehmung] gegeben. Der Physiker Bohr scheint zu glauben, dass eine experimentelle Beobachtung den grundsätzlich unsicheren Zustand des Teilchens augenblicklich so zusammenbrechen lässt, dass seine zukünftige Entwicklung mit dem übereinstimmt, was wir experimentell beobachten.

Nehmen wir zum Beispiel ein Teilchen, das an einem bestimmten Ort beobachtet, entdeckt oder gemessen wird. Damit wird die Wahrscheinlichkeit, dass es an einem anderen Ort entdeckt wird, plötzlich gleich Null. Bis zu diesem Zeitpunkt ist die

Position des Teilchens naturgemäß ungewiss und unvorhersehbar, eine Ungewissheit, die erst verschwindet, wenn es beobachtet und gemessen wird. Dieser unmittelbare Übergang von einer vielgestaltigen Möglichkeit zu einer einzigen Wirklichkeit muss laut Bohr nicht zwangsläufig zu dem Schluss führen, dass es nur einen einzigen genauen Punkt geben kann, an dem ein solcher Zusammenbruch stattfindet. Daher, so argumentiert Bohr, ist es notwendig, die Gesetze, dic einzelne Ereignisse bestimmen, zugunsten einer direkten Aussage über die Gesetze zu verwerfen, die Gruppierungen und Wahrscheinlichkeiten bestimmen. Nach Bohrs Modell gibt es keine tiefere Quantenrealität und keine tatsächliche Welt der Teilchen – sondern nur eine Beschreibung der Welt mit diesen Begriffen.

Die Wissenschaft beschränkt sich also darauf, uns einen formalistischen Rahmen zur Verfügung zu stellen, mit dem wir Ereignisse und die Eigenschaften der Materie vorhersagen können. Die von Bohr und Heisenberg entwickelten Gesetze scheinen darauf hinzudeuten, dass Teilchen in einer „Kombination aus allen möglichen Zuständen auf einmal" existieren, ihnen dabei sogar grundlegende Eigenschaften wie ein bestimmter Ort fehlen und sie stattdessen gleichzeitig überall und nirgends existieren. Erst wenn ein Teilchen gemessen wird, materialisiert es sich plötzlich und scheint sich, wie durch einen Würfelwurf, für seine Position zu entscheiden. Ihre Interpretation ist also im Wesentlichen eine pragmatische Sichtweise, die besagt, dass es eigentlich egal ist, was die Wissenschaft genau bedeutet; wichtig ist, dass sie „funktioniert", in dem Sinne, dass sie in allen möglichen experimentellen Situationen mit der Realität übereinstimmt.

Einstein hingegen argumentiert immer wieder, dass die physikalische Welt reale Eigenschaften haben muss, unabhängig davon, ob man sie misst oder nicht. Er scheint insbesondere Bohrs Behauptung zu missbilligen, dass ein vollständiges Verständnis der Realität für immer jenseits der Möglichkeiten des rationalen Denkens liegt, und besteht darauf, dass die Idee, dass die Position eines Teilchens vor der Beobachtung von vornherein nicht bekannt

ist, Unsinn ist und die gesamte Physik ins Lächerliche zieht. Der gute Mann ist in seinem brillanten Kopf offenbar immer noch davon überzeugt, dass die Positionen und Zustände der Teilchen bereits vor der Beobachtung feststehen müssen...

F: Aus all dem schließe ich, dass Bhagavan selbst die Welt als eine Art Traum sieht?
B: Für Bhagavan gibt es tatsächlich keine Welt zu sehen. Er verweilt als das Selbst und sieht nur das Selbst.

Ich konnte den Ausführungen über Einsteins Relativitätstheorie und Heisenbergs Quantenmechanik nicht folgen. Ich habe sie hier nach bestem Wissen und Gewissen wiedergegeben. Es ist Sache des Lesers, sich einen Reim auf sie zu machen, wenn er denn zufällig Kenntnisse auf diesem Gebiet besitzen sollte. Ich frage mich, wer Bhagavan Einsteins, Bohrs und Heisenbergs wissenschaftliche Arbeiten zu lesen gegeben hat! Es ist unwahrscheinlich, dass ER sich selbst die Mühe gemacht hat, sie zu besorgen, denn ER hatte wirklich kein Interesse am Lesen.

Wenn ER etwas las, dann nur, um einem Schüler eine seiner Lehren oder einen seiner Standpunkte zu erklären. Die Tatsache, dass ER in der Lage war, die moderne komplexe Physik dieser Ära (der 1930er Jahre) zu verstehen, überrascht mich nicht, obwohl ich weiß, dass ER ein Vertreter der *Ajata-Advaita*-Philosophie [das Absolute ist *Aja*, die nicht geborene ewige Nicht-Dualität] ist. Er ist Bhagavan der Allwissende. Das Nicht-Erschaffene,
(In den 1930er Jahren war die Teilchenphysik ein beliebtes Thema, über das Bhagavan in der Zeitung gelesen haben könnte. Es wird erzählt, dass er auch von Wissenschaftlern besucht wurde. – Hrsg.)

17. Juli 1936

Hingabe

F: Ist Hingabe ein Mittel, um die Vasanas *[Gewohnheiten des Verstandes] zu überwinden und zu bezwingen, was dann zur Verwirklichung führt?*
B: Ja, vorausgesetzt, dass sie bedingungslos ist, ist Hingabe ein narrensicherer Weg, das Selbst zu verwirklichen.

F: Welche Garantie gibt es, dass ich das Selbst verwirkliche, wenn ich mich hingebe?
B: Du verstehst den Sinn der Hingabe nicht.

F: Wie das?
B: Hingabe bedeutet, alles loszulassen, ohne eine Gegenleistung zu erwarten oder zu erhoffen. Alles loszulassen bedeutet auch, das Bestreben aufzugeben, das Selbst zu verwirklichen.

Stell dir vor, du hältst eine rotglühende Eisenkugel. Deine Hand zittert vor unerträglichen Schmerzen. Jemand schlägt dir vor, dass du loslassen sollst. Wenn du erwiderst, „Was habe ich davon, wenn ich loslasse?“, wird sich der Andere dann nicht fragen: „Armer Kerl! Der Schmerz, dieses furchtbare Ding in der Hand zu halten – hat der seinen Kopf verwirrt?“

So geht es mir, nachdem ich jetzt deine Frage gehört habe. *Samsara* ist unerträglich schmerzhaft. Warum sollte man nach Gründen suchen, es loszulassen? Wem *Samsara* immer noch hinnehmbar erscheint – und sei es auch nur im Entferntesten –, kann der das Selbst verwirklichen? Jemand, der *Samsara* nicht als entsetzlich quälendes Elend – was es in Wirklichkeit ist – ansieht, kann der das Selbst verwirklichen?

F: Angenommen, ich gebe mich hin und schaffe es nicht, das Selbst zu verwirklichen, was dann?
B: Ja, vom Standpunkt des Egos aus besteht immer diese Möglichkeit.

F: Aber gerade hast du gesagt, dass Hingabe ein narrensicherer Weg sei, das Selbst zu erreichen.
B: Was haben die vorangegangenen Worte gesagt? Hingabe funktioniert nur, wenn sie bedingungslos ist. Das bedeutet, dass dein Verstand wirklich mit der Möglichkeit versöhnt sein muss, dass alles geschehen oder nicht geschehen kann – einschließlich des eigenen Versagens, das Selbst zu verwirklichen.

F: Also ist Erfolg bei der Verwirklichung des Selbst nur dann möglich, wenn ich von ganzem Herzen die Möglichkeit akzeptiere, dass ich bei der Verwirklichung des Selbst versagen könnte?
B: Eine solche Akzeptanz muss natürlich oder echt sein. Zum Beispiel darf sie nicht selbst auferlegt sein, so dass die Bedingung für die Verwirklichung darin besteht, dass der Verstand mit der Möglichkeit versöhnt ist, dass alles geschehen oder nicht geschehen kann – einschließlich des eigenen Versagens, das Selbst zu verwirklichen.

F: Der Weg der Hingabe scheint weniger anspruchsvoll zu sein als der des „Wer bin ich?" Habe ich das richtig beobachtet?
B: Du sagst, du findest Hingabe passend zu deinem Temperament. Nimm sie an.

F: Wenn auf dem Weg des „Wer bin ich?" ein Gedanke auftaucht, fragt man: „Zu wem ist dieser Gedanke gekommen?" Ist das bei der Methode der Hingabe ebenso?
B: Im Anfangsstadium kann man weltlichen Gedanken mit Gegengedanken begegnen: „Das ist Gottes Sache, denn ich habe mich IHM ganz hingegeben. Welche Befugnis, zu klagen habe ich, um mich da einzumischen?" Wenn der Verstand jedoch reift, lässt das Bedürfnis allmählich nach, Gedanken mittels anderer Gedanken zu unterwerfen.

Sobald ein Gedanke auftaucht, wird er direkt im Zaum gehalten. Ob Hingabe oder Selbsterforschung, in beiden Fällen besteht der Zweck der Praxis nur darin, die weitere Entwicklung des Gedankens aufzuhalten; und der Verstand sollte in seinen

ursprünglichen Zustand des reinen subjektiven Bewusstseins zurückkehren, der mühelos und ohne Willen aufrechterhalten wird, sobald der Schüler beobachtet, dass der Verstand begonnen hat, sich von diesem Zustand zu entfernen.

F: Die Idee klingt kompliziert.
B: Andererseits ist sie so absolut einfach, dass der Versuch, sie semantisch zu kommunizieren, uns in einen hoffnungslosen Sumpf von kompliziert klingenden Ideen führt. VOLLSTÄNDIG LOSLASSEN – und das Selbst ist verwirklicht: das ist alles, was es zur Verwirklichung braucht.

20. Juli 1936

Tag für Tag mit einem Jnani

Der weißhäutige Herr kehrte früh am Morgen zurück, um Bhagavan zu befragen.

F: Hat ein Jnani *keine Sinneswahrnehmungen? Wenn zum Beispiel, Bhagavan versehentlich mit dem Zeh gegen einen Ziegelstein stößt, hat er dann keine Empfindungen?*
B: Die Empfindung ist da, aber nicht die Vorstellung: „Ich fühle diese Empfindung." Der Zustand des *Jnani* kann nur vom *Jnani* selbst richtig verstanden werden; andere wundern sich nur mit kompliziert klingenden Worten darüber, ohne es wirklich zu wissen. Man sagt, der *Jnani* oder *Jivanmuktha* sei wie eine Person, die in einem Haus schläft, dessen Türen und Fenster weit geöffnet sind.

F: Ich kann das Beispiel nicht nachvollziehen.
B: Seine Sinne sind völlig wach und aufmerksam, aber völlig inaktiv.

F: Das erscheint paradox.
B: Seine Sinnesorgane nehmen wahr, und doch gibt es für sie nichts wahrzunehmen, weil der Verstand tot ist. Ein neugeborener Säugling sieht und hört recht gut, aber er versteht nie wirklich etwas. Er kennt nur Freude, obwohl die Menschen ihn vielleicht sogar grausam behandeln. Ebenso verhält es sich mit dem *Jnani.* Er kennt nichts außer *Parabrahman* [das höchste Selbst].

F: Bhagavan erklärt uns auf fachkundige Weise die Details verschiedener philosophischer Texte. Wie ist das ohne den Intellekt möglich? Wenn der Verstand nicht mehr ist, wie kann dann der Intellekt, der ein Bestandteil des Verstandes ist, isoliert von ihm überleben?
B: Es ist wie ein Schattenspiel. Jemand anderes bewegt die Fäden. Es gibt kein „Ich", das in Bezug auf die Handlungen des *Jnani* irgendeine Rolle spielen könnte.

F: Wer ist dieser geheimnisvolle „Jemand anderes"?
B: Manche nennen ihn Gott, manche nennen ihn Zufall, manche nennen ihn Schicksal, und manche nennen ihn Kausalität. Jemand, der Ereignisse, Handlungen und Umstände sieht, fragt nach dem Grund dafür. Der so Sehende sieht sich selbst nicht – daher ist seine eigene, scheinbar getrennte Existenz ein unerklärliches Rätsel. Doch da er diese vorrangige Frage nach dem, was sein Selbst ist, ignoriert, stellt er stattdessen alles andere in Frage.

Um diese Neugier zu befriedigen, werden von Philosophen und *Pandits* [Gelehrten] des *Vedanta* allerlei lächerliche Theorien gesponnen. Die Wahrheit ist, dass es nichts (Kein-Ding = nothing) zu sehen gibt, weil es niemanden (Nie-Jemaden = no-one) gibt, der etwas sehen kann. Die Erklärung, dass Gott, Vorsehung oder dergleichen die Geschehnisse der Welt kontrollieren, ist ein spiritueller Hinweis auf Kindergartenniveau. Der *Jnani*, der nichts sieht, hat keine Fragen; er kennt die Wahrheit: Nichts wurde jemals erschaffen.

F: Aber ich sehe eine konkrete Welt um mich herum! Was meint Bhagavan,

wenn er sagt, dass sie nicht da ist? Bhagavan sitzt zum Beispiel auf dem Sofa. Ist das Sofa für seine Augen unsichtbar? Worauf sitzt er dann?! Schwebt er in der Luft?!
B: Kann man im Schlaf irgendetwas sehen?

F: Lass uns zunächst die Diskussion über den Jagrat *[Wachzustand] beenden.*
B: Du sagst, dieser Körper sitzt auf dem Sofa. Aber das Sofa, dieser Körper, diese Halle, der Hügel dort drüben und alles andere hat lediglich eine vermutete Existenz. Es handelt sich also gar nicht um eine wirkliche Existenz, sondern um eine Fiktion – als würde man fragen: „Der Weihnachtsmann (die in der kollektiven Vorstellung der westlichen Öffentlichkeit beliebte mythisierte Figur des Heiligen Nikolaus) trägt einen goldenen Zwicker (eine altmodische Brille). Darf ich erfahren, wie stark die Brillengläser sind?"

Kann es eine Antwort auf diese Frage geben? Bestenfalls kann man sagen: „Da es den Weihnachtsmann in Wirklichkeit gar nicht gibt, stellt sich die Frage gar nicht." Die tatsächliche Existenz ist nicht zu sehen. Sie ist das Sein, das du immer bist. Denke nicht darüber nach, sondern SEI es: Das ist der Weg zur Verwirklichung.

F: Wie kann man das Selbst sein? Das ist die Frage. Das Selbst scheint wie die Karotte zu sein, die vor dem törichten Maultier baumelt – sehr nah und doch unerreichbar.
B: Du (als das persönliche Selbst) sitzt obendrauf auf dem (realen) Selbst. Steh auf und geh weg. Das wird genügen.

F: Wie ist das zu bewerkstelligen?
B: Höre endgültig auf, an die Existenz des persönlichen Selbst zu glauben! Dann wird sich der Zauber von selbst auflösen.

F: Soll ich das so verstehen, dass mein persönliches Selbst unwirklich und nicht existent ist? Es ist das Selbst, das ich bislang gekannt habe. Jetzt wird mir gesagt, dass es nicht existiert. Ich habe das unpersönliche Absolute, Brahman, *nie gekannt oder auch nur gesehen. Dennoch wird von mir erwartet, dass ich glaube, dass ich es bin und dass in der Realität nur das allein existiert.*

B: Es wird von dir nicht verlangt, an irgendetwas zu glauben. Bittet man dich, jeglichen Glauben aufzugeben, fragst du, welchen Glauben du stattdessen annehmen sollst. Ich sagte: „Höre auf, an die Existenz des persönlichen Selbst zu glauben!" Du hast das fälschlicherweise interpretiert als: Glaube an die „Nicht-Existenz des persönlichen Selbst!"

F: Der sprachliche Unterschied ist lediglich auf Unterschiede im Satzbau und in der grammatikalischen Ausformung zurückzuführen.

B: Nein. Gib JEGLICHEN Glauben auf! Nur das Selbst bleibt. Das Aufgeben des Glaubens kann nicht durch einen anderen Glauben herbeigeführt werden, der besagt, dass ein solches Aufgeben stattfinden muss; es kann nur herbeigeführt werden, indem man alles loslässt, was man zu wissen glaubt und was einem wichtig ist.

F: J. Krishnamurti hat gesagt: „Totale Negation ist die Essenz des Positiven."

B: Ganz genau.

F: Ist J. Krishnamurti die Inkarnation von Lord Maitreya, *wie die Theosophen uns glauben machen wollen?*

B: Wenn du das glaubst, dann ist er es.

C: Leadbeaters Urteil hat sich als richtig erwiesen; er IST der Weltlehrer. DAS ist der Grund, warum er den Orden aufgelöst hat. In ihrer Unwissenheit kritisieren die Menschen ihn. Ich habe neulich eines seiner Gedichte gelesen.

Liest aus einer schmalen Zeitschrift oder einem Rundbrief vor:

Ich habe keinen Namen,
Ich bin wie die frische Brise aus den Bergen.
Ich habe kein Obdach,
Ich bin wie das Wasser, das wandert.

Ich habe kein Heiligtum, wie dunkle Götter es haben,
Noch weile ich im Schatten tiefer Tempelanlagen.

Ich nenne keine heiligen Bücher mein eigen,
Noch bin ich bewandert in den Traditionen.
Ich bin nicht im brennenden Weihrauch auf den Hochaltären,
Noch im Prunk der Zeremonien.
Ich bin nicht in den Götzenbildern,
Noch in den reichen Gesängen wohlklingender Stimmen.

Ich bin nicht gebunden durch Theorien,
Noch korrumpiert durch irgendeinen Glauben.
Ich bin nicht gefangen in den Fesseln der Religionen,
Noch in den frommen Qualen ihrer Geistlichen.
Ich bin nicht eingefangen von den Philosophien,
Noch aufgehalten von der Macht ihrer Sekten.

Ich bin weder niedrig noch hoch,
Ich bin der Anbeter und der Angebetete.
Ich bin frei.

Mein Lied ist das Lied des Flusses,
Der ruft nach den offenen Meeren.
Wandernd, wandernd: Ich bin das Leben.

Sri Bhagavan lobte die Verse für ihre erhabene spirituelle Qualität.

20. Juli 1936

Ein totaler Laie

F: Ja, jetzt ist es klar. Aber ich bin noch nicht fertig mit meinen Fragen. Ich, ein totaler Laie, möchte ein Jnani *wie Bhagavan oder Swami Vivekananda werden. Was sollte ich tun?*
B: Wenn du wie die Sonne scheinen willst, musst du zuerst wie sie brennen! Übung, mehr Übung, weitere Übung und noch mehr Übung, allein das wird die Wahrheit offenbaren.

F: Was sollte ich üben?
B: Alles, was notwendig ist, um *Jnana* zu erlangen, ist, zeitweise eins und identisch mit dem Wesen des Selbst zu sein.

F: Tut der Jnani *etwas, um sicherzustellen, dass mehr Menschen in der Welt zu* Jnana *erblühen? Hat er eine Agenda, innerhalb seines Lebens mindestens eine Person außer sich selbst zur Verwirklichung des Wahren zu erwecken?*
B: (brüllt vor Lachen) Was kümmert es den *Jnani*, wie vielen Menschen es gelingt, ihre wahre Natur zu verwirklichen, oder ob es ihnen nicht gelingt? Und warum sollte er irgendetwas tun, um irgendeine Lehre zu verbreiten? Warum sollte er die Notwendigkeit verspüren, überhaupt etwas zu tun? „Tun" ist nicht die Eigenschaft des *Jnani*.

Der Mensch der Welt wird beurteilt nach seinen Taten. Der *Jnani* tut nichts – er kann nichts tun. Daher ist es unmöglich, ihn zu beurteilen. Deshalb hat Christus gesagt: „Mein Reich ist nicht von dieser Welt". Du wirst mehr Erfolg haben, den Himmel auszumessen, als einen *Jnani* zu verstehen. Außerdem gibt es für den *Jnani* kein „außer sich selbst". Alles ist ER.

F: Wie kann ich diesen Zustand für mich selbst erreichen?
B: *Summa Iru* [Sei still]! Das ist die Übung.

F: Soll ich die ganze Zeit untätig sein? Ist es ein Verbrechen, einer gewinnbringenden oder produktiven Arbeit nachzugehen?

B: Die Bedeutung von *Summa Iru* ist: „Halte deinen Geist untätig oder schlafend im Sein des Selbst". Was den Körper betrifft, so hat er sich um sein eigenes *Prarabdha* [Schicksal] zu kümmern. Du hast kein Recht, über den Körper zu bestimmen. Du kannst nicht entscheiden, ob der Körper arbeiten oder untätig bleiben soll. Was geschehen muss, wird geschehen. Wenn der Körper dazu bestimmt ist, ohne Arbeit zu bleiben, kannst du keine Arbeit bekommen, selbst wenn du danach jagst. Wenn der Körper dazu bestimmt ist, zu arbeiten, kannst du dieses Schicksal nicht ändern, denn der Körper wird gezwungen sein, zu arbeiten.

Überlasse es also der Höheren Macht. Die Arbeit für den Körper kannst du nicht nach deinem Willen vermeiden oder beschaffen. Diese Freiheit hat Gott nicht bewilligt. Nur eine Freiheit ist dem Menschen gestattet – und das ist die Freiheit, in sein eigenes unsterbliches Selbst einzugehen. Dies ist ebenso der einzige „freie Wille".

F: Kann Meditation oder Vichara *inmitten weltlicher Aktivitäten ausgeübt werden?*

B: Das Gefühl „Ich arbeite" ist das Hindernis. Frage dich: „Wer arbeitet?" Erinnere dich daran, dich jedes Mal zu fragen: „Wer bin ich?", wenn dich solch falsche Vorstellungen von einem Handelnden beunruhigen. Dann kann dich keine Arbeit mehr fesseln; es wird alles von selbst gehen. Bemühe dich weder um Arbeit noch um den Verzicht auf Arbeit. Deine Anstrengung ist die Fessel. Bleibe einfach immer so, wie du BIST, mit einem Verstand, der mit seiner Quelle verschmolzen ist, so dass er vom Sein des Selbst nicht zu unterschieden ist, und kümmere dich nicht um die Frage, ob der Körper tätig oder müßig sein soll.

Wenn du nicht anhaftend bleibst (weder anhaftend noch losgelöst, denn beides ist gewollt) wird das *Prarabdha* des Körpers ihn mühelos durch alle Aktivitäten tragen, die in diesem Leben für ihn vorgesehen sind. Du bleibst dem Selbst hingegeben – alles andere verschwindet. Es tauchen keine Fragen, Zweifel oder Bedenken mehr auf. Dies ist der Weg zu unerschütterlichem *Shanti* [Frieden].

F: Zu Hause in meiner Kirche haben sie nach dem Vespergottesdienst das folgende neue Gebet eingeführt: „Mein Herr, gib mir den Mut, zu ändern, was geändert werden muss, die Gelassenheit, zu akzeptieren, was nicht geändert werden kann, und die Einsicht, das eine vom anderen zu unterscheiden." Ist es nicht das, was Bhagavan „Übergabe der Verantwortung für das eigene Leben an Gott" nennt?
B: Was du beschreibst, ist ein kleiner Schritt zur bedingungslosen Hingabe, die ganz eindeutig absolut ist und weder dies noch das verlangt. Alles loslassen, das nennt man Hingabe. Derjenige, dessen Verstand sich völlig hingegeben hat, wird nach nichts verlangen. Er mag nur einmal denken: „Ich lasse los", und danach bleibt er als das ewig Schweigende, dessen Ego für immer mit seiner Quelle verschmolzen ist. Das Gebet, das du beschreibst, ist eine teilweise Hingabe. Wenn die Stärke der *Vairagya* [Entsagung] des *Sadhaka* durch alle Stunden des Wachens und Träumens hindurch auf einer alles verzehrenden Ebene der Intensität aufrechterhalten wird, dann führt die teilweise Hingabe zur absoluten Hingabe. Absolute Hingabe ist das Ziel aller spirituellen Praxis.

F: Ist Vichara *für jemanden, der sich vollständig hingegeben hat, unnötig?*
B: Wenn man sich ohne den geringsten Vorbehalt hingegeben hat, wer sollte dann noch *Vichara* machen?

F: Ist es wahr, dass man durch wiederholtes Umrunden dieses Berges in relativ kurzer Zeit Verwirklichung erlangen kann?
B: Vorausgesetzt, man gibt sich dem Berg bedingungslos hin.

F: Hat Bhagavan zum Abschied eine Anweisung für mich?
B: Nur das Übliche.

F: Und das wäre?
B: Ständig im Zustand von *Summa Iru* (sei still) zu verweilen – d.h. in dem Zustand, in dem das Ego mit seiner Quelle verschmolzen ist.

1. August 1936

Ein Hund und ein Affe

Der Mann schien weiter argumentieren zu wollen, aber bevor er noch etwas sagen konnte, kam eine unwiderstehliche Ablenkung: Ein paar aufgeregte Tiere stürmten in die Halle und machten genügend Lärm, das Dach zum Beben zu bringen. Ein Hund jagte wütend einem Affen hinterher. Der Affe, der spürte, dass Bhagavan die einzige Sicherheit für ihn darstellte, schoss geradewegs auf sein Sofa zu, sprang auf den Schoß des Meisters und kletterte von dort auf seine Schultern. Der Diener eilte mit einem Stock nach vorne, der in der Halle aufbewahrt wurde, um Affen damit zu drohen. Bhagavan würde nie zulassen, dass einer tatsächlich geschlagen würde.

Bhagavan stoppte den Diener mit einer deutlichen Handbewegung, und da saß der Affe schon auf dem Meister, zog fröhliche Grimassen, grinste und grummelte nach Herzenslust über den Hund, der die Herrlichkeit unter ihm anbellte. Der Meister streichelte dem Tier immer wieder mitfühlend den Schwanz. Nachdem er seine Energie mit ausgiebigem, sinnlosem Bellen verbraucht hatte, entfernte sich der Hund schließlich mit hängendem Schwanz. Der Affe warf einen triumphierenden Blick in die Halle und verließ sie majestätisch durch das Fenster.

B: Diese einfachen Geschöpfe sind in der Tat gesegneter als der Mensch, dessen Kopf mit Sorgen gefüllt ist, wie: „Was ist der Ursprung meiner Rasse? Welche der heute überlebenden anderen Gattungen ist ihr bester Vertreter?“

Ihre Sorgen sind glücklicherweise rudimentär und beschränken sich auf die Grundbedürfnisse des Lebensunterhalts. Sie häufen keinen Reichtum an und machen sich dann Sorgen: „Was wird mit all dem nach mir geschehen? Wird es eines Tages jemand wegtragen?“. Sie sind zufrieden, wenn sie etwas zu essen und Wasser zu trinken haben. Sie leben so, wie Gott es für sie vorgesehen hat, ohne Anhäufung, weder von Erinnerungen noch von weltlichem Besitz.

F: Aber nur der Mensch ist mit der Fähigkeit ausgestattet, Brahmajnana *zu erlangen.*
B: Das ist deine Meinung.

F: Kann denn ein Tier das Selbst verwirklichen?
B: Das ist nichts Ungewöhnliches.

Bhagavan schaute nun Chadwick – der in der Halle anwesend war – direkt in die Augen und sagte: **Als du das erste Mal hierherkamst, hast du gefragt, wie nützlich die Hilfe des Gurus ist, um Verwirklichung zu erreichen. Man sagte dir, dass sie die Giftzähne des *Samsara* unwirksam macht. Verstehst du nun?**

Chadwick schaute nur verständnislos ins Leere.

B: Während der Affe darauf saß (dabei deutete er auf seinen Körper), war er für den Hund unerreichbar. So sehr er auch heulte, der Hund konnte seine Zähne nicht in das Fleisch des Affen senken. Er musste enttäuscht von dannen ziehen.

In ähnlicher Weise hat sich jemand, der den Blick der mitfühlenden Gnade des Gurus mit Entschiedenheit erhascht hat, unwiderruflich außerhalb der Reichweite des *Samsara* gestellt. *Samsara* kann ihn dann nur noch bedrohlich anbellen, aber nicht mehr beißen. Dafür ist bedingungslose Hingabe notwendig.

C: Woran erkenne ich, ob meine Hingabe vollkommen ist oder nicht?
B: Fragen oder Zweifel, wie diese hier, tauchen nicht mehr auf. Es gibt keine Wünsche oder Sorgen mehr.

9. August 1936

Ich habe einen Körper

F: Es ist also der Gedanke „Ich habe einen Körper", der dafür verantwortlich ist, dass der falsche Eindruck entsteht, ich hätte einen Körper, während ich in Wahrheit keinen habe. Habe ich recht?
B: Ja.

F: Wenn dem so ist, sollte der Körper verschwinden, wenn ich denke: „Ich habe keinen Körper" – aber er verschwindet nicht. Warum ist das so?
B: Intensives Nachdenken über das Verschwinden des Körpers lässt ihn verschwinden; aber der Erwerb solch wertloser *Siddhis* [übernatürliche Kräfte] ist nicht unser Ziel. Du wurdest gebeten, die Vorstellung „Ich habe einen Körper" zu entfernen und still zu sein. Stattdessen entfernst du diese Vorstellung und führst an ihrer Stelle die Vorstellung „Ich habe keinen Körper" ein. *Jnana* ist das Verschwinden aller Vorstellungen. „Alle Vorstellungen müssen verschwinden" ist auch eine Vorstellung. Gib auch diese Vorstellung auf und sei still!

F: Wie läuft denn das alltägliche Leben ohne Gedanken ab?
B: Um ein Vielfaches besser als es jetzt abläuft.

F: Können wir uns bewegen oder sprechen, ohne zu denken?
B: Sobald das Ego im Schmelztiegel von *Jnana* verbrannt ist, geschehen alle Handlungen automatisch.

F: Das ist die Sichtweise eines Jnani. *Kann sie auch auf einen* Ajnani *[Nicht-Verwirklichten] angewendet werden?*
B: Kümmere dich nicht um *Jnanis* und *Ajnanis*. Sei still und beobachte, ob die Handlungen deines Körpers nicht spontan von einer unergründlichen Höheren Macht geleitet werden.

F: Ist der Höheren Macht darin zu trauen, dass sie immer in Übereinstimmung mit meinen Interessen handelt?

B: Sie tut immer das Richtige. Was sie tut, kann mit deiner Weltsicht und deinem Verständnis oder deiner Vorliebe dafür, wie die Dinge laufen oder die Ereignisse sich entfalten sollten, übereinstimmen oder auch nicht. Ihre Handlungen mögen in deinen Augen sogar unklug erscheinen. Was du tun sollst, ist, das Auge der Sichtweise oder des Urteils ein für alle Mal zu schließen und das Auge der Weisheit ein für alle Mal zu öffnen. Lass den Meister sich um den Körper und die (günstigen oder ungünstigen) Lebensumstände kümmern, denen sich zu stellen ihm bestimmt ist.

Bleib für immer im Herzen versunken und verliere dich dort. Dann ist es gleichgültig, ob der Körper vom Regen durchnässt, in der Sonne gebraten oder in den Eingeweiden der Erde begraben wird; du bleibst unbeeinflusst, unwiderruflich und unwiederbringlich im höchsten *Shanti* [Frieden] versunken und kennst nichts anderes als das.

F: Nur ein Jnani *kann dem Körper gegenüber so gleichgültig sein.*
B: Dann sei ein *Jnani*.

F: Aber es heißt, es sei die schwerste aller Fertigkeiten.
B: Andererseits ist es immer dein natürlicher Zustand.

F: Wenn das so ist, warum bin ich mir dessen nicht bewusst?
B: Weil du denkst, dass du dir dessen nicht bewusst bist.

F: Wie kann ich dieses Leiden heilen?
B: Höre auf, zu denken.

F: Wie mache ich das?
B: Jedes Mal, wenn ein Gedanke auftaucht, frage dich, „Zu wem kommt dieser Gedanke?“ und bringe dann den Verstand zu seinem Ursprung zurück, der der ursprüngliche Zustand des subjektiven Gewahrseins ist und mühelos und willenlos aufrechterhalten wird.

F: Der Gedanke „Zu wem kommt dieser Gedanke?“ ist auch ein Gedanke.

B: Der Stock, der benutzt wird, um einen brennenden Scheiterhaufen zu schüren – was ist sein endgültiges Schicksal?

F: Üblicherweise wird auch er in den Scheiterhaufen geworfen und verbrennt.
B: Genau.

10. August 1936

Was ist der Sinn des Lebens?

F*: Was ist der Sinn des Lebens?*
B: Es gilt, die richtige Antwort auf diese Frage zu finden.

F: Was ist die richtige Antwort?
B: Leben.

F Ich verstehe nicht.
B: Das Leben stellt seinen eigenen Sinn nicht in Frage. Es stellt keine Fragen. Es erhebt keine Klagen. Es hegt keinen Groll. Deshalb ist es in ewigem Frieden. Dir hingegen scheint es an Frieden zu mangeln, deshalb stellst du offensichtlich diese Fragen. Wenn du dich ununterscheidbar und untrennbar vom Leben machst, werden keine Fragen über das Leben oder irgendetwas anderes mehr auftauchen, um dich in den unangenehmen Sumpf innerer Unruhen und Sorgen zu stürzen. So bleibst du in Frieden. Der Sinn des Lebens besteht darin, dein Leben einzufügen in das Leben, damit Qualen wie diese Frage dich nicht mehr peinigen. Dann wirst du als Leben oder als Frieden selbst verweilen. Der Sinn des Lebens ist also das Leben.

F: Ich finde Bhagavans Worte kryptisch.

B: Gehe heute Abend um den Berg herum. Du wirst den Frieden finden, den du suchst.

F: Ich werde tun, wie empfohlen. Ist dieser Berg Gott?
B: Ja.

F: Ist nicht alles Gott?
B: Alle Teile deines Körpers bestehen im Wesentlichen gleichermaßen nur aus den Elementen Sauerstoff, Kohlenstoff, Wasserstoff und Stickstoff. Kannst du den Anus zum Essen und den Mund zum Ausscheiden verwenden?

F: (lacht frech) Bisher habe ich diesen neuartigen Vorschlag noch nicht ausprobiert … Also nimmt dieser Berg eine besondere Funktion für das spirituelle Schicksal der Welt oder der Menschheit ein?
B: Zweifellos.

F: Verleiht dieser Berg Jnana *[spirituelles Wissen] denen, die nur einmal an ihn denken?*
B: Zumindest irgendwann.

F: Welche Vereinbarung muss befolgt werden, um Jnanasiddhi [*wahres Wissen] von diesem Berg zu erhalten?*
B: *Poorna Shranagathi* [völlige Hingabe].

F: Das bedeutet?
B: Höre vollkommen auf, dich um irgendetwas zu kümmern. Lass geschehen, was geschehen mag. Lass kommen, was kommt. Lass gehen, was geht. Sieh, was bleibt.

F: Du verlangst somit von mir, mein Leben wegzuwerfen, Sir.
B: Ja. „Wer sein Leben findet, wird es verlieren; wer aber sein Leben um meinetwillen verliert, der wird es finden."

F: (wieder das gleiche freche Lachen) Darf ich wissen, warum von mir

erwartet wird, dass ich mein Leben verlieren will „um deinetwillen"? Ich versichere Bhagavan, dass meine geistigen Fähigkeiten durchaus intakt sind, obwohl ich hierhergekommen bin.
B: Wer Unsterblichkeit will, muss darin umkommen.

F: Was ist dann der Sinn der Unsterblichkeit?
B: Unsterblichkeit ist bereits unsterblich. Deine Sterblichkeit ist das Hindernis für deren Verwirklichung. Töte diese Sterblichkeit und Unsterblichkeit erstrahlt.

F: Wie geht das?
B: Indem du der Erforschung „Wer bin ich?" folgst. Es bedeutet nicht, die Frage verbal oder mental zu artikulieren, es meint nur dies: Du sagst „Ich bin". Finde heraus, wer „ist". Finde die Quelle des Denkens. Bleibe ein für alle Mal dort.

11. August 1936

Im Rachen des Tigers

F: Ist es jemandem gelungen, die Bewunderung von Maharshi selbst zu gewinnen?
B: Oh, ja!

F: Wem?
B: Dir.

F: (Gesicht erhellt sich stolz mit pompöser Freude, er schafft es jedoch, bescheiden zu sprechen.) *Wie kann das sein? Ich bin eine eklatant wertlose Kreatur. Selbst nach Jahren, in denen ich wiederholt den heiligen Boden von Tiruvannamalai besucht habe, bleibe ich eine unerleuchtete Person.*
B: Das ist es.

F: Das verstehe ich nicht. Ich bin zu nichts gut. Was gibt es für den großen Maharshi an mir zu bewundern?
B: Die Hartnäckigkeit und das Durchhaltevermögen deines Egos. Diese schwache Kreatur kam hierher und sie wurde im Handumdrehen unterworfen und besiegt. Du hast es geschafft, so lange gegenüber der unendlich mächtigen Kraft des Arunachala auszuharren. Immer noch kämpfst du weiter. Du scheinst unermüdlich zu sein. Wie stark du bist, vor allem im Vergleich zu diesem Feigling, der kampflos aufgab, sobald er nur den Namen des Berges hörte! Gänzlich bewundernswert! Welch ungeheure Kraft und Ausdauer zeichnen deine Person aus! Selbst die Götter beneiden dich darum … (lacht)

F: (niedergeschlagen) *Oh, ich verstehe: Maharshi macht sich lustig über mich …*
B: (lacht) Oh, nein! Es ist kein leichtes Unterfangen, in diesem *Arul Poerattum* [Ringen um Gnade] zu verharren. Es ist kein Spaß, unermüdlich Krieg gegen Lord Arunachala selbst zu führen. Er ist darauf aus, deine Seele zu verschlingen, aber du hast es geschafft, so lange gegen ihn durchzuhalten und widerstehst ihm immer noch energisch.

Ich habe kapituliert oder bin besiegt worden in dem Augenblick, als ich den Namen hörte. Meine Schwäche ist sprichwörtlich. Aber sieh deine Stärke an! Vom Himmel aus beobachten dich staunend die *Devas* [göttliche Wesen] und denken: „Hier ist ein Mann, der die Macht des Herrn selbst herauszufordern scheint!"

F: Letztendlich werde ich natürlich verlieren?
B: Ja, in deinem Fall ist es nur eine Frage der Zeit. Wenn der Rachen des Tigers einmal den Kopf der Ziege umklammert hat, gibt es für die Ziege keine Rückkehr mehr ins Leben. Manche Ziegen erkennen klugerweise die Sinnlosigkeit des Kampfes gegen einen so unermesslich mächtigen Feind und hören nach ein oder zwei vergeblichen Versuchen sich zu befreien schnell auf zu kämpfen; dann dreht der Tiger sofort seine Kiefer im Rachen so, dass das

Genick des Tieres bricht und seine Qualen ein schnelles Ende finden.

Andere Ziegen kämpfen weiter, bis der Punkt erreicht ist, an dem der Blutverlust schließlich zur Bewusstlosigkeit führt. Auch in diesen Fällen liegt es in der Macht des Tigers, dem Leiden der Ziege ein schnelles Ende zu bereiten, aber da die Ziege noch eine Weile spielen will, stört ihn der Spaß auch nicht. Schließlich scheint die Ziege ihr eigenes Leid nicht zu stören, sie genießt es vielleicht sogar; warum sollte er, der Tiger, sich daran stören? Vielleicht ist es der letzte gehegte Wunsch der Ziege, ein Entkommen durchzuspielen. Warum sollte man ihr, dem armen todgeweihten Geschöpf, diesen verwehren?

Welcher Typ Ziege es auch sein mag, sobald der Kopf im Maul des Tigers steckt, ist ihr Schicksal besiegelt. Manche brauchen länger zum Sterben als andere. Das ist (offensichtlich) unerheblich, denn das Ende ist für alle gefangenen Ziegen dasselbe: Die totale Vernichtung. Zugegeben, der Tiger ist bei der Auswahl seiner Beute sehr wählerisch, aber wenn er einmal gewählt hat, ist das der sichere Anfang vom unvermeidlichen Ende …

F: Ich finde das Gleichnis faszinierend. Im Rachen des Tigers zu sterben, bedeutet Verwirklichung! Habe ich recht?!
B: Ja.

F: Die Ziege ist das Ego. Habe ich recht?
B: Ja.

F: Der Tiger ist der gnadenvolle Blick des Gurus, wie in Bhagavans „Nan Yar“ *[Wer bin ich?] erwähnt? Habe ich recht?*
B: Was hier erläutert wurde, war die besondere ausgleichende Kraft des Arunachala.

F: Ich möchte als Beute gekennzeichnet werden.
B: Komm so oft du kannst zu diesem Berg. Das ist genug.

11. August 1936

Nicht-tun

F: Wenn ich an der Wurzel des Verstandes bleibe oder als reines Bewusstsein verweile, werde ich dann das Selbst verwirklichen?

B: Die Frage zeigt, dass die absurde geistige Konzeptualisierung von „Verwirklichung des Selbst“ immer noch in deinem Kopf aktiv ist. Das Verweilen an der Wurzel des Verstandes sollte eine Selbstverständlichkeit sein; es muss der natürliche Zustand sein. Auf der anderen Seite versuchst du, das mit Absicht zu tun, um dadurch die Belohnung zu bekommen, die du „Selbstverwirklichung“ nennst. Kann das funktionieren? Nein!

Stille kann nicht mit dem Verstand erreicht werden. Wasser kann nicht zu trockenem Wasser gemacht werden. Verebbe als Verstand – und Stille allein wird übrig bleiben. Die Leute wollen wissen, wie man das tut. Es kann nicht getan werden, denn Tun ist das Gegenteil davon. Jiddu Krishnamurti hat gesagt: „Totales Verneinen ist die Essenz des Positiven.“ Tu nichts mit dem Verstand. Das ist Verwirklichung.

Tun kann nicht Nicht-tun herbeiführen; die Abwesenheit von Tun wird als Nicht-tun bezeichnet. Nicht-tun ist keine exotische Variante des Tuns; es ist einfach Nicht-tun. Enthaltsamkeit von oder Verzicht auf Gedanken ist kein positiver Akt. Es sollte daher nicht erfordern, mit Anstrengung oder Willen verbunden zu sein. Wenn irgendeine Art von Anstrengung oder Willen beteiligt ist, steckst du immer noch auf der Ebene des Tuns fest. Der Übergang von der Ebene des Tuns zu der des Nicht-tuns sollte ein natürlicher Zusammenbruch sein. Es ist sinnlos, wenn er erzwungen wird.

12. August 1936

Die Gnade des Gurus

F: Die Begriffe Aham Sphurana *[„Ich" - Pulsieren] und* Sahaja Asamprajnatha Samadhi *[Einssein mit Gott] sind identisch. Habe ich recht?*
B: Nein.

F: Warum nicht?
B: Wenn unter einem Topf mit Wasser ein Feuer angezündet wird, ist der Topf irgendwann leer. Doch der Raum im Inneren des Topfes kann immer wieder aufgefüllt werden. Wenn der Topf zerbrochen ist, ist er vollkommen zerstört und es gibt keine Möglichkeit mehr, irgendetwas hinein zu füllen.

***Sphurana* weist darauf hin, dass die vollständige Entleerung des Topfinhalts in Kürze abgeschlossen ist. *Sphurana* umfasst nicht nur eine Klarheit im Zustand des – mühelos und widerstandslos aufrechterhaltenen – Subjektiven Bewusstseins, es bringt auch eine Antwort aus der Tiefe hervor. Daher können wir sagen, dass es einen transzendentalen Aspekt umfasst, dennoch ist es immer noch ein Zustand subtiler Dualität.**

Die Dualität hört erst auf, wenn der Verstand vollständig zerstört worden ist. Kontinuierliches und ungebrochenes Verweilen im *Sphurana* ist erst möglich, nachdem das Ego endgültig aufgegeben hat. Nur jemand, der sich in einem solchen Zustand der Zeitlosigkeit befindet, ist dazu qualifiziert, zu *Jnana* zu erwachen. Ein solch egoloser Mensch kann weder *Jnana* noch etwas anderes wollen; deshalb wird auch gesagt, dass diejenigen, die *Jnana* wollen, es nicht bekommen. Wenn *Jnana* schließlich eintritt, macht es für den *Sadhaka* [Praktizierenden] keinen Unterschied. *Jnana* tritt erst dann in Erscheinung, wenn das Ego endgültig abgelegt worden ist.

F: Das Feuer unter dem Topf ist die Gnade des Gurus. Liege ich da richtig?
B: Ja.

F: Der Topf ist der Verstand. Ist das nicht so?
B: **Ja.**

F: Der Inhalt des Topfes sind die Vrittis *[Strukturen] des Geistes, habe ich das richtig beobachtet?*
B: Ja.

F: Kann der Topf zerschmettert werden, solange sein Inhalt noch nicht vollständig verdampft ist?
B: Normalerweise ist das unmöglich. Es ist nicht ungefährlich, wenn die Vernichtung des Verstandes plötzlich erzwungen wird. Der Verstand muss schwinden und schwinden, und erst, wenn er zu einem winzig kleinen Fleck reduziert wurde, der keinen Widerstand mehr leisten kann, wird er schließlich vom Selbst zerstört. Ein Auto fährt mit einer enorm hohen Geschwindigkeit. Was passiert, wenn es in einer Kurve plötzlich auf ein großes und schweres Hindernis stößt?

F: Die Insassen des Autos werden alle getötet.
B: Und wenn der Fahrer vorher über eine gewisse Strecke langsam und gleichmäßig gebremst und die Geschwindigkeit reduziert hätte, bevor er auf das Hindernis trifft?

F: Dann wird ihnen nichts geschehen.
B: Das Gleiche gilt für den Verstand. Seit unzähligen Wiedergeburten werden deine geistigen Verhaltensmuster von dir gehegt und gepflegt. Sie werden sich nicht kampflos geschlagen geben. Der Kampf ist mit Schmerzen verbunden. Schmerz ist unvermeidlich. Also werden diese Gewohnheiten nicht über Nacht verschwinden; erwarte nicht, dass sie sich auf einen Schlag auflösen.

Du wirst die Geduld eines Vogels brauchen, der im Gleitflug über dem Meer versehentlich seine Eier in das Wasser fallen lässt, und da er nicht in der Lage ist, bis zum Meeresgrund hinab zu tauchen, fliegt er immer wieder über die Wasseroberfläche, in der Hoffnung, dass der Ozean eines Tages austrocknet und seine Jungen zum Vorschein kommen.

F: Das ist absurd. Wie können die Bemühungen des Vogels erfolgreich sein?
B: Zu sagen, „Ich werde das Selbst mit dem Verstand finden", das ist ebenso lächerlich.

F: Aber wie soll ich dann Jnana *erlangen? Wenn ich Bhagavans edles und heiliges Antlitz sehe, bin ich auch inspiriert, ein* Jnani *wie er zu werden. Ist dieses Streben unmoralisch?*
B: Wenn du Verwirklichung erlangen willst, musst du bereit sein, unwiederbringlich alles aufzugeben, was du zu haben glaubst, einschließlich und vor allem dich selbst. Alles, was in deinen Augen wertvoll ist, muss aufgegeben werden. Was hier gesagt wird, ist kein Ratschlag, dich physisch aus deiner gewohnten Umgebung zu entfernen. Worauf es tatsächlich ankommt, ist, dass der Verstand von seinen vertrauten Umgebungen der Sinneswahrnehmungen und den vom Intellekt erschaffenen Irrgärten isoliert und abgeschirmt werden muss, damit er in das Herz hineingezogen wird.

F: Wie soll ich dann die Loslösung von der Welt entwickeln?
B: Es braucht Nicht-Anhaftung, keine Loslösung, die lediglich Anhaftung an die wahrgenommene Tugend der Nicht-Anhaftung ist oder eine Abneigung gegen das wahrgenommene Übel der Anhaftung. Nicht-angehaftet zu sein, bedeutet auch, nicht-losgelöst zu sein. Die Abwesenheit von durch den Verstand vorgenommene Abänderungen ist die einzige echte Nicht-Anhaftung.

F: Wenn ich meine Vorliebe für die Dinge der Welt aufgebe, wenn ich verstandesmäßig alles aufgebe, was ich zu besitzen glaube oder schätze, wird mir dann im Gegenzug Jnana *zuteil?*
B: Dadurch kannst du *Jnana* erlangen oder auch nicht. Die Angelegenheit liegt im Ermessen der Gnade der Höheren Macht. Wenn du alles aufgibst, musst du auch dein Streben nach *Jnana* aufgeben. Dann wird sich diese Frage nicht mehr stellen.

F: Das sind harte Bedingungen.
B: Ja. Aber hat dir jemand einen Dolch an die Kehle gehalten und

dich dazu gezwungen Selbstverwirklichung zur erlangen? Tatsache ist, dass diejenigen, die durch den Schmerz des *Samsara* [Kreislauf von Geburt und Tod, verursacht durch *Karma*] verrückt werden, unweigerlich und unvermeidlich erwachen. Wenn die weltliche Existenz ganz und gar unerträglich und sogar unvorstellbar geworden ist, dann ist das Erwachen nicht mehr weit entfernt.

Wenn *Samsara* für dich immer noch annehmbar oder berechenbar ist, wird es dir dann möglich sein zu erwachen? Jemand, der die offenkundige Wahrheit – dass *Samsara* ein Fluch und kein Segen ist – nicht erkennt, kann der erwachen? Es gibt diejenigen, die die offenkundig toxische Natur von *Samsara* klar erkennen; für sie kommt die Verwirklichung im Handumdrehen.

Andere fahren fort zu diskutieren: „Ich frage mich, welches *Sadhana* ich durchführen soll, um das Selbst zu verwirklichen? Soll ich die Technik von Sri Ramana Bhagavan praktizieren, um das Selbst zu verwirklichen, oder die Technik von Sri Aurobindo?" Und so weiter.

Wenn dir ein Stück glühende Kohle in die Hand fällt, ist dein erster Instinkt, es fallen zu lassen oder überlegst du: „Ich frage mich, ob das Holzkohle, Torf oder Koks ist...?" Dennoch schaffen es die Menschen, hartnäckig an *Samsara* festzuhalten – wodurch? Weil der Schutzhandschuh von *Avdija Maya* [Illusion durch Unwissenheit] den Menschen vor der vollständigen Wirkung des Schmerzes beschützt.

Wenn er den Schmerz ungemildert in seiner vollen Wirkung spüren würde, würde er das Elend, das diesen Schmerz verursacht, sofort loslassen, und die Wirklichkeit wäre ihres fiktiven komplementären Gegenstücks – eben *Maya* [Illusion] – beraubt.

Da der Schmerz aber auf den ersten Blick beherrschbar erscheint und sich mit sogenannten Vergnügungen abwechselt – die, ohne dass er es weiß, ebenfalls der Natur des Handelns entsprechen und daher lediglich getarnter Schmerz sind – macht sich der Mensch glauben, dass er durch das glühende Stück Kohle – wodurch er gewaltsam angetrieben wird – eine heroische, genussvolle Aufgabe erfüllt, Leben genannt, und dafür als Belohnung jenen Lohn erhält,

den er Vergnügen nennt.

So lebt der Durchschnittsmensch, auch wenn er sich einbildet, dass es ihm die ganze Zeit im Schmerz gut geht und er seine wahre Natur der absoluten Glückseligkeit ignoriert. Der Mensch wird zum Glauben verleitet, *Samsara* sei irgendwie „beherrschbar"; aus diesem Grund unternimmt er nie wirklich Anstrengungen, um daraus auszubrechen.

Wenn die Gnade des Gurus zu wirken beginnt, zerreißt der Schutzhandschuh der Unwissenheit. Der Glückliche, der in seinem jetzigen Leben für die totale Zerstörung vorgesehen ist, leidet dann wie nie zuvor. Seine alte Einstellung zu *Samsara* versucht ihn davon zu überzeugen, dass diese üblen Lebensumstände nur vorübergehende Schlechtwetterwolken sind, und dass sich die Dinge bald bessern werden; aber für eine Besserung gibt es keinerlei Anzeichen.

In der Zwischenzeit ist der Riss im Schutzhandschuh größer geworden, und so windet sich seine Hand unter der unerträglich sengenden Glut dessen, was er einst liebevoll als „Herausforderung" betrachtet hatte. Schließlich, im Augenblick, wenn der Handschuh ganz entzwei geht, erkennt er die Sinnlosigkeit weiteren Widerstands und wirft die glühende Kohle – als *Samsara* bekannt – angewidert fort.

Das ist das Geheimnis, wie die Gnade des Gurus Verwirklichung herbeiführt. Er führt Verwirklichung nicht von irgendwo herbei, er beseitigt lediglich die Hindernisse, die ihr im Wege stehen, indem er die absolute Hingabe des Schülers beschleunigt. Noch vor dessen jetziger Geburt trifft der gütige und mitfühlende *Satguru* eine geschickte Auswahl aus dem *Karma* des Schülers, um noch in diesem Leben die Befreiung des unschuldigen, kindlichen Schülers herbeizuführen, der sein ganzes Vertrauen in IHN gesetzt hat.

Zu anderen sagt er höflich: „Bitte macht mit eurer *Sadhana* [spirituelle Praxis] weiter", und dann schweigt er. Wisse, wenn der *Satguru* beschlossen hat, einem Anhänger Befreiung zu gewähren, kann selbst *Brahma* keinen Einspruch erheben. Der einzige sichere

Weg, die Befreiung zu erlangen, ist daher, die Gnade des *Satgurus* zu gewinnen.

F: (vergießt emotionale Tränen) Ja, ich bin jetzt bereit, Samsara *vollständig zu entsagen. Bitte mach mit mir, was du willst. Bitte bringe Leid in mein Leben, wenn es nötig ist. Ich werde es dir nicht verübeln.*

Ich möchte noch in diesem Leben irgendwie aufwachen. Ich bin bereit, dafür jeden Preis zu zahlen. Lass alles, was ich jemals als mein Eigentum betrachtet habe, verbrennen und in schwelende Asche verwandeln. Lass mich wie ein Aussätziger sterben!

Aber oh, bitte, lass mich in diesem Leben die Erleuchtung erlangen!

Der Mann bekam von Bhagavans Assistenten etwas Wasser zu trinken, und bald beruhigte er sich.
Bhagavan lächelte, sagte aber nichts.

14. August 1936

Die Antwort ist, zu erforschen „Wer bin ich?"

Eine seltsame, ganz und gar lächerliche Persönlichkeit ist im Ashram angekommen, grell gekleidet in einem dreiteiligen Anzug, einem Biberhut und einer Ascot-Krawatte. Bei diesem Wetter müsste seine Haut Feuer fangen; ich wundere mich, dass sie immer noch unversehrt zu sein scheint. Er führt einen Gehstock aus Ebenholz (samt brüllendem Miniatur-Löwenkopf aus Bronze) mit sich.

Überall zieht er neugierige Blicke auf sich. Wie es scheint, war der *Sarvadhikari* [Ashramleiter; Ramanas Bruder] beim ersten Anblick des Mannes und seines Gehstocks vor Schreck umgefallen. Da er glaubt, seinen Gastgebern gegenüber höflich sein zu müssen, nimmt er seinen

Hut ab, wann immer er jemanden im Ashram begegnet. Mit dem Ergebnis, dass die Leute hier zu dem Schluss gekommen sind, dass ein Verrückter auf sie losgelassen wurde. Im Glauben, attackiert zu werden, rennen alle vor ihm davon, sobald sie ihn sehen.

Sein Kopf ist abartig groß und sieht aus wie ein riesiges Straußenei. Der Rest seines Körpers ist unterernährt und dünn. Er trägt Ganzglatze und Bleistiftschnurrbart, und ein komischer Spitzbart setzt das i-Tüpfelchen auf die Exzentrik seines Auftritts. Auf seltsam bizarre Weise wirken seine hervortretenden Augen urkomisch tragisch; sie vermitteln den Eindruck eines Mannes, der sich seit jeher danach sehnt, ernst genommen zu werden, sich selbst aber nicht ernst nehmen kann.

Er betrat die Halle und verneigte sich tief vor Bhagavan, den Hut in der Hand an den Bauch gedrückt, das Monokel in der Luft baumelnd und all das. Bhagavan schien ihn mit stillem Interesse zu begutachten. Er stellte sich vor, Chadwick fungierte als sein Dolmetscher. Sein Name ist Pierre Géant, aber seine Freunde nennen ihn „L’affolé néant“ (das kopflose Nichts). Er kommt aus der Republik Großlibanon, früher ein Teil der Türkei, ein Erbe des Endes des Großen Krieges. Er war schon immer interessiert an Mystik und an der Aussicht, eine persönliche Vereinigung mit Gott, dem Allmächtigen, zu erfahren.

1896 war er an einem Wendepunkt in seinem Leben angelangt, er hatte Swami Vivekananda in England kennengelernt. Vivekananda hatte ihm empfohlen, das Leben seines Gurus sowie *Vedanta* zu studieren. Daraufhin vertiefte sich der Verzweifelte über Jahre in *Vedanta* und Sri Ramakrishna. Sri Ramakrishnas Erfahrungen begeisterten ihn zutiefst und er wollte sie für sich wiederholen. Gerade als er, weil Ramakrishna nicht mehr im Körper war, sich hoffnungslos niedergeschlagen und aufgewühlt fühlte, wurde ihm Paul Bruntons Buch ganz beiläufig von einem englischsprachigen Freund vorgelesen, und der darin vorkommende „Maharishi“ interessierte ihn übermäßig. So war er sogleich mit dem nächsten freien Dampfer gekommen. Er hatte Fragen an Bhagavan.

F: Ist deine Lehre dieselbe wie die von Sri Ramakrishna?
B: Absolut!

F: Wenn „Ich-bin-Gott" die Wahrheit ist, kommt das nicht Arroganz gleich?
B: Es bedeutet nicht, dass du – so wie du dich dir vorstellst – Gott bist. Es bedeutet: Gott ist das wahre „Ich".

F: Es gibt ein Selbst, das zusammen mit der Persönlichkeit existiert und sich an den Körper heftet; dieses wird Verstand genannt. Dann gibt es das Parabrahman *[das höchste Wesen], das im* Vedanta *erwähnt wird; dieses wird die unpersönliche Essenz des Menschen genannt. Welches ist mein wahres Selbst? Kann ich mehr als ein Selbst haben?*
B: Der Verstand ist ein Trugbild. In der unpersönlichen Essenz ist der Verstand nirgendwo zu finden.

F: Wie kann ich sie erreichen?
B: Da ist niemand, der sie erreichen kann. Daher ist sie nicht zu erreichen. Versinke und lass das Licht erstrahlen. Versinke als Verstand und erstrahle als das Selbst!

F: Welche Methode kann ich praktisch dafür anwenden?
B: Die Erforschung: „Wer bin ich?"

F: Aber auch diese Erforschung wird nur mit dem Verstand durchgeführt!
B: Zweifellos beginnt sie im Verstand; sie endet im Nicht-Verstand.

Bhagavan bat Chadwick, dem Mann *„Wer bin ich?"* auf Französisch vorzulesen. Dies wurde getan und er lauschte aufmerksam, wobei er seinen riesigen Kopf gegen eine der mageren Schultern lehnte, um sein linkes Ohr besser den Tönen aussetzen zu können, die Chadwicks Lippen entsprangen. Bald zog er ein kleines Hörrohr aus den Falten seiner umständlichen Kleidung hervor und hielt das Ohrstück an sein linkes Ohr; der Trichter des Apparats war in Chadwicks Richtung positioniert. Bhagavan sah in die überraschten Gesichter in der Halle und lachte.

F: Was ist die Autorität, um zu behaupten, dass die Welt ein Traum ist? Ich meine: Wo ist der Beweis?
B: Hast du im Schlaf existiert?

F: Ja.
B: Existierst du jetzt?

F: Ja.
B: Was ist dann der Unterschied (zwischen den beiden Zuständen)?

F: Im Schlaf bin ich mir meines Körpers und der Welt nicht bewusst.
B: Sich des Körpers und der Welt bewusst zu sein, nennt man Träumen. Verbleibe auch jetzt ohne ihrer bewusst zu sein! Das wahrlich ist *Jnana* oder die Realität. Dies allein ist der der wahre Wachzustand.

F: Aber wie können wir diese Welt einen Traum nennen?
B: Warum nicht?

F: Es gibt so viele Menschen auf der Erde. Wenn es ein Traum ist, wessen Traum könnte es sein?
B: Deiner.

F: Aber warum ausgerechnet mich herauspicken? Vielleicht ist es sogar der Traum des liebenswürdigen Herrn Chadwick hier.
B: Nur du bist da.

F: Was ist mit dir?
B: Nein, ich bin weder hier noch dort. ICH BIN. Es gibt weder „hier“ noch „dort“, noch „irgendwo“. ICH BIN, WER ICH BIN.

F: Ich verstehe nicht.
B: Die von den Sinnesorganen erzeugten Beweise sind rein mentaler Natur. Alles Wissen über die Vielfalt ist eine fiktive mentale Informationen. Dein Sein ist real. Es gibt nichts anderes.

F: Ich will einen Beweis!
B: Wird dir ein Beweis gegeben, wie wirst du ihm glauben können?

F: Ich verstehe nicht.
B: Der Beweis, wenn er dir überhaupt gegeben werden kann, wird auch nur eine mentale Information sein.

F: Was dann kann als wahr geglaubt werden?
B: Was auch immer geglaubt wird, es ist in jedem Fall falsch. Die Wahrheit liegt nur im Sein.

F: Wie erreiche ich dieses Sein?
B: Indem du die Vorstellung aufgibst, irgendetwas erreichen zu können – und alle anderen Vorstellungen.

F: Wie kann ich praktisch vorgehen?
B: Erforsche: „Wer bin ich?"

F: Das Wiederholen heiliger Silben, wird es nicht hilfreich sein? Die heiligen Beschwörungsformeln Ihrer Religion, enthalten sie nicht eine Art latenter spiritueller Kraft? Können wir durch die Freisetzung dieser Kraft oder dieser Energie nicht den Zustand der Erleuchtung erreichen?
B: Du wurdest gerade über die direkte Methode unterrichtet.

F: Die anderen sind Abwege oder Umwege?
B: Ja.

F: Sollte ein nach Erleuchtung Suchender Nahrungsmittelbeschränkungen befolgen? Darf ich Schweinefleisch essen?
B: Versuche, mit Getreide und Früchten zu gedeihen.

F: Kann die Erforschung „Wer bin ich?" nur in deiner Anwesenheit durchgeführt werden? Wenn ich es andernorts täte, würde ich in der Lage sein, mich selbst zu erleuchten? Ist deine physische Präsenz erforderlich – für ein erfolgreiches Ergebnis der Praxis, meine ich?

B: Es ist der Verstand, auf den es ankommt. Wird der Verstand beständig angehalten, im Sich-nach-innen-Wenden zu verharren, können solche Fragen gar nicht erst aufkommen.

F: Ist Anbetung oder gar der Glaube an einen persönlichen Gott zulässig?
B: Ja.

F: Sabotiert es nicht den eigenen Fortschritt in Richtung Erleuchtung?
B: Wenn du reif genug bist, wirst du nicht mehr das Gefühl haben, dass du der Anbetende bist.

F: Ist Philanthropie eine Ablenkung oder sollte man versuchen, der leidenden Welt zu helfen?
B: Das variiert je nach Temperament der Psyche des Einzelnen.

F: Ich verstehe. Wie ist das in meinem Fall?
B: Welcher Gedanke kommt dir als Erstes in den Sinn, wenn du Leiden siehst?

F: „Ich wünschte, Gott hätte eine Welt geschaffen, in der es kein Leiden gibt.“
B: Diejenigen, die dazu bestimmt sind, der Welt zu helfen, denken törichterweise: „Lass mich sehen, was ich hier tun kann …“

F: Besteht irgendeine Notwendigkeit, offiziell auf meine Zugehörigkeit zum Tempel von La Rochelle zu verzichten?
B: Nein.

F: Gelegentlich habe ich Angst, wenn sich mein Gesundheitszustand verschlechtert. Wie bleibe ich frei von solchen Ängsten?
B: Du weißt bereits, dass dieser aus den Elementen zusammengesetzte vergängliche Körper eines Tages gewiss zerstört werden wird. Warum das Unvermeidliche hinauszögern?

F: Aber wie halte ich die Angst in Schach?

B: Indem du das Selbst nicht mit dem Körper oder dem Verstand identifizierst.

F: Aber wie werde ich eine solche irrige Identifikation los?
B: Nur indem du unermüdlich die Erforschung weiterführst: „Wer bin ich?"

15. August 1936

Wir haben kein Recht, über andere zu urteilen

F: Wie hat Bhagavan schließlich diesen Jungen, Vishwanatha Aiyyer, überredet, nach Hause zurückzukehren?
B: Das habe ich nicht. In jener Nacht, als er außerhalb des Ashrams schlief, saß ich in einiger Entfernung von dem Jungen, als ich bemerkte, dass Shabarigirisan, der Languren-Affe, glückselig allein auf dem Dach des Ashrams saß und den Vollmond in großer Zufriedenheit anstarrte. Als ich ihn ansah, sprang er herunter, drückte mir ein paar Ingwersprossen in die Hand und nahm sie wieder mit.

Dann kletterte er zurück und eine Weile lang nahm er sie zu sich. Dann tat er etwas, das niemand glauben wird. Er kam zu uns, stellte sich in *Bakasanam* [eine bestimmte Yogastellung] auf den Boden und begann auf perfekte Weise leise die Melodie von „*Endaro Mahanubhavulu*" [„Viele große Seelen"] zu pfeifen (oder zu kreischen).

Der Junge setzte sich kerzengerade auf. Als er sah, was geschah, brach er in Tränen aus und hielt sich an meinen Füßen fest: „Oh, *Rama*, du hast mich vor der großen Sünde bewahrt, meine empfindsame Mutter ungerechterweise im Stich zu lassen. Hätte ich das getan, wäre sicherlich die Hölle mein elendes Los gewesen. Aber,

oh barmherziger *Rama*, indem du mir dieses Wunder durch Lord *Hanuman* [Affengott] gezeigt hast, hast du mich vor einem solch widernatürlichen Schicksal bewahrt! *Rama*! Ich werde für immer ein Sklave zu deinen gesegneten Füßen bleiben! Bitte segne mich! Ich werde nie wieder daran denken, wegzulaufen! Oh, *Rama*, ich ergebe mich zu deinen heiligen Füßen! Bitte segne mich!“

Shabarigirisan ging mit zufriedener Grimasse davon.

Am nächsten Morgen, sobald die Sonne am Himmel auftauchte, kehrte der Junge in die Stadt zurück, ohne sich auch nur die Zeit zu nehmen, etwas zu essen.

Gajapathi: Wie hat Bhagavan den Affen zum Singen gebracht?
B: Damit habe ich nichts zu tun. Es gibt eine geheimnisvolle Macht an diesem Ort, die sich jeder Möglichkeit des Verstehens entzieht. Jeder bekommt hier, was er verdient. Die reifen Menschen erlangen Befreiung.

G: Aber wie konnte er dann plötzlich die Melodie wiedergegeben? Besaß er irgendwelche yogischen Siddhis?
B: Er war wirklich in vielerlei Hinsicht ein außergewöhnlicher Kerl. Andere Affen aßen die Läuse auf ihrem Körper, aber Shabarigirisan hob sie behutsam auf und setzte sie auf einen Zweig. Er war sicherlich spirituell veranlagt; daran gibt es keinen Zweifel.

G: Wann hat Bhagavan den Sängerknaben wiedergesehen?
B: Niemals. Man sagt, dass er jetzt ein professioneller Sänger geworden ist. Aber gestern – wo ist diese *„Anandha Vigadan“* (in Chennai erscheinende Wochenzeitschrift)?

Der Meister erhob sich von seinem Platz und begann, den Inhalt des Bücherschranks zu durchstöbern. Schließlich sagte er: **„Nun, jemand scheint sie weggenommen zu haben“** , und er kehrte zu seiner Couch zurück.

G: Warum? Stand da etwas über Bhagavan drin? Soll ich in die Stadt gehen und ein Exemplar für den Ashram kaufen?
B: Oh, nein! Das war eine alte Ausgabe. Ich habe sie gestern Abend beiläufig durchgeblättert. In einem Artikel hat sich der Humorist Kalki über einen Kinofilm lustig gemacht, der letztes Jahr veröffentlicht wurde und „*Bhakta Nandanar*" heißt.

G: Nandanar ist der Heilige Tirunalaippovar, nicht wahr?
B: Ja. Aber dieser Film basiert nicht auf der traditionellen Darstellung im *Periyapuranam* (tamilisches Epos). Offenbar waren sie selbst vor der Wahrscheinlichkeit gewarnt, einer gesellschaftlichen Gegenreaktion gegenüberzustehen, wenn jemand, der der *Panchamabandham* [niedrigste menschliche Kaste] angehört, als jemand dargestellt wird, der in ein Feuer geht und als *Brahmane* wieder herauskommt.

Daher haben sie den Bericht im *Periyapuranam* ignoriert und sich klugerweise dafür entschieden, das Drehbuch auf „*Nandanar Saritthiram*" zu stützen, einen Roman von Gopalakrishna Bharathiyar, der eine auf Gleichheit basierende Version der Geschichte präsentiert. Andernfalls würde es als aufrührerisches Material eingestuft werden, und jemand könnte versuchen, die Vorführung des Films zu verhindern, indem er sich an die Justiz wendet oder auf „direkten Konfrontationskurs" geht (lacht).

G: *Er hat Zeit gefunden, in einem Kinofilm aufzutreten: Warum kommt er nicht in den Ashram, um Bhagavan einen Besuch abzustatten?*
B: (streng) Sei still! Das ist, was ich nicht mag. Weißt du alles? Urteilen (nach dem äußeren Schein) – so verlieren die Menschen ihren Seelenfrieden.

G: *Oh! Tut mir leid, sehr leid …!*
B: *Parava illai* [Macht nichts]. In Zukunft sollst du keine Urteile über andere fällen. Wir haben kein Recht, über andere zu urteilen. Es gibt einen Höchsten Richter für alle. Überlasse ihm das Richten.

G: *Ja – ich werde mich daran halten, gewiss! ... Gibt es noch weitere interessante Begebenheiten im Zusammenhang mit dem Affen Shabarigirisan?*
B: Oh ja, viele! Wir könnten uns das ganze Jahr darüber unterhalten.

G: *Bhagavan hat andere Affen – wie z.B. Nondi-Payyan – erwähnt, die von ihm gestreichelt wurden, während er auf dem Berg im Ashram wohnte. Hat sich Shabari herabgelassen, sich unter sie zu mischen?*
B: Ich sagte schon, er war unnahbar. Andere Affen, ob gewöhnliche oder Languren, gingen ihm aus dem Weg. Sie schienen ihn zu fürchten oder zu verehren. Nayana pflegte zu sagen, dass an vielen Stellen in den Schriften erwähnt wird, dass ein fortgeschrittener *Tapasvin* [jemand, der Tapas durchführt] an den strahlenden Tejas [Leuchten] in seinem Gesicht zu erkennen ist. Auch in der Bibel wird dies erwähnt:

> **„... Mose wusste nicht, dass die Haut seines Gesichts leuchtete, während er mit ihm redete.“**
> **„... schau, die Haut seines Gesichts leuchtete, und sie fürchteten sich, ihm nahe zu kommen.“**

G: *Ja, jeder sieht es bei Bhagavan ...*
B: (lacht) Ist Bhagavan ein *Tapasvin*? Für wessen Befreiung soll Bhagavan *Tapas* machen, wo er doch überall nur die Glückseligkeit der Befreiung sieht?

G: *Also gibt es laut Bhagavan nirgendwo* Ajnanis *[Nicht-Verwirklichte]?*
B: Der *Jnani* sieht niemanden als *Ajnani*. In seinen Augen sind alle nur *Jnanis*. Und warum? Weil das Selbst reines *Jnana* ist und nichts anderes. Der *Jnani* kann nichts anderes kennen als das Selbst.

G: *Aber der Languren-Affe hat ein schwarzes Gesicht. Kann es leuchten?*
B: (lacht) Holzkohle ist schwarz. Glüht sie nicht rot, wenn sie heiß ist? *Tejas* ist nicht physisch. Es ist das Gefühl des Friedens; es ist die Freiheit von Gedankenwellen, die den gewöhnlichen Menschen ständig stören.

G: *Es muss an Bhagavans positivem Einfluss liegen, dass der Languren-Affe einen so hohen spirituellen Stand entwickelt hat. Hat Bhagavan ihn* Atma-Vidya *gelehrt?*
B: Ihm war das nicht fremd. Als er einmal dorthin kam, sagte ich: „Wenn die Entdeckung gemacht werden soll, dass es so etwas wie das „Ich" nicht gibt, muss der Verstand nackt gemacht werden. Also müssen alle *Vrittis* [Strukturen des Verstandes] – einschließlich des Glaubens, den du erwähnt hast – aufgegeben werden."

Als Shabarigirisan dies offenbar hörte, richtete er seine Wirbelsäule auf, schloss seine Augen und fiel für einige Zeit in *Kevala Kumbhaka* [den Verstand durch Atemanhalten anhalten]. Perumal bemerkte: „Seht, er ist in *Samadhi* gegangen! Dieser Affe ist der Ramana Maharshi unter den Affen!" Und alle lachten.

In jenen Tagen hatten wir jeden Tag viel Spaß. Es gab keinen Ashram, kein Sofa und so weiter. Jetzt ist dieses ganze Anwesen da, und ich bin gefangen! (lacht)

(Es gibt viele Geschichten, die Bhagavans enge Beziehung zu Tieren illustrieren; eine wichtige Lehre angesichts der fortschreitenden Auslöschung der Natur durch den Menschen und seiner gefährlichen Vorstellung, dass der Mensch von der Natur getrennt ist – Hrsg.)

18. August 1936

Das Nicht-Selbst nicht verwirklichen

F: Wenn man den theologischen Verlautbarungen der Christen Glauben schenkt, werden wir alle in Sünde geboren. Ist die Lehre von der Erbsünde zutreffend?
B: Was geboren wird, wird nur in Sünde geboren. Das Ungeborene ist ohne Sünde; deshalb wird es nie geboren. Die Geburt in

Samsara **ist die Ankündigung von Qualen. In Wirklichkeit bist du das einzige, ursprüngliche Absolute. Aber anscheinend hast du jetzt Begrenzungen und die Form dieses vergänglichen Körpers angenommen. Dein wahres Selbst kennt weder Anfang noch Ende. Doch nun wurdest du scheinbar geboren und wirst sterben. Warum?**

F: Ich weiß es nicht.
B: Finde es heraus.

F: *Wenn ich mein Leben dem Allmächtigen hingebe, werde ich danach ohne Sorge sein?*
B: Jemand, der sich hingegeben hat, würde weder diese noch irgendeine andere Frage stellen. Hingabe ist nicht ein Mittel zum Zweck. Etwas, das ein „Tun" beinhaltet, kann keine Hingabe sein. Alles aufgeben und sich um nichts mehr kümmern (auf der geistigen Ebene), das ist Hingabe.

Manche, die zur Hingabe aufgefordert werden, antworten: „Erledigt, Swami. Wann werde ich nun das Selbst verwirklichen?" Das ist absurd. Sich hinzugeben bedeutet, sogar die grundlegende oder willkürliche geistige Konzeptualisierung – ***Aham Vritti*** **[der „Ich"-Gedanke] – aufzugeben. Wenn du selbst nicht da bist, wer wird dann Zweifel oder Fragen haben? Nach wahrer Hingabe bleibt nur noch Stille.**

F: Was ist der Kern der Fragen von Bhagavan?
B: Du sagst „Ich bin" – finde heraus, wer das ist! Finde die Quelle des Denkens; bleibe dort ein für alle Mal!

F: Woher weiß ich, dass diese ganze Sache mit der Selbstverwirklichung nicht nur ein großer Schwindel ist?
B: Das ist genau das, was es ist.

F: Was?! Warum leitest du dann diesen Ashram und führst die Menschen in die Irre?
B: Ich leite keinen Ashram. Die Menschen kommen hierher und

fragen, wie das Selbst zu verwirklichen ist. Man sagt ihnen etwas und sie gehen erst einmal zufrieden weg. Soweit ich weiß, kann es nichts geben, was den Gegenstand der Verwirklichung bilden könnte. Das Selbst ist immer in Verwirklichung. Die Sonne kann keine Dunkelheit kennen.

Um das Selbst zu verwirklichen, gibt es nichts außer dem Selbst. Es gibt nicht zwei Selbste, die sich gegenseitig verwirklichen können. Wer soll also was verwirklichen? Wenn alles – und zuvorderst der Sich-Aufgebende – aufgegeben wird, wird das Selbst enthüllt. Aber die Menschen verstehen das nicht und wollen „das Selbst verwirklichen". Was kann ich tun? Wie kann man verwirklichen, was allein wirklich ist? Kann man der Wirklichkeit Wirklichkeit verleihen? Ist das nicht lächerlich? Alles, was man tun kann, ist, das Nicht-Selbst nicht zu verwirklichen. Dann bleibt allein das Selbst übrig.

F: Laut Bhagavan ist die Unvermeidbarkeit der Vorherbestimmung unabänderlich und unbestreitbar. Diese Aussage scheint für Sadhakas *[Wahrheitssuchende] sehr entmutigend zu sein. Wenn nur das geschieht, was vorherbestimmt ist, welchen Sinn hat es dann, irgendeine* Sadhana *zu machen? Es könnte sein, dass ich einfach dazu bestimmt bin, keinerlei Verwirklichung zu erlangen.*

B: Weißt du, was dein Schicksal für dich bereithält? Bist du in der Lage, es im Voraus zu wissen?

F: Nein.

B: (lächelt) Fahre fort mit deiner *Sadhana*!

F: Was hat das für einen Sinn, wenn es für mich vorgesehen ist, keine Verwirklichung zu erlangen?

B: Wenn es sich als nutzlos erweist, dann lass es! Was macht das schon? Nur das Ego unternimmt die Anstrengung, und das ist von Anfang an nicht existent beziehungsweise fiktiv. Was wirklich ist, kann sich nicht anstrengen. Wenn du schließlich Verwirklichung erlangst, dann kann all diese Anstrengung – von der du sprichst –

nur als Verschwendung bezeichnet werden, denn dann wirst du feststellen, dass du dich angestrengt hast, den offensichtlichsten und selbstverständlichsten natürlichen Zustand zu entdecken! Wie lächerlich die Idee von *Sadhana* ist, wirst du erst dann erkennen.

F: Bhagavan zufolge ist also die illusionsartige Existenz des Egos im Großen und Ganzen eine völlige Verschwendung?
B: Ja. Aber nimm Bhagavan nicht beim Wort! Alles, was man tun kann, ist, das Nicht-Selbst nicht zu verwirklichen. Vergewissere dich selbst über den Wahrheitsgehalt dieser Tatsache, indem du dich ausschließlich auf deine eigenen Erkenntnisse in dieser Angelegenheit verlässt. Warum solltest du dich auf die Meinung anderer verlassen? Von anderen erhaltene Meinungen werden ebenso gehen, wie sie gekommen sind.

F: Aber ich vertraue Bhagavans Worten.
B: Nur die eigene Erfahrung kann die Wahrheit ans Licht bringen. Das Aufblühen oder die Offenbarung des Lichts der Wahrheit von innen heraus kann nur das Ergebnis eines Öffnens des eigenen Auges der Weisheit sein. Andere können einem nur den Weg zeigen. Man kann den Ochsen nur zum Brunnen führen.

F: Die Bücher sagen, der Glaube an die Worte des Gurus reicht aus, um zur Befreiung zu gelangen.
B: Ja, aber den Worten müssen auch Taten folgen. Kann die Gnade des Gurus als Ersatz für unsere eigenen Bemühungen dienen? Manche beruhigen sich mit der Vorstellung, dass ihr Guru sich um sie kümmert, komme was wolle. So bleiben sie selbst nachlässig. Der Guru höchstpersönlich wird als Ausrede dafür benutzt, keine Anstrengungen zu unternehmen. Manche glauben, dass der Guru, wenn der richtige Zeitpunkt gekommen ist, sie rufen wird und ihnen ihre Verwirklichung auf einem Silbertablett überreicht. Der Guru kann dir die Verwirklichung nicht mit dem Löffel verabreichen. Ich habe den Weg aufgezeigt; es liegt nun an dir, den Rest zu tun.

F: Aber ich bin eine schwache Kreatur.

B: Nein. Schwäche ist nur eine Vorstellung oder ein Gedanke. Swami Vivekananda sagt:

> **„Was immer du denkst, wirst du sein. Wenn du dich für schwach hältst, wirst du schwach sein; wenn du dich für stark hältst, wirst du stark sein."**

Denkst du also nichts, wird dein Ego auf nichts reduziert. Die Menschen bilden sich ein, schwach zu sein, weil ihnen das bequemerweise erlaubt, nachlässig zu sein. Diese vorgetäuschte Schwäche wird als Entschuldigung dafür benutzt, in Trägheit zu verharren. Trägheit ist das Gegenteil von Stille. Trägheit ist Trance oder Dumpfheit. Stille ist bewegungslose Wachsamkeit. Wer sagt, dass du schwach bist? Tatsache ist, dass du nie erfährst, wie stark du bist, bis dir die Möglichkeit, schwach zu sein, endlich genommen ist. Wenn es dir nicht mehr möglich ist, dir vorzustellen, dass du schwach bist, ist stark sein die einzige Möglichkeit, ZU SEIN. Kämpfe, als ginge es um alles – bis du das Licht in dir gefunden hast! Sri Ramakrishna sagte:

> **„Die Kathedrale des Reiches Gottes muss im Sturm erobert werden."**

21. August 1936

Sri Gajapathi geheilt

Es ist schon weit nach Mitternacht, aber da ich mich unerklärlicherweise fiebrig fühle, bin ich heute nicht in meine Unterkunft in der Nähe des Tempels zurückgekehrt. Die Halle ist dunkel und still; das einzige Geräusch, das die elektrisierende Stille verschönert, die diesen geheiligten

Tempel der Präsenz durchdringt, ist das sanfte Atmen der jungen Männer, die an der Rückseite der Halle schlafen. Der Meister sitzt wie immer aufrecht auf dem Sofa, seine Augen sind so unbeeindruckt und strahlend wie immer. Diese strahlenden Augen sind von einem Licht hell erleuchtet, das nicht von dieser Welt ist. Es erinnert mich an die Worte von Christus: „Mein Reich ist nicht von dieser Welt." Diese wunderbaren Augen gehören vordergründig einem Menschen, aber das unsterbliche Wesen, das durch sie hindurch und aus ihnen herausblickt, ist eindeutig nicht menschlich.

Ein Blick in diese Augen genügt, um die Wahrheit zu übermitteln, dass dieser Mensch in Wirklichkeit gar nicht hier ist, dass er spurlos vom Jenseits verschlungen wurde, dass er ganz, ganz verloren ist in jener unergründlich höchsten, sich der sinnlichen Wahrnehmung stets entziehenden Göttlichkeit, die der Mensch Gott zu nennen pflegt. In freudig überraschter Kontemplation denke ich darüber nach, wie sehr er mich, den hoffnungslos unverbesserlichen Nichtsnutz, der ich war, in dieser Zeitspanne von nur etwa sieben Wochen zum Besseren verändert hat. Wenn ich in diese unergründlich tiefen Augen blicke, erinnere ich mich mit ironischer Belustigung daran, wie unbedeutend die Sorgen meines Lebens waren, bevor ich ihn traf.

Genau in diesem Moment bricht unerwartet eine Flut liebevoller Dankbarkeit über mein Gemüt herein, für alles, was er ist und für alles, was er für mich getan hat, wie tosendes Wasser, das aus einem pulverisierten Stausee herausbricht, dessen Überschwemmung weit über das Fassungsvermögen hinaus zu seinem völligen Zusammenbruch geführt hat. Ich werde von stummen, hilflosen Schluchzern gequält und verkrampft. Diese großen Augen drehen sich langsam um und schauen mich an, als ob sie gerade meine Anwesenheit registrieren würden. Ein Lächeln von bezaubernder Süße umspielt sanft die Lippen des Maharshi.

Ich frage ihn im Geiste: *„Du weißt, dass ich deine Gnade nicht verdiene, Meister. Warum gibst du sie mir dann? Ist das nicht falsch?"*
Der Meister lacht wie ein Kind und sagt leise:
B: Allein die rettende Kraft der Liebe macht den Menschen der Gnade würdig. Wenn du ein Herz hast, das wahrhaftig zu lieben

weiß, dann sei gewiss, dass du das Instrument in Händen hältst, mit dem du die Befreiung für dich gewinnen kannst. Die Liebe allein ist das Brecheisen, mit dem man den furchtbar starken Knoten des Herzens aufbrechen kann.

Bei diesen Worten stehen mir die Haare zu Berge, ein Schauer ekstatischer Freude läuft mir den Rücken hinauf, und ich erschaudere unwillkürlich. Mein Körper zittert und bebt unter der Anstrengung, den ständigen Blickkontakt aufrechtzuerhalten; aber ich kann der Versuchung nicht widerstehen, weiter zu schauen, denn hier ist ein Ozean höchster, souveräner Gelassenheit, und das Eintauchen in seine glückseligen Wasser verschafft meiner verlassenen, erschöpften Seele eine unvergleichliche Erfrischung und Verjüngung, die wahrhaftig „der Friede Gottes ist, der alles Verständnis übersteigt“. Zum ersten Mal verstehe ich ganz praktisch, als Einsicht, die Bedeutung der oft wiederholten Maxime des Meisters:

> **Du magst dir vorstellen, dass du dich von Gott getrennt hast, aber wisse, dass ER sich niemals von dir trennt.**

Dann, ohne Vorwarnung, durchfährt ein Schmerzkrampf meinen Unterleib, und Augenblicke später liege ich flach auf dem Boden, wimmernd vor Angst.
B: Sei unbesorgt! Das, was auf den Kopf gerichtet war: Lass es den Turban hinwegtragen! Du kannst dir etwas *Thiruneer* [heilige Asche] aus dem *Mathrubuteshwarar*-Schrein holen. Wann immer du diese Art von Problemen (Beschwerden des gastroenterologischen Systems) hast, löse eine kleine Menge in Wasser auf und trinke es. Du kannst außerdem die *Hanuman Chalisa* [Hymne der Hingabe] singen.

Ich habe nicht gefragt, woher er das wusste. Jetzt bin ich überzeugt, dass der Körper auf dem Sofa vor mir einfach eine Maske oder ein Vehikel für Gott selbst ist, um mich zu führen, und er ist selbst dieser Gott.

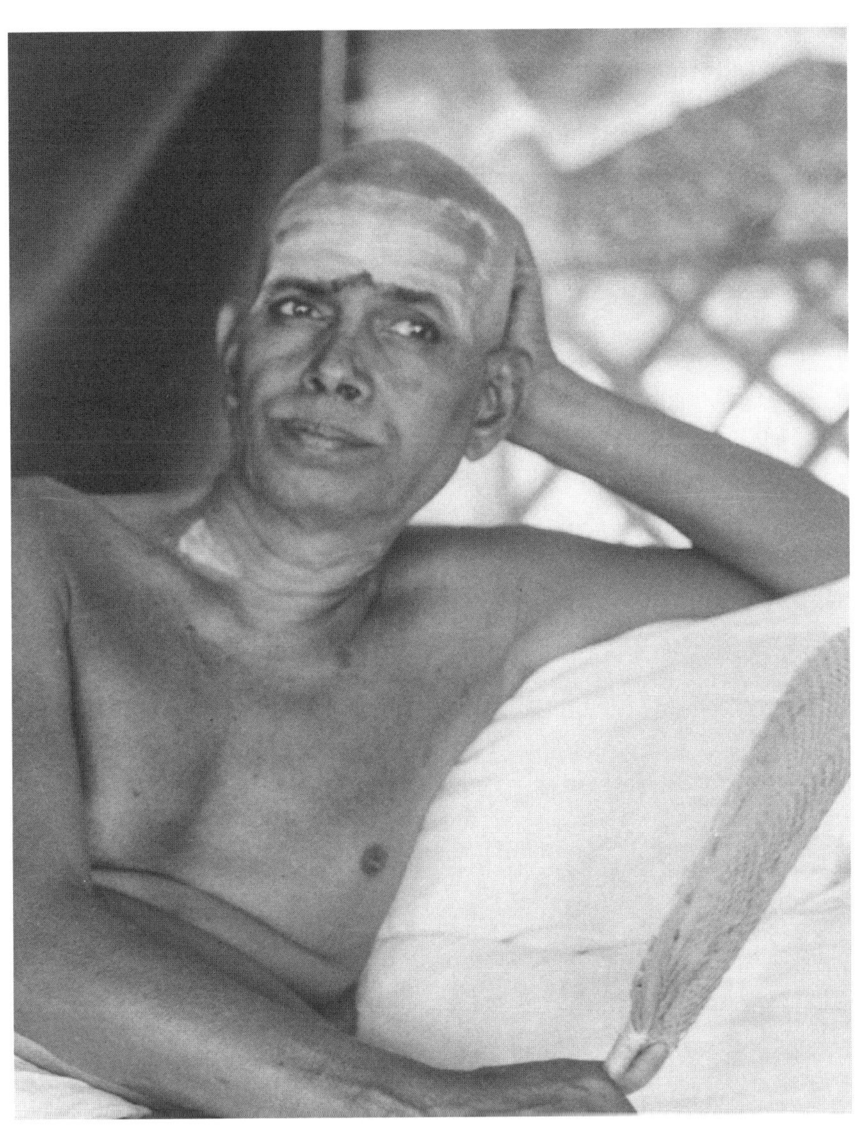

Bhagavan mit Paul Brunton und Ella Maillart (links)

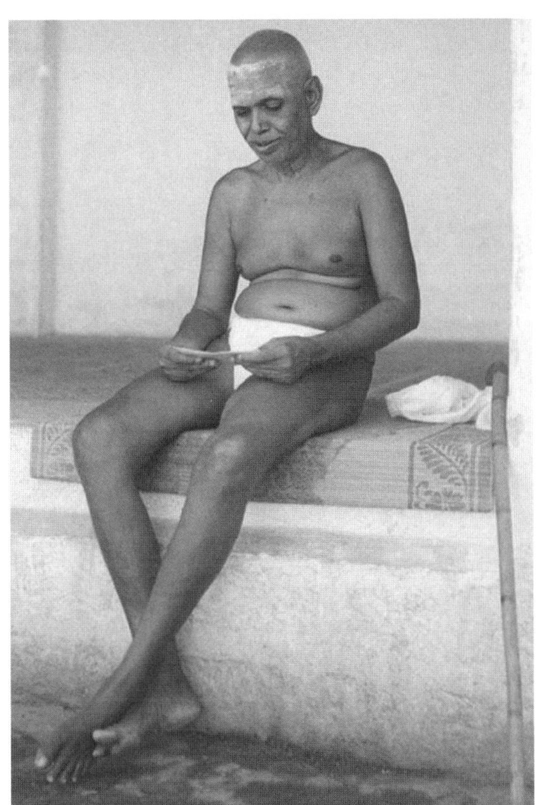

Paul Brunton neben Bhagavan

Bhagavan mit Annamalai Swami (links)

Bhagavan mit Kuh Lakshmi

23. August 1936

Liebe ist

Heute Morgen, als ich die Halle betrat, lächelte mich Sri Bhagavan liebevoll an, wie ein Kind, und reichte mir einen Brief mit den Worten: **„Schau, das wird dir gefallen!"**

Pikiert entfaltete ich ihn und las ihn. Er war von einem Monsieur Alfred Emmanuel Sørensen (Sunyata – Hrsg.), und lautete wie folgt (aus dem Gedächtnis wiedergegeben):

> *In dem Moment, in dem deine Augen auf mich fielen, wurde ich bewegungslos wie du, und ich versenkte mich in einen inneren Zustand des Absoluten Seins, der in Wahrheit nur DU bist.*
>
> *Jeden Tag küsse ich den Staub deiner heiligen Füße, denn indem du mich ein für alle Mal im unergründlichen Ozean des Hochgefühls, der in Wahrheit DU bist, ertränkt hast, hast du meinen verräterischen Verstand für immer verschlungen. Jetzt lebe ich nur noch in der Liebe zu DIR. Ich habe mich glücklich in DIR verloren, der DU die Liebe selbst bist. Niemals mehr wird es den Miseren der Welt gelingen, mich da herauszujagen, denn ich sehe in ihnen nur das liebevolle DU.*
>
> *Als deine allwissenden Augen sich in die meinen bohrten und sagten, „ES GIBT NICHTS", zerrte mein Herz von innen, und da ich wusste, dass du es warst, der rief, folgte ich demütig. Dort wurde ich zu nichts gemacht; jetzt bin ich NICHTS. Jetzt streife ich durch das Universum wie ein ungezügeltes wildes Tier und weiß nicht, was ich tue und warum. Alles, was ich jetzt kenne, bist du, in dem es kein ich gibt.*

> *Mein Meister war so freundlich, mir durch Mr. Hurst (Paul Brunton – Hrsg.) mitteilen zu lassen, dass er mich als* Sahajajnani *[selbstverwirklichtes Wesen] oder als natürlichen Mystiker ansieht. Obwohl es jetzt außer Frage steht, dass nichts außer meinem Meister bleibt, sehnt sich mein Herz, seine physische Gestalt wieder zu erblicken. Möge Sri Bhagavan mir diesen Wunsch schnellstmöglich erfüllen! Bhagavans Liebender.*

(Es ist unwahrscheinlich, dass Sørensen/Sunyata diese „Ich"-Form verwendet hat – Hrsg.)

Gajapathi: Wer ist dieser Mann?
B: Er kam Anfang des Jahres hierher, vielleicht auf Einladung von Mr. Brunton.

G: Bhagavan hat ihn einmal angeblickt, und er hat den verwirklichten Zustand erreicht?!
B: (mit funkelnden Augen) Bhagavan verursacht nichts, was geschieht. Warum denkst du so etwas wie: „Oh! Jeden Tag sitze ich in der Halle, jeden Tag höre ich Berichte von Menschen, die von Bhagavan erhabene, transformierende, spirituelle Erfahrungen erhalten, und jeden Tag lausche ich erregt Bhagavans Lehren – wann wird das alles Früchte tragen, wann werde ich ein *Jnani* werden? Ist die Anziehungskraft *Jnanas* eine solch schmerzliche Verlockung für dich?!" (lacht)

G: Oh! Nein. In dem Moment, als ich hierher kam und Bhagavan mich ansah, habe ich alles über mich selbst vergessen. Jetzt denke ich nur noch an Bhagavan, der bereits ein Jnani *ist. Für wen also sollte ich* Jnana *erbitten?*
B: Das Geheimnis von *Jnana* ist *Bhakti*. Selbstlose Liebe – unmotivierte, unaufhörliche, unnachgiebige Liebe – ist der Schlüssel, der das Tor des Herzens ein für alle Mal aufschließt. Lechze und sehne inbrünstig nach ihr; nicht, um deine Unwissenheit zu

zerstören, sondern bloß, weil eine solche Liebe (für dich) möglich ist. Nur der, der so irrsinnig zu lieben weiß, hat den Zweck der menschlichen Geburt erfüllt; er braucht nicht wiedergeboren zu werden. Die Lieblosen kehren immer wieder in den stinkenden Ozean des *Samsara* zurück, um mehr und mehr zu leiden.

G: Jedem, der hierher kommt, empfiehlt Bhagavan nur Vichara.
B: *Vichara* ist ein Mittel, um die Unwissenheit zu beseitigen, die die Liebe daran hindert, hervorzustrahlen – denn die Natur des Selbst ist Liebe selbst. Liebe kann nicht als *Sadhana* praktiziert werden. Alles, was möglich ist, ist, sich ihr hinzugeben. So etwas wie eine Vorbereitung auf die Liebe gibt es nicht.

Die Liebe ist bereits da. Sie allein IST. Alles, was du tun musst, ist, die Gedanken aufzugeben, die dich dazu bringen, dir vorzustellen, dass du von der Liebe getrennt bist – und so in der Liebe zu verschmelzen. Dann gibt es nur noch Liebe, die Glückseligkeit jenseits aller Vorstellungskraft ist. Für jemanden, der die ekstatische Freude der willenlosen Liebe entdeckt hat, ist *Sadhana* eine lächerliche Absurdität. Denjenigen, die eine Rechtfertigung benötigen, können wir sagen, dass eine solche Liebe nur in Seelen erblüht, die ihre *Sadhanas* in früheren Geburten vervollkommnet haben.

G: Aber unter den Sadhanas *ist* Vichara *die beste?*
B: Zweifelsohne.

31. August 1936

Veranstaltungsvorbereitungen zum 40. Jahrestag

Heute am späten Abend bat der *Sarvadhikari* [Manager] den Meister, die vom Ashram für die morgigen Feierlichkeiten vereinbarten Vorbereitungen formell zu überwachen und zu genehmigen. Morgen ist der 40. Jahrestag des Tages, an dem der Meister die ewige Vereinigung mit Arunachala erlangt haben soll: 1. September 1896.

Viele Anhänger, Inder wie Weiße, haben sich hier versammelt, und der Ort ist überfüllt mit Menschen. Viele Dinge, die für den Tag benötigt werden, sind mit einem Ochsenkarren aus der Stadt herbeigeschafft worden. Die Halle ist reichlich mit Mangoblättern geschmückt, die mit Jutegarn aufgefädelt sind. Mit feuchtem Mehl und roter Farbe wurden im ganzen Ashram dekorative Muster auf den Boden gemalt.

Inmitten des ganzen Trubels beobachte ich, wie Bhagavan den *Sarvadhikari* zur Seite nimmt und ernst zu ihm spricht:

„Vergiss nicht, bei der Planung der kulinarischen Arrangements für Morgen an die Affen, Kühe und Krähen zu denken.“

Der *Sarvadhikari* nickt kleinlaut und sagt: „Ja, Bhagavan.“

1. September 1936

Veranstaltung zum 40. Jahrestag

Die heutige Jubiläumsveranstaltung verlief großartig. Eine Schattenspielgruppe aus Madras, begleitet von einer Musiktruppe, zeigte uns all die verschiedenen Avatare *Vishnus*, die auf einer Leinwand, die aus einem einfachen Baumwoll-*Vaetti* [Tuch] bestand, vorbeizogen. Die dunklen Figuren bewegten sich auf der Leinwand zur passenden Musik der Instrumentenspieler. Das Leben eines jeden Avatars dauerte etwa 10 Minuten, wobei die Aufführung in der Halle selbst stattfand.

Die Gruppe war auf eigene Faust aus Madras gekommen – niemand hatte sie eingeladen. Der *Sarvadhikari* war sehr erfreut. Auch Bhagavan schien die Show zu gefallen. Im Takt der Musik tippte er immer wieder auf die Eisenringe des *Kumuti* [Metallofens], der zum Verbrennen von *Sambarani* [Weihrauch] in der Halle benutzt wurde. Es war eine große Freude zu beobachten, wie sich seine flinken Finger hin und her bewegten und in perfektem Rhythmus auf die Eisenringe tippten. Er achtete so sensibel auf die Melodie, dass er je nach der unterschiedlichen Tonhöhe der Musik mit verschiedenen Fingern auf die Ringe schlug.

Nicht ein einziges Mal verfehlten diese zarten, schönen Finger ihr Ziel, und doch schaute er die ganze Zeit nur auf die *Vaetti* und nie auf seine Hände! Diese Konzentrationsleistung hat mich begeistert, aber nicht überrascht. Ich weiß, dass er ein anerkannter *Sahasra Avadhani* [ausgezeichneter Dichter] ist, was nicht viele Leute über den Meister wissen – und er würde natürlich nie auf sich aufmerksam machen; außerdem: „Bei den Menschen ist dies unmöglich; aber bei Gott sind alle Dinge möglich."

Chadwick (zu Samuel Cohen): Mr. Pendergast hat gestern die Hälfte seiner Filmrolle verbraucht, als er die Jubiläumsfeierlichkeiten fotografierte. Wenn er die Abzüge nicht bald an den Ashram schickt, wird sich der Sarvadhikari *auf mich stürzen und mich bei lebendigem*

Leibe verschlingen, denn er hat mir die Verantwortung übertragen, dem Fotografen die Regel mitzuteilen, dass, egal welche Fotos hier gemacht werden, ein kompletter Satz Abzüge abgegeben werden muss. Ich habe es ihm einmal gesagt und ihn zweimal daran erinnert, glaube ich. Ich hoffe, er lässt mich nicht im Stich …"

EZ: Der Mees-Typ aus Holland, der Anfang des Jahres zu Besuch war, hat seine Abzüge von Bhagavan sofort geschickt, wenn ich mich recht erinnere.

C: Ja, er hatte so eine lustige Balgen-Kamera der alten Sorte, erinnern Sie sich? Ich glaube, es war eine ‚Tourist-Multiple'.

Bhagavan verblüffte den Saal, indem er genau in diesem Moment sagte: **„Oh nein, das war eine ‚Kodak Anastigmat'."** (beliebte Kamera in den 1930ern – Hrsg.)

Die ganze Zeit über hatte er regungslos ins Leere gestarrt, und niemand wäre auf die Idee gekommen, dass er dem üblichen belanglosen spätabendlichen Geplapper im Saal Aufmerksamkeit geschenkt hätte! Dies ist ein weiterer Fall, der zeigt, dass nichts und niemand der Aufmerksamkeit des Meisters entgeht, auch wenn er auf den ersten Blick unbeteiligt, unnahbar oder uninteressiert erscheint.

2. September 1936

Samuel Cohen hat Zweifel

Samuel Cohen wandte sich an Sri Bhagavan und fragte ihn folgendes: *Co: Ich habe gerade das Buch* „Ramakrishna The Man Gods, A study of Mysticism and Action in Living India“ *gelesen. Der Inhalt hat mich zutiefst beunruhigt. Bitte lassen Sie mich erklären, warum mein Verstand nach der Lektüre dieses Werkes so aufgewühlt ist:*

Er las dann Auszüge aus dem Buch vor. Ich hörte mit besonderer Aufmerksamkeit zu, denn dieses Buch hatte einen nicht geringen Einfluss auf mein eigenes Leben gehabt.

- „Das Universum war ausgelöscht. Auch den Raum selbst gab es nicht mehr. Zuerst schwebten Schatten von Ideen in den dunklen Tiefen des Geistes. Monoton tickte ein schwaches Ich-Bewusstsein weiter. Dann hörte auch das auf. Nichts außer der Existenz blieb übrig. Die Seele war im Selbst verloren. Alle Dualität war vollkommen ausgelöscht. Endlichkeit und Unendlichkeit hatten sich zu Einem verschmolzen. Jenseits von Worten, jenseits von Gedanken hatte er die Verwirklichung des unvergänglichen *Brahman* erlangt. “

- „Die Erfahrung der Offenbarung der Gegenwart des göttlichen Bewusstseins in allen Dingen war die letzte Stufe der spirituellen Erleuchtung, was den gewöhnlichen Menschen betraf, denn jenseits dieser vorübergehenden Offenbarung lag die höchste Verwirklichung, das absolute Einssein, das im *Nirvikalpa Samadhi* [der höchsten Ekstase] erlangt wurde – aber das war Menschen vorbehalten, die ihre Aufgabe im Leben erfüllt hatten. Es war die letzte und verbotene Freude; denn von ihr gab es keine Rückkehr, außer in einigen wenigen Ausnahmefällen wie dem von Ramakrishna selbst.

Trotz der Bitten seiner Schüler wollte er sie nicht davon kosten lassen; sie hatten das Recht dazu noch nicht erlangt. Er wusste nur zu gut, dass solche „Salz-Puppen“ nicht eher die ersten Wellen dieses Ozeans berühren würden, als bis sie von ihm absorbiert wurden. Der, der die Identität mit der einzigartigen Wirklichkeit erlangen will, erhält eine Rückfahrkarte nur durch ein Wunder. Die Schüler mussten daher in dieser Welt vor der endgültigen Stufe verbleiben, auf der die Identifikation aller objektiven Realität mit dem göttlichen Bewusstsein stattfindet.“

• „In den letzten Tagen von Ramakrishnas Leben sehen wir oft, wie Naren den Meister drängt, ihm die höchste überbewusste Offenbarung zu gewähren, die große Ekstase, aus der es keine Rückkehr gibt, das *Nirvikalpa Samadhi*; aber Ramakrishna wies ihn einfühlsam ab."

• „Naren hatte beim Meditieren das Gefühl, dass ein Licht hinter seinem Kopf leuchtete. Plötzlich verlor er das Bewusstsein und wurde in das Absolute hineingezogen. Er war in die Tiefen des schrecklichen *Nirvikalpa Samadhi* gefallen, das er so lange gesucht hatte und das Ramakrishna ihm verwehrt hatte. Als er nach langer Zeit zu sich kam, schien es ihm, dass er keinen Körper mehr hatte, sondern dass er nichts als reines Subjektives Bewusstsein war, und er schrie: 'Wo ist mein Körper?'"

Co: Sieht Bhagavan jetzt, warum ich Angst vor spiritueller Praxis im Allgemeinen habe? Ist Samadhi *denn eine so schreckliche Erfahrung? Unterwerfe ich mich mit so mühsamer Präzision den Strapazen der Meditation, der Selbstreinigung und der geistigen Disziplin, nur um in einem Zustand des Schreckens zu enden oder mich in einen lebenden Leichnam zu verwandeln?*

B: Menschen, die selbst keine Erfahrung mit dem *Nirvikalpa*-Zustand gemacht haben, betrachten ihn von außen und haben alle möglichen Vorstellungen über *Nirvikalpa*. Selbst diejenigen, die alle *Upanishaden* gelesen und intellektuell verstanden haben und mit der Lehre des *Ajata Advaita* [*Aja* ist das Absolute, die unbeborene, ewige Nicht-Dualität] theoretisch gut vertraut sind, neigen dazu, unrealistische Vorstellungen über *Nirvikalpa* zu haben. Wäre es unter diesen Umständen jemals gerechtfertigt, einem Weißen solche Vorstellungen vorzuwerfen? Viele weiße Autoren haben ähnliches Material produziert. Warum also Mr. Rolland besonders hervorheben?

Co: Aber Nirvikalpa *wurde als Leere beschrieben.*

B: Manche Yogis bringen sich durch tagelanges, gezieltes Üben von *Kevala Kumbhaka* [Anhalten des Atems] dazu, in einen leeren Zustand zu fallen, der viel tiefer ist als *Sushupti* [Tiefschlaf] und in dem sie sich absolut nichts bewusst sind. Sie verherrlichen dies als *Nirvikalpa*. Andere meinen, dass man schon zu einer befreiten Seele wird, wenn man nur für einige Augenblicke in *Nirvikalpa* eintaucht. Ein Beispiel für einen Anhänger dieser Schule ist der Mönch Tota Puri, den Mr. Rolland in demselben Werk beschreibt.

Wieder andere nehmen an, dass *Nirvikalpa* nur durch die Abwesenheit des Körperbewusstseins erreicht werden kann, wobei die Möglichkeit der Sinneswahrnehmung völlig ausgelöscht wird, wie bei einer Ohnmacht. Aber denk mal nach: Gibt es irgendetwas, das erreicht werden kann? Was ist das Ziel? Geht es darum, das Selbst zu erlangen oder das Nicht-Selbst zu beseitigen?

All die unterschiedlichen Meinungen über *Nirvikalpa* entstehen, weil Menschen, die keine Erfahrung damit gemacht

haben und deren Wissen darüber nur intellektuell ist, lange Abhandlungen darüber geschrieben haben und sich dann die Mühe gemacht haben, sie zu veröffentlichen und bekannt zu machen.

Co: Was ist dann das wahre Nirvikalpa*?*

B: *Nirvikalpa* ist einfach *Chidakasha* [reiner Raum des Bewusstseins] – müheloses, willenloses, reines Subjektives Bewusstsein des Seins. Für den *Kritopasaka* [jemand, der einen zielgerichteten Verstand hat] dessen Verstand reif ist (d.h. in einem Zustand fortgeschrittener Introvertiertheit) mag die Erfahrung von *Nirvikalpa* wie eine plötzliche Überflutung kommen.

Für andere ist *Sadhana* notwendig, um das zu erreichen. *Sadhana* reibt langsam den Vorhang der Gedanken auf, der die selbstverständliche Erfahrung des Selbst-Seins behindert, und führt schließlich zur Enthüllung des Rahmens aus reinem Subjektiven Bewusstsein, der immer der beständige Hintergrund ist, der unter den Wolken des Gedankennebels liegt, die einen hartnäckig plagen.

Co: Warum haben manche Menschen einen reifen Verstand und andere einen nach außen gerichteten Verstand?

B: Manche Menschen haben einen Verstand, der durch *Sadhana* in früheren Geburten reif geworden ist; aber das ist nur eine scheinbar plausible Erklärung. Als nächstes wirst du mich fragen: „Was hat mich in meinen früheren Leben daran gehindert, *Sadhana* zu machen?“. Das ist wie der uralte Streit: „Was war zuerst da – der Same oder der Baum?“. Lass all diese theoretischen Debatten beiseite und widme dich ernsthaft der Suche nach der Wahrheit, die hier und jetzt in dir ist.

Co: Wenn das Thema angesprochen wird, erwähnt Bhagavan oft einen weiteren, endgültigen Zustand, der sogar jenseits des Nirvikalpa *liegt.*

B: Ja – das ist der *Sahajastithi* [natürlicher Zustand] des *Jnani*.

Co: Wie kann man den erreichen? Stellt das Verweilen im Zustand des Nirvikalpa *für eine längere Zeit sicher, dass wir ihn erreichen?*

B: Den endgültigen Zustand zu erreichen – oder auch nicht – ist der Gnade Gottes überlassen; *Sahajastithi* kann man nicht durch *Sadhana* gewinnen. Im Laufe der eigenen *Sadhana* muss man gelernt haben, sich dem Willen Gottes hinzugeben.

Wenn du das Stadium erreicht hast, in dem es für dich keine Rolle mehr spielt, ob du diesen oder jenen Zustand erreichst, und in der Tat, wenn es nichts mehr gibt, was für dich wichtig ist, nur dann wird GOTT in Betracht ziehen, dir die *Sahajastithi* oder Befreiung zu gewähren. Wenn du das Gefühl hast, dass es noch etwas zu erlangen oder zu verlieren gibt, und sei es nur auf der Ebene des Unterbewusstseins, ist *Jnana* unmöglich.

Solange du dich nach Befreiung sehnst, bedeutet das, dass das Ego lebendig ist und danach strebt. Das Verlangen nach Befreiung mag insofern gut sein, als es hilft, andere Gedanken fernzuhalten, aber es muss selbst auch verschwinden, bevor Verwirklichung erlangt werden kann. Frage dich: „Wessen Befreiung (ist es, die ich anstrebe)?“

Co: Ist Nirvikalpa *dasselbe wie der* Nivritti *[nach innen gerichtete Zustand des Geistes]?*

B: Nicht in allen Fällen. *Nirvikalpa* kann mit oder ohne Wahrnehmung von Namen und Formen sein. Wenn Namen und Formen wahrgenommen werden, aber keinen Eindruck im Verstand hinterlassen, ist das der *Nivritti*-Zustand des Verstandes oder *Nirvikalpa* mit Namen und Formen. Es gibt auch *Kevala Nirvikalpa*, darin ist der Verstand für die Möglichkeit der Wahrnehmung von Namen und Formen verschlossen.

In *Kevala Nirvikalpa* kann die Glückseligkeit, die der *Sadhaka* erfährt, aufgrund der physischen Nicht-Wahrnehmung von sensorischen und intellektuellen Objekten intensiver sein; außerdem wird in diesem Zustand der Verstand vorübergehend gewaltsam zurückgezogen und für die Dauer der Erfahrung im Herzen gehalten, so dass man sagen kann, dass er vorübergehend verschwunden ist.

Daher kann *Kevala Nirvikalpa*, das ein vorübergehender

Zustand des Nicht-Verstandes ist, nicht mit dem Zustand von *Manonivritti* [ein nach innen gekehrter Geist] gleichgesetzt werden, in dem der Verstand seiner Eigenschaft oder seines Merkmals der Extrovertiertheit beraubt wurde, aber dennoch subtil bestehen bleibt. Es ist jedoch unklug zu versuchen, *Kevala Kumbhaka* [Anhalten des Atems] zu erreichen – dieser Zustand ist nicht förderlich für die Zerstörung der *Vasanas* und daher nicht wünschenswert.

Co: Was ist mit Manolayam *[ein Zustand, in dem Gedankenstrukturen unscharf projiziert werden] und* Kevalakumbhaka*? Sind sie Zustände, die dem* Nirvikalpa *untergeordnet sind?*
B: Das sind nur Schlafzustände, die tiefer sein können als *Sushupti*. Sie sind nicht dasselbe wie *Samadhi*, in dem das Bewusstsein vollkommen aufrechterhalten wird. Sie sind eine gefährliche Verzögerung auf dem spirituellen Weg.

3. September 1936

Küchendrama

Es war mir aufgefallen, dass Sri Bhagavan letzten Monat die Küche nicht so häufig wie sonst aufgesucht hatte; für einige Tage hatte er sie sogar völlig gemieden. Diesen Monat ging er wieder wie üblich seinen selbst auferlegten Pflichten in der Küche nach. Da der Meister sich nicht vor der Arbeit drückte, war ich neugierig, was der Grund dafür gewesen sein mochte. Ich fragte seine Assistenten, aber sie wussten nichts darüber. Dann, als der Meister nicht in der Halle war, fragte ich Sri Cycle Pillai.

CP: Ja, deine Beobachtung ist in der Tat richtig. Letzten Monat haben die

Küchendamen Sri Bhagavan beleidigt, weil sie seine ausdrücklichen Anweisungen nicht beachtet haben. Deshalb hat er die Küche für einige Zeit boykottiert.

G: Warum? Was ist passiert?

CP: Letzten Monat hatte ich auf dem Markt Peerkangkai (Kammkürbis) für den Ashram gekauft. Bhagavan sagte den Küchenarbeiterinnen, dass der äußere Kern wie üblich für die Zubereitung von Milagu-Kootu (südindischer Eintopf) verwendet werden solle, während die äußere Haut und das innere Fleisch nicht verschwendet werden dürfe, sondern in Erdnussöl gebraten und zu Thuvaiyyal (Chutney) verarbeitet werden müsse. Seine Anordnungen wurden nicht befolgt.

Thoel und Kudal (Haut und Innereien) der Peerkangkai wurden komplett weggeworfen. Das verärgerte den Meister sehr. Er ging zu den Küchenarbeiterinnen und sagte:

„Von nun an werde ich euch nicht mehr mit meinen nutzlosen und überflüssigen Befehlen belästigen; von nun an könnt ihr an diesem Ort tun und lassen, was ihr wollt. Und da ich euch so lange Schwierigkeiten bereitet habe, bitte ich euch demütig, meine Bitte um Vergebung anzunehmen." Er verließ den Ort mit Tränen in den Augen.

CP: Die Arbeiterinnen in der Küche sagten dazu nichts, sie schwiegen. Nur ich war Zeuge dieser traurigen Szene, als Bhagavan diese schmerzlichen Worte sprach. Ich sagte es niemandem. Irgendwie fühlte ich, dass es in meiner Verantwortung lag, die Situation zu retten und den ursprünglichen Zustand wiederherzustellen; schließlich war ich es, der die Peerkangkai auf dem Markt gekauft und damit diese unglückliche Fehde zwischen Bhagavan und den Küchenarbeiterinnen ausgelöst hatte.

Also kaufte ich, ohne es jemandem zu sagen, auf dem Markt noch einmal Peerkangkai und brachte sie zu den Küchenarbeiterinnen. Ich sagte ihnen, dass es ihre Aufgabe sei, ihr schlechtes Verhalten wiedergutzumachen, und dass sie dieses Mal auch von Thoel und Kudal Gebrauch machen müssten. Sie waren nicht erfreut über mein Verhalten, taten aber trotzdem, was ich verlangte. Am nächsten Tag, als wir uns zum Essen hinsetzten, wurde als erstes Peerkangkai Kudal Thuvaiyyal serviert.

Ein wunderbares Lächeln erhellte das Gesicht des Meisters. Er zwinkerte mir mit seinen gütigen Augen zu. In diesem Moment fiel ich ihm zu Füßen und bat ihn im Namen der Küchenarbeiterinnen um Vergebung. Ich versicherte ihm, dass eine solche Nachlässigkeit nie wieder vorkommen würde. Ich bat ihn mit tiefem Respekt, seine üblichen Küchentätigkeiten wieder aufzunehmen. Auch Sri Subbaramayyagaru hatte die Abwesenheit des Meisters in der Küche bemerkt. Er weinte offen vor seinem Meister. Er sagte, wenn die Küche einen Mund hätte, würde sie unter Tränen klagen: „Ach! Ich fühle mich, als wäre ich in meinen besten Jahren zur Witwe gemacht worden".

Auch andere überredeten Bhagavan, den Küchenarbeiterinnen ihren Fehler zu verzeihen und seine übliche Rolle bei der Essenszubereitung für den Ashram wieder einzunehmen. Schließlich ging der Meister auf unsere Bitten ein. Seit letzter Woche geht er wieder wie gewohnt in die Küche. Deshalb habe ich als Vaendudhal *[Buße] 27 Kokosnüsse vor dem Götterbild von Ganapati im* Mandapam *[große Halle] gegenüber dem* Agni Theertham *[Heilige Badestätte] aufgebrochen.*

4. September 1936

Hindernisse, die der Verwirklichung des Selbst im Weg stehen

F: Was sind die Hindernisse für die Verwirklichung des Selbst?
B: Das sind die Gewohnheiten des Verstandes [*Vasanas*].

F: Was kann zur Verwirklichung helfen?
B: Das Nach-innen-Wenden des Verstandes ist die einzige Hilfe.

F: Wie kann ich das erreichen?
B: Indem du den Verstand davon abhältst, Gedanken, Wünschen und imaginären Objekten der Sinneswahrnehmung zu folgen.

F: Was sind Vasanas?
B: Denkgewohnheiten, angesammelte Tendenzen des Verstandes und intellektuelle Neigungen.

F: Wie kann man diese Hindernisse loswerden?
B: Suche das Selbst durch Meditation auf diese Weise: Verfolge jeden Gedanken zurück zu seiner Quelle, und die ist einzig der Verstand. Erlaube niemals, dass die Gedanken davonlaufen. Denn, wenn du das tust, wird es nie enden. Bringe sie – wieder und wieder – zurück zu ihrem Ursprung, zur Essenz des Verstandes, dem reinen Bewusstsein; und beide, der Gedanke und Denker, werden schließlich durch Untätigkeit sterben.

Der Verstand existiert nur aufgrund des Denkens. Hör auf zu denken und es gibt keinen Verstand. Wenn ein Zweifel oder ein deprimierender Gedanke auftaucht, frage dich: „Wer ist es, der zweifelt? Was ist es, das deprimiert ist?“ Kehre immer wieder zu der Frage zurück: „Wer oder was ist dieses Ding namens ‚Ich‘? Wo ist die Quelle des Geistes?“ Reiße alles heraus und wirf es immer wieder weg, bis nur noch die Quelle von allem übrig ist. Und dann lebe immer in dieser Quelle und nur in ihr. Es gibt keine Vergangenheit oder Zukunft, außer im Verstand. Nur die Gegenwart existiert. Ja, selbst die Gegenwart ist nur eine Vorstellung. Sie IST. Das ist alles. Ehyeh Asher Ehyeh (Ich bin, der ich bin).

4. September 1936

Der Besuch von Mrs. Piggot

Mir wurde gesagt, dass der Maharshi den Finger am Puls des gesamten Ashrams hatte, obwohl er auf den ersten Blick an allen weltlichen Angelegenheiten völlig unbeteiligt zu sein schien. Wenn er sich beispielsweise in der Halle aufhielt, wusste er angeblich sogar, was in der Küche vor sich ging – und ich war überrascht, dass er sogar beim Schneiden des Gemüses für die tägliche Mahlzeit half.

Man sagte mir auch, dass er weiß, was in den Köpfen der Menschen vorgeht. Mit dieser letztgenannten Fähigkeit habe ich eine kleine persönliche Erfahrung gemacht. Es war am Nachmittag, und ich saß in der hintersten Ecke des Saals und las die Übersetzung einer Sammlung von Aphorismen, die – so schien es mir – in einer blumigen und künstlichen Art und Weise geschrieben waren. Ich war gelangweilt und leicht irritiert.

Plötzlich stand einer der Devotees mit einem anderen Buch in der Hand vor mir – alle Ashram-Bücher waren in braunes Papier gebunden und sahen genau gleich aus – und sagte: „Bhagavan bittet mich, dir dies zu geben. Er denkt, dass es für deinen Verstand besser geeignet ist." Das war es auch!

Wie konnte Bhagavan wissen, was ich da las? Ich saß weit von ihm entfernt, zwischen uns saßen viele Menschen, die seine Sicht versperrten. Aber mir war zuvor schon aufgefallen, dass er oft eine Frage, die ich im Kopf hatte, beantwortete, während sie sich gerade erst formte. Das geschah zu häufig, als dass es ein Zufall hätte sein können.

F: Manchmal spüre ich, wie die Gedanken aufhören und das Gefühl des Seins darunter enthüllt und freigelegt wird. Gleichzeitig spüre ich ein pulsierendes Gefühl in der rechten Seite der Brust. Ist das richtig?

B: Ja. Die Gedanken müssen aufhören und der Verstand muss verschwinden, damit das „Ich-Ich" aufsteigen und gefühlt werden kann. Das Gefühl ist der wichtigste Faktor und nicht der Verstand.

F: Warum fühlt man es in der Brust und nicht im Kopf?
B: Weil sich das Körperbewusstsein dort befindet.

F: Wenn ich nach außen schaue, verschwindet die Empfindung. Was kann ich da tun?
B: Man muss es unablässig aufrechterhalten.

F: Wenn man in der Welt aktiv ist, während man an einer solchen Empfindung festhält, werden die Handlungen dann immer richtig sein?
B: Das sollten sie sein. Aber eine solche Person kümmert sich nicht um ein „richtig" oder „falsch" ihrer Handlungen. Die Handlungen eines solchen Menschen sind die Handlungen Gottes, und deshalb müssen sie richtig sein.

F: Warum gibt es dann auch für solche Menschen Einschränkungen bei der Ernährung?
B: Deine gegenwärtige Erfahrung ist auf den Einfluss der physischen Atmosphäre zurückzuführen, in der du dich gerade befindest. Ist es möglich, sie außerhalb dieser Atmosphäre zu haben? Jetzt ist die Erfahrung in dir nur sporadisch. Bis sie dauerhaft wird, ist Übung notwendig. Einschränkungen in der Ernährung sind Hilfsmittel, damit sich solche Erfahrungen wiederholen können. Wenn man sich in der Wahrheit etabliert hat, fallen die Einschränkungen natürlich weg. Außerdem beeinflusst die Nahrung den Verstand, und aus diesem Grund muss sie reingehalten werden.

Jede Erfahrung hat ein Ende; und der letzte Tag meines Besuchs im Ashram kam, und mit ihm erfüllte eine große Traurigkeit mein Herz. Ich musste zu den Sorgen, Problemen und Ärgernissen zurückkehren. Hier war alles Frieden. Hier war es verhältnismäßig einfach, im Gefühl der Essenz zu leben. Ist das der Grund, warum sich so viele heilige Menschen in die Einsamkeit zurückziehen, fragte ich mich.

Ich hatte mein Abschiedsgespräch mit Bhagavan. Er war so sanft und menschlich. Wir sprachen über die Schwierigkeiten des täglichen Lebens

und die weltlichen Probleme. Ich fragte erneut nach der Beziehung zwischen dem Körper und dem „Ich". Er gab mir dieses Gleichnis:
B: Du bist heute Morgen vom Bungalow mit einem Karren gekommen. Doch du hast nicht gesagt: „Der Karren kam.", du hast gesagt: „Ich bin gekommen." Du hast nicht den Fehler gemacht, dich mit dem Karren zu identifizieren. So wie du den Karren betrachtest, solltest du deinen Körper betrachten. Behandle ihn gut, und er wird dir ein guter Diener und ein gutes Werkzeug sein. Aber lass dich nicht dazu verleiten zu denken, dass er „Ich" ist.

Er betonte erneut die Notwendigkeit, in allem nur das Selbst zu sehen.
B: Handle sozusagen automatisch und lass „ES" die Arbeit machen. Und „ES" wird es immer tun. Suche nicht nach Ergebnissen. Tue das, was in einem bestimmten Moment richtig ist, und lass es dann hinter dir.

Am Ende unseres Gesprächs zitierte er diesen wunderbaren Spruch aus den *Upanishaden*:

> **„Wenn ein Mensch begreift, dass er das Selbst ist und daher selbst zu allen Dingen geworden ist, welchen Kummer, welche Not kann es dann für ihn geben, der diese Einheit einmal gesehen hat?"**

Als ich mich am Abend verabschiedete, scharten sich die Menschen im Ashram um mich, um meinen Abschied zu bedauern. Ich hatte das Gefühl, dass ich wahre Freunde gefunden hatte und sie nun verließ. Sie waren so einfach und doch so aufrichtig. Im benachbarten Tempel fand gerade eine Andacht statt, und es wurde eine alte Sanskrit-Hymne gesungen. Gerade als ich auf den Karren stieg, läutete die Tempelglocke. Das zauberte ein glückliches Lächeln auf die Gesichter aller. Offenbar ist es ein wunderbares Omen und bringt Frieden, wenn man bei der Abreise einen Tempelgong hört.

Als ich Tiruvannamalai in der Morgendämmerung des nächsten

Tages verließ, erhaschte ich einen letzten Blick auf den Arunachala, den Heiligen Berg, auf dem einer der Heiligen der Erde lebt. Er war rot und leuchtete in der aufgehenden Sonne. Ich weinte vor Freude über diesen Anblick.

(Dieser Text oder Auszüge daraus, sind in verschiedenen Veröffentlichungen zu finden – Hrsg.)

4. September 1936

Ein wundersamer Besuch in New York

Major Chadwick im Dialog

EZ: Ich habe gehört, dass Mr. Humphreys der erste weiße Mann war, der Sri Bhagavan mit eigenen Augen gesehen hat, ist das richtig?
B: Ja.

EZ.: War Mrs. Piggot die erste weiße Frau, die Sri Bhagavan mit eigenen Augen gesehen hat?
B: Nein.

Chadwick: Wer kam denn vor ihr?
B: Vor vielen Jahren kam eine Weiße hierher. Sie kam aus den Vereinigten Staaten. Sie war eine junge Frau, und hatte ein tiefes wissenschaftliches Interesse an *Vedanta*.

C: Wie war ihr Name?
B: Ich erinnere mich nicht genau an ihren Namen, obwohl ich mich gut an sie erinnere. Ich glaube, ihr Name war Mademoiselle Marie Barkös.

C: Ich finde diese Information sehr faszinierend. Wann genau kam sie hier an?
B: Ungefähr zur Zeit des großen Wallstreet-Crashs von 1929.

C: Wie hatte sie von Bhagavan erfahren? Paul Bruntons Buch „Yogis - Verborgene Weisheit Indiens" („A Search in Secret India") *war ja damals noch nicht veröffentlicht.*
B: Sie hatte in der Zeitung „International Psychic Gazette" über mich gelesen, aber der Artikel hatte sie nicht zu einem Besuch motiviert. Als sie diesen Artikel las, war sie kurz fasziniert von dem darin beschriebenen „Hindu-Heiligen"; später vergaß sie ihn wieder. Eines Tages schien es ihr, als ob sie ein Klopfen an ihrer Wohnungstür in der Nähe des Stonewall Inn in Manhattan hörte. Wer, wenn nicht Sri Ramana Maharshi selbst, sollte da stehen als sie öffnete! (lacht)

Angeblich soll ich ihr dann gesagt haben, sie solle mich hier besuchen kommen. Glücklicherweise kam ich auf die Idee sie zu fragen, ob der in Manhattan lebende Ramana Maharshi auch nur mit einem Lendenschurz bekleidet war oder ob er noch mehr trug. Weißt du, was ihre Antwort war?

„Oh! nein, Sir! Sie trugen, wie ich mich erinnere, eine kobaltviolette zweireihige Smokingjacke mit Schalrevers und drei großen Messingknöpfen, außerdem hatten Sie auf dem Kopf einen gleichfarbigen Homburg-Hut." Da dachte ich mir, „zumindest hat der in Manhattan ansässige Ramana Maharshi einen einigermaßen angemessenem Kleidungsstil!" (schüttelt sich vor Lachen)

C: (lächelt) Ist sie nach dieser Vision gleich nach Indien gekommen?
B: Sie erzählte ihrem Guru, einem japanischen buddhistischen Mönch namens Sri Chokkaiyyan, von dem Ereignis; er riet ihr, sofort hinzureisen. Der Ramana Maharshi aus Manhattan hatte ihr ausführlich erklärt, wie sie dort hinkommen kann. Als sie ankam, war sie sehr überrascht, dieselbe Person vorzufinden, die sie dort getroffen hatte. Der in Manhattan ansässige Ramana Maharshi hatte sich anscheinend nicht als Ramana Maharshi vorgestellt.

Er hatte ihr lediglich gesagt, sie solle zu einem bestimmten

Ashram in Südindien gehen, wo sie einen großen spirituellen Meister finden würde, der sie zu Gott führen würde; dann hatte er ihr gesagt, wie man zum Ramana Ashram kommt, d. h. wo sie umsteigen soll usw.; danach hatte er sich abrupt umgedreht, war gegangen, und hatte sie verblüfft zurückgelassen. Nachdem sie hierher gekommen war, fragte mich die Frau, warum ich mich nicht vorgestellt hätte, als ich sie in Manhattan besucht hatte.

Was sollte ich sagen? Dann erklärten ihr die anderen in der Halle, dass das, was sie gesehen hatte, ein Wunder war, denn „dieser" (Ramana) hatte weder die Angewohnheit, Tiruvannamalai zu verlassen, noch pflegte er, Smokingjacken und Hüte zu tragen! Sie brachte Geschenke für den Ashram mit: Eine große Kiste gefüllt mit Schiffszwieback und ein paar Baguette-Brote, dreifach gebacken, um die lange Reise von den Vereinigten Staaten bis hierher mit dem Dampfer zu überstehen. Eigentlich hatte ich vor ihrem Besuch keine Ahnung, dass irgendwo in der Welt Brot in einer solchen Form gebacken wird. Als sie ankam, fragte ich mich zunächst, warum sie mit diesen langen Brennholzstäben umherwanderte.

Dann erzählte sie mir, dass diese dicken, astähnlichen Objekte tatsächlich essbare Brotlaibe seien. Die Leute hier würden kein Brot essen, wenn man es ihnen direkt geben würde. Also stellte ich sicher, dass es in Scheiben geschnitten und als Nan (indisches Brot) in den Sambhar (Eintopf) gegeben wurde. Eine Woche lang hatten wir nichts anderes zu essen als Reis und Sambhar mit Brotstücken darin als Nan.

Damals waren die Kocharrangements im Ashram nicht so aufwendig. Die Leute aßen glücklich den servierten Sambhar; abgesehen von wenigen, die zusahen, während ich in der Küche arbeitete, dachten die anderen, es sei Pooshinikkai-Thaan (Kürbisgericht) und aßen es glücklich.

Wenn man es ihnen direkt zum Essen geben würde, würden sie es nicht essen; sie würden sagen, dass es sich um verunreinigte Lebensmittel handelt, die aus einem anderen Land (Übersee) gebracht wurden. Ich wollte nicht verschwenden, was dieses arme Mädchen mit so viel Aufrichtigkeit aus so großer Entfernung mitgebracht hatte. Was die Kekse angeht, hatte „dieser" (Ramana)

und ein paar andere sie in den nächsten Wochen aufgegessen. Die Brote dufteten; sie waren außen mit Majoran gewürzt; sie muss sich viel Mühe gegeben haben, sie vorzubereiten und den ganzen Weg hierher zu bringen.

Außer dem Brot und den Keksen brachte sie auch ein persönliches Geschenk für mich: Ein großes Kaleidoskop. Es war eine interessante Erfahrung hineinzusehen. Es war mehrere Jahre hier. Eines Tages brachte Sahib seinen Sohn mit; der kleine Junge begann mit dem Gerät zu spielen, und schon bald hing er sehr daran. Also hat man ihm das Gerät geschenkt.

F: Ein Freund von mir hat eine Wohnung in Manhattan. Ich kann sie von ihm mieten, wenn ich will; er würde mich jederzeit dort wohnen lassen. Soll ich dorthin umziehen? Würde Bhagavan mich dort bitte jeden Tag besuchen? Ich kann dafür sorgen, dass Bhagavan jeden Tag vegetarisches Essen serviert wird. Bitte besuche mich auch.

B: (freundlich) Es gab und kann meinerseits kein Wollen geben, dass ich diese oder eine andere Person besuche. Diese Dinge passieren automatisch. Alle Ereignisse im eigenen Leben werden von *Ishwara* [Das höchste Wesen] vorher bestimmt; wir haben dabei kein Mitspracherecht.

Lass uns den Geist nach innen wenden und so unbegrenztes Glück für uns erlangen; das ist die einzige Sache, über die wir Macht haben. Du sagst, dass du möchtest, dass Bhagavan dich jeden Tag besucht. Es ist nicht notwendig, dass Bhagavan dich besucht. Er ist immer mit dir. Kannst du von ihm getrennt sein? Unmöglich. Erkenne ihn als dein eigenes Selbst. Dann kann von einer Trennung nicht die Rede sein.

F: Aber ich hänge an Bhagavans sterblicher Form. Wird eine solche Anhaftung meine Versuche, das Selbst zu verwirklichen, behindern oder vereiteln?

B: Jede Anhaftung ist ein Hindernis. Aber sich mental an eine einzige Anhaftung zu halten und alle anderen Anhaftungen auszuschließen, lässt den Verstand reifen und führt schnell zur Verwirklichung. Am

Ende muss natürlich auch diese einzige Anhaftung aufgegeben werden, bevor die Verwirklichung geschehen kann.

F: Ich hänge an der sterblichen Gestalt oder dem körperlichen Abbild von Jesus. Ist das eine Hilfe zur Verwirklichung oder ein Hindernis?
B: Es ist eine Hilfe.

F: Zählt eine solche Anhaftung als Abhyasa *[Übung]?*
B: Zu den vorbereitenden Schritten zur Übung, ja. Letztendlich erwartet man von dem Aspiranten, dass er sich unwiderruflich in Richtung *Nirgunopasana* [Meditation über das formlose *Brahman*] bewegt.

5. September 1936

Meditation

F: Ich bin nicht in der Lage, das Selbst durch Meditation zu verwirklichen.
B: Wo bist du jetzt? Bist du im Selbst oder außerhalb davon? Kann es etwas anderes als das Selbst geben?

F: Ich verstehe, dass das Selbst nicht-dual ist. Doch Unwissenheit hindert mich daran, das nicht-duale Selbst zu erkennen.
B: Wer erkennt was nicht? Gibt es dann zwei Ichs, so dass das eine das andere nicht erkennt?

F: Ich bin nur ein begrenztes Wesen und nicht das unbegrenzte Selbst.
B: Begrenzung ist nur ein mentales Konzept; es ist nur eine Idee im Kopf. Wie ist dein Zustand im Tiefschlaf? Du existierst im Tiefschlaf. Du existierst auch jetzt. Es ist dasselbe du. Aber das Gefühl der Begrenzung gibt es im Tiefschlaf nicht. Warum?

F: Weil jetzt mein Verstand aktiv ist. Im Sushupti *[Tiefschlaf] hat der Verstand geschlafen.*
B: Im Schlaf war kein Verstand. Aber DU warst da. Der Verstand kommt und geht, aber es gibt keine Veränderung in dem, was DU tatsächlich bist. DU, das Selbst, bleibt immer. Das Selbst bleibt unberührt, egal ob der Verstand anwesend oder abwesend ist.

F: Theoretisch verstehe ich all diese Konzepte. Aber ich bin nicht in der Lage, mein wahres Selbst zu erkennen.
B: Wende den Verstand allmählich nach innen und du wirst eines Tages sehen, was du wirklich bist.

F: Kommt die Erkenntnis allmählich oder plötzlich?
B: Das Nach-innen-Wenden des Verstandes, das eine unabdingbare Voraussetzung für die Verwirklichung ist, erfolgt normalerweise allmählich. Die Erkenntnis ist immer plötzlich.

F: Meditation geschieht nur mit dem Verstand. Wenn das so ist, wie kann sie dann den Verstand töten?
B: Meditation bedeutet, an einem Gedanken festzuhalten und alle anderen auszuschließen. Ein bestimmter Gedanke hält alle anderen fern. Ein abgelenkter Verstand ist schwach und voller Gedanken. Ein starker Verstand ist nur auf einen bestimmten Gedanken fokussiert. Ständige Meditation verwandelt den schwachen Verstand in einen starken Verstand. Der Verstand ist eine Gedankenschicht, die das wahre Selbst blockiert. Durch das ständige Festhalten an einem Gedanken verschwindet auch dieser Gedanke schließlich, und der unveränderliche Hintergrund wird enthüllt; dieser ist frei von allen Gedanken; der Hintergrund, über den sich der Verstand legt, ist das Sein des Selbst.

Der Verstand in seiner Reinheit ist dasselbe wie das Sein des Selbst. Das Sein des Selbst ist nicht dasselbe wie das Selbst, so wie die Sonnenstrahlen nicht die Sonne selbst sind. Das von dir empfundene Gefühl des Seins ist nur eine Erfahrung des gespiegelten Bewusstseins. Angenommen, du starrst auf eine

Reflexion der Sonne in einem Teich mit schlammigem Wasser; dies kann nicht mit der Erfahrung verglichen werden, selbst die Sonne zu sein. Um diesen Zustand zu erreichen, müssen die körperlichen und geistigen Identifikationen aufgegeben werden. Der unwissende Mensch glaubt, dass sein Selbst nur auf den Körper beschränkt ist, während die Erfahrung des *Jnani* ist, dass der Körper und die Welt nicht vom Selbst getrennt bestehen können. Das Selbst des *Jnani* ist unendlich und umfasst auch den Körper. Der glückselige Frieden des Selbst ist deine wahre Natur.

Gegensätzliche Vorstellungen sind nur illusorische Überlagerungen. Frieden ist nicht durch Übung von irgendwo aus der Ferne mittels Übungen zu erlangen oder zu besorgen. Frieden ist schon da. Er braucht nicht neu gewonnen zu werden. Was nützt dann Übung? Sie dient dazu, all deine falschen Vorstellungen aufzugeben; das ist alles. Deine wahre Natur umfasst die drei Zustände und erstreckt sich über sie hinaus. Du bist wirklich das formlose Selbst. Das Selbst oder Herz ist alles, was existiert.

Das Herz ist weder innen noch außen. Es IST einfach. Es hat kein Zweites. Der Geist ist der *Shakti*-Aspekt [Ur-Energie] des Selbst. Nach dem Auftauchen des Geistes erscheint das Universum und der Körper wird als darin enthalten angesehen. Der Körper und der Rest des Kosmos sind nur eine Erscheinung im unvergänglichen Selbst. Der Körper und die Welt sind einzig nur im Selbst enthalten und können nicht ohne das Selbst existieren.

Das Selbst ist immer dasselbe und bleibt unberührt, ob Kosmos oder Geist darin erscheinen oder nicht. Das Selbst kann ohne Geist existieren und tut es auch. Der Geist existiert nur aufgrund des Selbst und nur innerhalb des Selbst. Es kann keinen Geist ohne das Selbst geben. Verwirklichung bedeutet, den Geist nicht als vom Selbst getrennt anzuerkennen.

F: Aber wie kann man Meditation praktisch praktizieren?

B: Was ist Meditation? Es ist *Atmanishtai* [deine wahre Natur]. Wenn Gedanken auftauchen, folge ihnen zurück zu ihrer Quelle und bleibe so weiterhin ununterscheidbar von dem grundlegenden Zustand

des Seins, der als Substrat des Geistes dient; die damit verbundene Anstrengung wird als Meditation bezeichnet. *Atmanishtai* ist deine wahre Natur. Bleib wie du bist. Es gibt keinen Zweck, kein Ziel zu erreichen. In der Abwesenheit des Verstandes bist du immer DAS.

F: Gedanken präsentieren sich dem Verstand ohne Aufforderung. Ist unser Bemühen nur dazu gedacht, Gedanken zu eliminieren?
B: Wenn man auf einen einzigen Gedanken meditiert, werden alle anderen Gedanken ferngehalten. Meditation ist insofern geradezu „negativ", als Gedanken in Schach gehalten werden.

F: Wie fixiert man den Verstand im Selbst?
B: Nicht, indem man an das Selbst denkt, denn das Selbst kann nicht vom Verstand verstanden oder vorgestellt werden.

8. September 1936

Selbsterforschung, Vichara

Kunja Swami: Wie kommt es, dass Bhagavan ohne einen Verstand in der Lage ist, rationale Gespräche mit uns zu führen und darüber hinaus viele andere Aufgaben und Funktionen zu erfüllen?
B: Kausalität ist dem *Jnani* unbekannt; die Handlungen der befreiten Seele sind daher immer ohne Motiv, Zweck oder Willen. Bhagavan handelt überhaupt nicht. Handlung ist dem Selbst fremd. Er ist das Leben selbst, aber dennoch absolut unbeweglich. Er ist einfach GEWAHR.

Außer der Fülle des Sein-Bewusstseins, in dem er verweilt, kennt er nichts. Der Körper mag in der Welt handeln oder untätig bleiben; er kann es nicht wissen. Die Fähigkeiten der

Sinneswahrnehmung können inaktiv bleiben oder so funktionieren, dass sie Objekte in der Welt wahrnehmen; er kann es nicht wissen.

Da er das Selbst ist, kennt der *Jnani* nichts und niemanden außer dem Selbst. Er wird bezeichnet als das Zeugen-Bewusstsein, das Raum, Zeit und Kausalität transzendiert. Aber das bezieht sich ausschließlich auf Objekte mit Namen, Form und Gestalt, die ihren Ursprung in IHM haben, in IHM bestehen und sich wieder in IHM auflösen, da sie nur Erscheinungen in IHM, von IHM und aufgrund von IHM sind; ER SELBST hat nichts zu bezeugen oder zu sehen.

Der Körper mag Tag und Nacht wie eine Dampfmaschine arbeiten, aber IHN kann kein *Karma* berühren. Seine Sinnesorgane mögen von den größten Freuden umschmeichelt werden, aber ER vergnügt sich an nichts. Sein Körper mag von lähmenden Schmerzen geplagt sein, aber ER begeht nicht den törichten Fehler, sich von der Vorstellung beeinflussen zu lassen, dass derjenige, der Schmerzen erfährt, ER ist. Ganz gleich, mit welcher Art von Arbeit der Körper beschäftigt sein mag, ER tut niemals irgendetwas.

K: Bhagavan, bitte kläre diese eine Sache für mich: Sprichst du jetzt zu uns oder nicht?
B: Nein. „Ich" spreche nicht zu euch.

K: (nachdenklich) Das ist richtig. Bhagavan führt kein Gespräch. Bhagavan IST einfach.

Chadwick: Manchmal frage ich mich, wie das Gewahrsein des Selbst eines Jnani *durch frühere Unwissenheit verdunkelt oder behindert worden sein kann. Gab es jemals Unwissenheit für einen* Jnani*?*
B: Nein.

C: Werden Jnanis *dann als* Jnanis *geboren?*
B: Die Vorstellung, dass man geboren wurde, ist lediglich eine mentale Mitteilung. Wenn der Verstand ausgelöscht ist, gibt es nichts, was dem *Jnani* fälschlicherweise mitteilt, dass er geboren wurde. Daher verbleibt die befreite Seele in Ewigkeit als das Ungeborene, für das

Zeit, Raum und jedes andere Transformations-Firmament oder die Möglichkeit einer Bemessung völlig fremd ist.

Wir zeigen auf den Körper der befreiten Seele und geben ihr den Namen „*Jnani*", weil wir denken, dass eine solche Person ein Bewusstsein des Selbst haben muss. Aber was ist die Realität? Gibt es irgendjemanden, der sowohl vom Selbst getrennt sein als auch das Selbst kennen kann? Der einzige Weg, das Selbst zu kennen, ist, es zu SEIN. Der *Jnani* ist also wahrhaftig *Jnana* und nichts anderes als *Jnana*. Es gibt keine *Jnanis*. *Jnana* IST, allein *Jnana* IST, und allein *Jnana* könnte jemals SEIN.

K: (in überängstlichem Tonfall) Bhagavan, du inspirierst mich. Ich möchte auch so groß werden wie du; ich möchte deine gleiche Größe erreichen; ich möchte so groß werden wie du. Ich betrachte es als meine Lebensaufgabe, dir nachzueifern. Du bist mein Idol, mein Superheld. Bitte sag mir, was ich tun soll, um die gleiche Größe zu erlangen, die du erreicht hast – du, der unvergleichlich große Bhagavan?

C: Unmöglich und unvorstellbar. Wie könnte jemand unser Bhagavan werden? Er ist der Absolute Gott.
B: (lächelnd) Was ist schon dabei? Bleib einfach still: *Summa Iru*.

K: Bhagavan, ich möchte gerne wissen, wie ich all meine Sünden loswerden kann.
B: Erbsünde und ursprüngliche Unwissenheit sind ein und dieselbe Sache. Das eine loszuwerden, ist, das andere loszuwerden – und andersherum. Eine besondere Wirkung der Erforschung „Wer bin ich?" bis zu ihrem erfolgreichen Höhepunkt in der Verwirklichung ist die völlige Auslöschung all deiner Sünden.

K: Ist die Erforschung „Wer bin ich?" leicht oder schwer?
B: Es ist die einfachste Sache, die es gibt. Wenn es dir schon leichtfällt, dich um andere Dinge zu kümmern, dann stell dir vor, wie viel leichter es sein muss, dich um dich selbst zu kümmern und zwar ausschließlich um dich selbst!

K: Manche sagen, es sei außerordentlich schwierig.
B: Kümmere dich nicht um deren Worte. Vertraust du Bhagavan oder nicht?

K: Bedingungslos und absolut.
B: Dann kümmere dich nicht darum, was andere sagen. Achte nur auf das, was hier gesagt wird. Bhagavan (klopft mehrmals schnell mit der rechten Handfläche auf seine Wange und zeigt dann auf sein eigenes Gesicht) sagt, dass *Vichara* einfach ist. Wirst du es praktizieren oder nicht?

K: (die Augen schwimmen in kaum unterdrückten Tränen, die Stimme ist erstickt, und das Gesicht krampft vor Ergriffenheit) Ja, Bhagavan.
B: (lächelnd) Gut.

F: Ich habe die Frage „Wer bin ich?" mehrere Jahre lang erforscht. Ich sehe kein Ergebnis. Was ist der Grund dafür? Wo mache ich etwas falsch? Was mache ich falsch? Bitte hilf mir.
B: Was ist mit *Vichara* gemeint? Meint es, das eigene Selbst entsprechend der Frage: „Wer bin ich?" intellektuell zu analysieren?

F: Meint es das nicht?
B: Nein. *Vichara* meint das Bemühen, den Gedanken zu seiner Quelle zurückzuverfolgen; und der Höhepunkt dieses Bemühens ist die Entdeckung, dass diese Quelle das Leuchten des sich selbst überstrahlenden Herzens ist, das heißt: Das Sein des Selbst. Der vorletzte Sieg von *Vichara* ist dann erreicht, wenn es Anstrengung erfordert, das Leuchten des Herzens zu verlassen, statt darin einzutauchen und darin aufzugehen.

Wenn du unaufhörlich an der Quelle der Gedanken festhältst, wird eine Zeit kommen, in der das Hervortreten aus dieser Quelle gänzlich unmöglich wird; die Verkörperung dieses Zustandes ist das, was *Vichara Sadhana* zu erreichen sucht. *Vichara* bedeutet, nach der Quelle der Gedanken zu suchen, damit

wir ausschließlich und dauerhaft dort verweilen können. *Vichara* zu praktizieren, bedeutet ganz einfach: Suche, wo in dir selbst der Gedanke entsteht; wenn du diese Quelle gefunden hast, verweile dort ein für alle Mal!

F: Da man sagt, dass das Ego aus der rechten Seite des Brustkorbs hervorgeht, können wir sagen, dass dies die Quelle des Denkens ist? Soll ich mich also auf die rechte Seite des Brustkorbs konzentrieren?
B: Verfolge die Gedanken subjektiv zurück, nicht begrifflich. Braucht man einen Spiegel, um sich zu vergewissern, dass man existiert?

F: Ich verstehe nicht.
B: Jede Art von Konzentration des Verstandes, sei es auf die rechte Seite der Brust oder auf etwas anderes, ist eine geistige Aktivität, die dich nicht über den Verstand hinausführen kann. Es gibt nur einen Weg, den Verstand loszuwerden, das ist, ihn zu transzendieren oder zu umgehen. Wenn du das „Ich-Ich"-Bewusstsein (das sich selbst als wirkliches Sich-Selbst behandelt) ergreifst, wenn der Verstand in seine Quelle eingetaucht bleibt und du dieselbe auf unbestimmte Zeit festhältst, wird der Verstand von selbst verschwinden. Dies allein ist der Weg, um den unsterblichen Zustand von *Sahajastithi* zu erlangen, aus dem es kein Zurück mehr gibt. Keine noch so große Konzentration des Verstandes oder andere geistige Aktivität kann zur Offenbarung des Selbst führen.

F: Wie soll ich nach dem Ursprung des Egos suchen? Bitte erkläre es mir so, dass ich es verstehen kann.
B: Wann immer du feststellst, dass der Verstand abschweift, ziehe ihn zurück, indem du dich fragst, „Wer bin ich?", und fixiere ihn im reinen Subjektiven Bewusstsein. „Wer bin ich?" ist wie ein Mungo, der geduldig, aber wachsam außerhalb des Termitenhügels wartet, damit er sich, sobald die Schlange auftaucht, auf sie stürzen, ihr das Genick brechen und sie fressen kann.

Wenn der Mungo fest entschlossen ist, sich an der Schlange zu laben, kann dann jemand die Schlange vor der sicheren Vernichtung retten? Wenn sie drinnen bleibt und um ihr Leben fürchtet, stirbt sie schließlich vor Hunger; wenn sie aus dem Termitenhügel auftaucht, um nach Beute zu suchen, wird sie selbst zur Beute und stirbt. Ist der Mungo ein altes Tier, trifft diese Analogie umso mehr zu. Er hätte nicht mehr die Kondition, eine lebendige Schlange zu töten. Wann immer also der Kopf der Schlange auftaucht, zischt er heftig, und die verängstigte Schlange zieht sich eilig nach innen zurück.

Schließlich gibt die Schlange, die in ständiger Angst lebt, verschlungen zu werden, den Versuch auf, nach draußen zu gehen, und verhungert im Inneren des Termitenhügels. Der Mungo, der merkt, dass die Schlange ihr Leben aufgegeben hat, bricht den Haufen auf und verzehrt genüsslich seine tote Beute.

Genauso kann der Mungo, den man „Wer bin ich?" nennt, die Schlange, die hier *Ahamvritti* ist, nicht selbst töten. *Vichara* ist der Wächter. Wenn sich der Bösewicht zeigt, treibt er ihn zurück ins Innere, so dass er schließlich aus Mangel an Nahrung – Gedanken, über die man nachdenken, oder Konzepte, über die man nachgrübeln kann – zugrunde geht.

Wenn ein Gedanke auftaucht, halte seine Weiterentwicklung sofort auf, indem du dich fragst: „Wem hat sich dieser Gedanke gezeigt?" Dann kehre mit deiner Aufmerksamkeit zu demjenigen zurück, der den Gedanken hat – das heißt zum reinen Subjektiven Bewusstsein, das mühelos und willenlos aufrechterhalten wird. So sollte *Vichara Abhyasa* angewandt werden. (lächelnd) Ist es jetzt klar?

F: Ja. Aber ist es möglich, den Haushalt zu führen oder Büroarbeiten zu erledigen, ohne Gedanken zu denken? Unsere alltäglichen Aktivitäten erfordern den Einsatz des Verstandes.

B: Sprich nicht über theoretische Annahmen! Versuche es und schau. Weißt du, wie deine Beobachtung ausfallen wird? In Abwesenheit von Gedanken wird die Arbeit sogar noch effektiver und effizienter als zuvor ausgeführt.

F: Es heißt, man braucht einen Guru, um das Selbst zu verwirklichen. In diesem Ashram gibt es keinen Mönchsorden. Wo soll ich hingehen?
B: Wo ist da die Notwendigkeit, irgendwo hinzugehen? Sei wie du bist!

F: Ohne die Gnade des Gurus kann es keinen Erfolg auf der Suche geben.
B: Stimmt. Aber diese Gnade wird automatisch demjenigen – und nur ihm – gewährt, der aufrichtig mit seiner *Abhyasa* fortfährt. Es besteht keine Notwendigkeit, anderweitig nach einem Guru Ausschau zu halten. Fahre fort, zu praktizieren, und der Guru wird zu dir kommen. Seine Form und Gestalt hängen von deinen geistigen Neigungen und Veranlagungen ab. Er mag in menschlicher Gestalt erscheinen oder auch nicht.

Es ist unnötig, sich darüber Sorgen zu machen, keinen Guru finden zu können. Fahre fort mit deiner Praxis – unerschütterlich und unaufhörlich. Schau, ob der Guru dich eines Tages aufsucht oder nicht.

F: Existiert die Welt oder nicht?
B: Was ist deine Erfahrung in dieser Angelegenheit?

F: Ich sehe eine Welt um mich herum. Aber was ist die Wahrheit? Ich habe gehört, dass Bhagavan gesagt hat: **„Die Welt und der Verstand entstehen und verfestigen sich als eins zusammen.“** *Aber was ist mit dem Verstand anderer Menschen? Ist es nur eine Frage meines eigenen Verstandes? Diese Welt beherbergt unzählige Menschen. Was ist mit diesen anderen?*
B: Wenn du träumst, bist du dann die einzige Person in diesem Traum?

F: Nein. Aber wenn die Welt ein Traum ist, warum dann jeden Tag derselbe Traum? Jede Nacht, wenn wir schlafen gehen, träumen wir einen anderen Traum. Hier ist die Welt Tag für Tag dieselbe. Was ist die Erklärung dafür?
B: „*Swapna* ist kurz, *Jagrat* ist lang“ – das sind willkürliche mentale Konzeptualisierungen oder Modifikationen. Mit anderen Worten, lediglich mentale Vorstellungen. Soweit es das Absolute betrifft, haben sie keine Bedeutung. Hast du über die Frage nachgedacht, welches die Messskala ist, die du benutzt, um das Quantum an Zeit

zu beurteilen, das vergangen ist?

Was ist Zeit? All das sind mentale Vorstellungen, nichts weiter. Der Verstand erschafft etwas, das er als Zeit anerkennt; derselbe Verstand, der die Zeit erschaffen hat, misst das, was er Zeit nennt. Das Gleiche gilt auch für Konzepte, die den Raum betreffen. Raum und Zeit sind Mythen.

F: Manche praktizieren Vichara *für eine kurze Zeit und haben Erfolg bei der Verwirklichung. Andere versuchen es jahrzehntelang, ihre Bemühungen werden nur mit Misserfolg belohnt. Was ist die Erklärung dafür?*
B: Es kommt darauf an, mit welcher Intensität sich der Verstand nach innen wenden kann. Es muss den verzweifelten Wunsch geben, das Selbst zu verwirklichen. Der Durst, die Wirklichkeit zu entdecken, das Verlangen, die Sehnsucht müssen hell im Verstand brennen, mit genügend Kraft, den Verstand in Asche zu verwandeln. Halbgare und halbherzige Bemühungen werden dich nicht weiterbringen.

Wenn du einmal weißt, dass all das nur Fiktion ist, kannst du dann zufriedengestellt bleiben, bis du die Wirklichkeit erreicht hast? Je unannehmbarer die weltliche Existenz tatsächlich ist – im Gegensatz zum bloßen intellektuellen Verständnis oder der begrifflichen Vorstellung, dass die Existenz in Form eines Körpers für dich unerwünscht ist –, desto größer sind deine Chancen, die absolute Existenz zu verwirklichen. Die Vollkommenheit in *Vairagyam* [Entsagung] bringt automatisch *Jnana* mit sich.

9. September 1936

Bewusstsein

F: Nach der Erforschung von „Wer bin ich?" habe ich festgestellt, dass geistige Leere vorherrscht. Was soll ich tun?
B: Hast du existiert oder nicht, als die von dir erwähnte Leere vorherrschte? Nur weil du damals existiertest, kannst du dich jetzt daran erinnern, zu jener Zeit etwas erlebt zu haben. Ist das richtig?

F: Ja.
B: Also, Leeren kommen und gehen, aber DU BIST immer. Für DICH gibt es weder ein Kommen noch ein Gehen. DU BIST jetzt, wie DU immer WARST, und DU wirst immer so SEIN, wie DU jetzt BIST. Gibt es irgendeine Veränderung in DIR, die eins und identisch mit dem Licht des Seienden des Selbst ist? Nein. Halte also an diesem DU fest und lass dich nicht von vorübergehenden, flüchtigen Besuchern beirren. Phänomene kommen und gehen. Kümmere dich nicht um das, was einen Anfang und ein Ende hat. Halte an dem fest, was unveränderlich und absolut ist, sogar in allem, was sich verändert und relativ ist. Einfach ausgedrückt: Bleibe als das, was IST, und all deine Probleme sind vorbei.

F: Es erfordert Anstrengung, ohne Denken zu verbleiben.
B: Am Anfang ja. Aber wenn du mehr und mehr praktizierst, wirst du feststellen, dass der gedankenfreie Zustand der natürliche Zustand ist und der Zustand, in dem es Gedanken gibt, der fremde Zustand ist. Was auch immer wir praktizieren, es wird zur *Svabhava* [Gewohnheit] des Verstandes. Wir sind es, die bestimmen, was das *Svabhava* des Verstandes sein soll.

F: Aber es heißt doch, dass alles vorherbestimmt ist.
B: Der freie Wille hält die Stellung in Verbindung mit der Individualität und ist so real wie das Ego. Solange das Ego besteht, besteht auch der freie Wille.

F: Wie ist die Beziehung zwischen Körperbewusstsein und Ich-Bewusstsein?
B: Was IST, ist nur Bewusstsein. Da sich das Bewusstsein nicht vom subjektiven Gewahrsein unterscheidet, wird es als „Ich"-Bewusstsein bezeichnet. Bewusstsein + *Upadhis* [Begrenzung] = eingeschränktes oder konditioniertes Bewusstsein. Zum Beispiel: Bewusstsein + *Dehatmabuddhi* [die Vorstellung „Ich bin der Körper"] = Körper-Bewusstsein.

In Bewusstsein allein gibt es keine Veränderung. Veränderungen finden nur in *Upadhis* statt. Rotglühendes Eisen kann in jede beliebige Form gehämmert werden. Was verändert sich? Gibt es irgendeine Veränderung im Feuer, die dem Eisen Formbarkeit verleiht? Ein weiteres Beispiel, das man anführen kann, ist das von Schauspielern, die auf einer Bühne auftreten. Es gibt eine Leuchte, die die Bühne beleuchtet, damit das Publikum sie sehen kann; ohne das Licht der Leuchte kann überhaupt kein Stück gesehen werden; das Licht der Leuchte leuchtet, bevor das Stück beginnt, und auch während und nach dem Stück. Viele Stücke werden nacheinander aufgeführt, aber mit der Leuchte geschieht nichts, sie leuchtet einfach weiter.

F: Was bin ich? Ein Schauspieler im Theaterstück oder die Leuchte?
B: Warum fragst du mich? Finde es heraus!

F: Wie wird man die Anhaftung an den Körper los?
B: Indem man über die unvermeidliche Tatsache nachdenkt, dass er eines Tages vergehen wird. Warum überhaupt eine Anhaftung an diesen Körper hegen, der aus potentiell verrottenden Substanzen besteht? Der Körper ist nicht du. Du bist DAS-WAS-IST.

F: Wie habe ich dann diesen Körper bekommen – und warum?
B: Der empfindungslose Körper ist ganz und gar unschuldig. Er ist nicht der Übeltäter. Sagt er: „Hier bin ich! Ich bin dein Körper! Ich bin du!"? Hat er das auch nur einmal gesagt? Nein. Wir sind es, die sich mit dem Körper verwechseln. Wir halten uns für den Körper und denken, dass wir leiden, wenn er Schmerz empfindet. Schmerz

und Vergnügen sind beide eingebildet. Der Körper ist bereits ein toter Körper. Kann er sagen, „Ich erlebe Schmerz" oder „Ich erlebe Freude"? Das „Ich"-Gefühl ist nicht einmal im Entferntesten mit etwas Physischem verbunden. Da es die Natur des Bewusstseins ist, geht es nur vom Selbst aus. Es gibt also in Wirklichkeit keinen Körper, außer für den Verstand.

9. September 1936

Entsagung, Vairagya

F: Wie unterscheidet sich Viveka *[Unterscheidungsvermögen] von* Vairagya *[Entsagung]?*
B: Die bloße intellektuelle Unterscheidung zwischen dem Wirklichen und dem Unwirklichen ist nicht von großem Nutzen. Das Unwirkliche muss völlig gemieden werden. Das heißt, der Verstand muss von jeglicher Neigung, ihm nachzugehen, befreit werden. Die *Vasanas* [Gewohnheiten des Denkens und des Geistes] müssen im Feuer des *Vairagya* bis zur völligen Vernichtung verbrannt werden, sonst kann die Wiedergeburt nicht erfolgreich vermieden werden. *Viveka* [Unterscheidungsvermögen] mag mit Intellektualisierung und geistiger Betrachtung der Wahrheit enden. Aber ohne *Vairagya* kann *Jnana* nicht erreicht werden.

F: Summayirutthal *[müheloses Gewahrsein] oder die Erforschung „Wer bin ich?" – welches ist der schnellste und wirksamste Weg, der zur Verwirklichung des Selbst führt?*
B: Sobald Gedanken auftauchen oder wann immer du in Ruhe bist, frage dich: „Wer bin ich?", damit du in den Zustand von *Summayirutthal* zurückkehren kannst; ansonsten bleibe so, wie du bist, nämlich: *Summayiru*. *Summayirutthal* ist das Ziel all unserer

Bemühungen: Ohne jegliche Anstrengung zu bleiben.

Wenn *Summayirutthal* dauerhaft und natürlich geworden ist, reift der sich daraus ergebende Zustand des Verstandes – in dem es ein mühelos aufrechterhaltenes, von Gedanken und Trägheit freies Subjektives Bewusstsein gibt – automatisch zu *Jnana* heran.

Was bedeutet es, zu sagen, dass man sich im Zustand von *Summayirutthal* befindet? Wenn der Verstand vollständig in das Leuchten des Herzens eingetaucht ist, sagt man, dass man sich im Zustand des *Summayirutthal* befindet. Wenn es dem Verstand nicht mehr möglich ist, aus dem Herzen herauszukommen oder es zu verlassen, sagt man, dass die Person Selbstverwirklichung erlangt hat.

Wenn die latenten *Vishayavasanas* [Verlangen nach Sinnesobjekten] und *Poorvasamskaras* [Gewohnheiten des Verstandes] des *Jiva* [individuelle Seele] noch nicht vollständig zerstört sind, ist Verwirklichung nicht möglich. Im Falle solcher *Jivas* ist der Verstand, wenn er sich in das Leuchten des Herzens versenkt, unweigerlich dazu gezwungen, diese Position irgendwann wieder aufzugeben. Ein solches vorübergehendes oder umkehrbares Eintauchen ist als *Ahamsphoorti* oder *Vrittijnana* [vorübergehend mit dem Absoluten verschmolzen] bekannt.

Untertauchen, um nie wieder aufzusteigen, ist Befreiung oder *Sahajajnana* [immer dasselbe wie zu Beginn]. *Sahajajnana* kann nicht Seite an Seite mit *Vasanas* existieren. Der Zustand von *Summayirutthal* wird sowohl in *Vrittijnana* als auch in *Sahajajnana* gewährt. Worin besteht dann der Unterschied? In beiden Fällen wird der Verstand aufgesaugt, so dass er völlig im Herzen aufgeht, aber in *Vrittijnana* bleibt die unverwechselbare Identität des Verstandes unbeeinträchtigt und unbeschädigt. In *Sahajajnana* hingegen ist der Verstand völlig zerstört und vernichtet. Aus diesem Grund geht die Erfahrung von *Vrittijnana* bei jemandem, dessen *Vasanas* noch in der Umhüllung des Herzens schlummern, nach einiger Zeit verloren, und der Verstand beginnt, wieder zu wandern und abzuschweifen; wohingegen bei jemandem, der alle *Vasanas* vollständig aufgegeben hat, *Vrittijnana* zu *Sahajajnana* weiterreift.

Die Erforschung „Wer bin ich?“ ist ein Werkzeug, mit dem man sich in den Zustand des *Summayirutthal* zurückziehen kann. Das Abschütteln von Gedanken und das Fernhalten von Trägheit sind wesentlich, wenn man den Verstand (endgültig) loswerden will. Zu diesem Zweck wird *Vichara* empfohlen. *Vichara* ist ein sanftes, sicheres und effektives Mittel, um den Verstand in seinen natürlichen Zustand des *Summayirutthal* zurückzubringen. *Summayirutthal* ist der Weg zu *Jnana*. *Vichara* ist der Weg zum *Summayirutthal*.

F: Was ist Swapnasakshatkara *[mystische Erfahrung jenseits des Verstandes]? Ich habe Bhagavan letzte Woche darüber sprechen hören, konnte aber nicht verstehen, was er sagte.*
B: Einige täuschen sowohl sich selbst als auch andere, indem sie glauben, dass sie *Jnanis* sind. Sie bilden sich fälschlicherweise ein, *Jnanis* zu sein – so sehr, dass sie selbst aufrichtig glauben, sie seien *Jnanis*. Dem wirklichen *Jnani* ist es nicht möglich, zu sagen: „Ich bin ein *Jnani*.“ Denn was ist in ihm geblieben, um diesen Anspruch erheben zu können? Von sich selbst anzunehmen, dieses oder jenes zu sein, setzt die fortgesetzte Existenz des „Du“ voraus, das diesen Glauben beherbergt. Diejenigen, die in arroganter Weise denken, „Ich bin *Brahman* und habe daher das Recht, genau das zu tun, was mir gefällt“, haben sich bereits weit, weit vom Pfad der Erleuchtung entfernt. Ein Verstand, der lange Zeit in der Dunkelheit der Selbstgefälligkeit verharrt hat, wird sich aktiv gegen Versuche wehren, ihn auf den Pfad der Erlösung zu bringen. Kennst du nicht das Sprichwort: „Jemand, der vorgibt, zu schlafen, kann niemals aufgeweckt werden“?

F: Ist es falsch anzunehmen, dass ich das Selbst bin?
B: Ist es das Selbst, das sich selbst für das Selbst hält? Wenn nicht, wer ist dann der Hochstapler, der, obwohl er nicht das Selbst ist, fälschlicherweise vorgibt, das Selbst zu sein oder sich einbildet, das Selbst zu sein oder glaubt, das Selbst zu sein? Das Selbst ist das unpersönliche Absolute. Es steht nicht zur Debatte, ob ES an

etwas glaubt oder nicht glaubt. Das Selbst glaubt nichts, behauptet nichts, bildet sich nichts ein. Aus diesem Grund kann das, was an etwas glaubt, nicht das Selbst sein.

Du sagst, dass du glaubst, dass du das Selbst bist. Das beweist, dass das „Du", das in den Akt des Glaubens begriffen ist, nicht das Selbst ist. Wer bist du also, dass du dich fälschlicherweise für das Selbst hältst? *Aham Brahmasmi* [Ich-bin-*Brahman*] bedeutet nicht, dass das Ego das Selbst ist. Es bedeutet nur, dass für den *Jnani* das Selbst dasselbe ist wie *Parabrahman* [die höchste Realität]. Die *Mahavakyas*, „die großen Reden" der *Upanishaden*, können praktisch nur dann gelten, wenn das Ego-Selbst vollständig entfernt wurde. Die Bedeutung der *Mahavakyas* kann immer nur eine „potentielle Wahrheit" sein, soweit es den *Ajnani* betrifft.

***Aham Brahmasmi* bedeutet, dass das wahre „Ich" *Parabrahman* ist und nichts anderes als *Parabrahman*. Die *Mahavakyas* müssen im richtigen Sinne verstanden werden. Ihre Absicht ist nicht, für das Ego den Rang des *Parabrahman* zu beanspruchen, sondern den Menschen daran zu erinnern, dass es ein Selbst gibt, das jenseits des kleinlichen Egos erfahrbar ist, und dass dies dasselbe ist wie *Parabrahman* oder die Absolute Realität.**

Das ultimative Ziel aller *Srutis* [heilige Bücher] ist es, dem Aspiranten zu helfen, seinen Verstand zu dessen Quelle, dem Herzen, zurückzuführen. Was ist das Ziel des Lebens? *Mukti* [Befreiung]. Was ist *Mukti*? Es bedeutet, den Verstand unwiderruflich mit dem Herzen zu verschmelzen und ihn dort unwiederbringlich zu lassen, um ein für alle Mal zu verenden.

F: Ich lasse mich häufig von den vielen verlockenden Ablenkungen dieser Welt beeinflussen.

B: Die Welt ist nichts als eine von der eigenen sinnlichen Wahrnehmungsfähigkeit angefertigte – aber nicht wahrgenommene oder erkannte – Information. Sinnesinformationen haben keinen äußeren Ursprung. Der Kosmos wird nur mit und von deinem eigenen Geist projiziert.

F: Was ist Bhagavans Motto, das er dem spirituellen Aspiranten gerne mit auf den Weg gibt?
Der Meister schwieg, aber jemand rief aus dem hinteren Teil des Saals: *„Ich denke, es ist 'Stop smoking, Keep walking.' Ist es nicht so, Bhagavan?"*
Der Meister lachte kurz auf, antwortete aber sonst nicht.

F: Ist es so?
B: Tabak ist ein heimtückisches Gift. Es ist besser, es aufzugeben und darauf zu verzichten.

F: Und was ist mit Gehen?
B: Ja. Gehe weiter um diesen Berg herum. Das bringt viele verschiedene Vorteile.

F: Ich habe genug weltlichen Reichtum und habe kein Verlangen nach mehr. Bitte sag mir, ob es mir Seelenfrieden bringt, um den Berg zu gehen.
B: Ja.

F: In Abbildungen von Lord Shiva *sehen wir, dass er als menschenähnliche Person mit drei Augen dargestellt wird, die alle geöffnet sind. Bedeutet das, dass der Mensch, wenn er sein drittes Auge öffnet, mit Lord Shiva verschmilzt oder mit ihm eins wird oder ihm gleicht?*
B: Ja.

F: Das dritte Auge ist das Ajna-Chakra. *Liege ich mit dieser Aussage richtig?*
B: Das dritte Auge ist die Quelle, die das Licht ausstrahlt, das die anderen beiden Augen erleuchtet und ihnen das Sehen erleichtert. Das Licht des Herzens wird von den *Vishayavasanas* [Verlangen nach Sinnesobjekten] und den *Poorvasamskaras* [Gewohnheiten des Verstandes] aufgefangen oder reflektiert, was zu dem Phänomen der Reflexion führt, das als „Verstand" bezeichnet wird.

Die Luft, die durch eine Flöte strömt, ist dieselbe, aber das Instrument erzeugt viele verschiedene Töne, je nachdem, welche Löcher abgedeckt und welche offen sind. Ebenso ist das eben erwähnte Phänomen der Reflexion in der Lage,

mehrere Persönlichkeiten hervorzubringen, je nach der Art der Verunreinigungen, die das Licht von *Mahat* einfangen und so die Reflexion verursachen.

***Mahat* selbst ist reines subjektives Gewahrsein und nichts als das; seine Quelle ist das Selbst, das leuchtende Herz. Angenommen, das Selbst könnte mit der Sonne verglichen werden, so könnte *Mahat* mit einem von ihr ausgehenden Lichtstrahl verglichen werden. Das dritte Auge ist der unendlich winzige Punkt, an dem das Licht von *Mahat* von den geistigen Persönlichkeitsmerkmalen des Individuums eingefangen wird; was zum Entstehen dessen führt, was wir „Verstand“ nennen.**

Es stimmt zwar, dass dieser Punkt auf der relativen Ebene keine räumliche oder zeitliche Manifestation hat, aber er lenkt die Aufmerksamkeit auf sich, wenn sich der Verstand im Zustand von *Sphurana* [Verwirklichung] befindet, und man nimmt ihn dann auf der rechten Seite der Brust wahr, zwei Fingerbreit rechts der Mitte. All dies ist jedoch nur von unserem gegenwärtigen Standpunkt aus wahr. Wenn der Verstand im alles verzehrenden Feuer von *Jnana* aufgelöst und fortgeschwemmt wird, ist auch der Körper unwiederbringlich verloren; dann kann sich die Frage nach dem Ort des dritten Auges unmöglich stellen.

F: Wie kann man dieses dritte Auge öffnen?

B: Das Bewusstsein von all seinen Inhalten zu befreien und es aus sich selbst heraus zum Leuchten zu bringen, das ist identisch mit dem Öffnen des dritten Auges.

F: Wie macht man das?

***B*: Indem man alle *Vrittis* des Verstandes auslöscht. Andere *Vrittis* sind nur Modifikationen von *Ahamvritti*. Wenn *Ahamvritti* getötet ist, ist unsere Arbeit beendet.**

F: Wie tötet man Ahamvritti*?*

B: Indem es – nicht intellektuell oder konzeptionell, sondern tatsächlich – entdeckt, dass es selbst, als der Entdecker, keine Existenz hat.

F: Ganz praktisch, was muss ich tun?
B: Frage dich: „Wer bin ich?"

F: Was ist der Weg, der zur Befreiung führt?
B: Vollkommenes, dauerhaftes, müheloses und willenloses Eintauchen des Verstandes in das Leuchten des Herzens.

F: Was ist Befreiung?
B: Vom gegenwärtigen Standpunkt aus kann man sagen, dass es die Befreiung von *Samsara* ist. Aber Tatsache ist, dass es so etwas wie Gefangenschaft oder Befreiung nicht gibt. Was ist, ist und wird immer sein. Was nicht ist, könnte niemals sein. Die Wahrheit wurde von *Sri Krishna* wunderschön zusammengefasst, als er sagte: „… *nasathovidhyathaebhavo nabhavovidhyathaesataha* [… das Vergängliche wird nicht fortbestehen und das Ewige nicht aufhören]."

F: Aber kann man leugnen, dass Samsara *oder* Ajnana *[falsche Wahrnehmung der Realität] für diejenigen, die es erfahren, real erscheint?*
B: Zuallererst frage dich, wer der Erfahrende ist. Hast du die Antwort auf diese Frage herausgefunden, können wir, wenn nötig, weitere Fragen stellen.

15. September 1936

Nur das Selbst, kein Gott

F: Was ist der Unterschied zwischen Jivanmukta *[die während des Lebens befreite Seele] und* Videhamukti *[Befreiung nach dem Tod]?*
B: Es gibt keinen Unterschied. Man sagt, dass der *Jivanmukta Videhamukti* erlangt, wenn der Körper stirbt. Aber überleg mal, kann es etwas geben, was er noch nicht erreicht hat? Solche Unterschiede gibt es nur aus der Sicht des Betrachters. Vom Standpunkt des *Jnani* aus gesehen gibt es sie nicht. Es gibt keine Veränderung im Zustand des *Jnani*, weder vor noch nach dem Verlassen des Körpers.

F: Kann das Vorhandensein des Körperbewusstseins nicht aus der Tatsache abgeleitet werden, dass der Körper lebendig ist? Können wir sagen, dass jemand mit Körperbewusstsein Befreiung erlangt hat?
B: Wer hat dir gesagt, dass der *Jnani* Körperbewusstsein hat? Wenn der Knoten zwischen dem Empfindenden und dem Nicht-Empfindenden durchtrennt ist, ist das Körperbewusstsein unwiderruflich verloren.

F: Kann der Körper ohne Körperbewusstsein lebendig sein?
B: Warum nicht? Der Körper ist nur eine träge Masse aus organischen Chemikalien. Er hat kein „Ich"-Gefühl in sich. Glaubst du, dass das Wort „Leben" sich auf die körperliche oder biologische Existenz eines Menschen bezieht oder damit verbunden ist? „Leben" bedeutet „Bewusstsein". Das Bewusstsein oder das Gewahrsein „ICH-BIN" geht in allen drei Zuständen niemals verloren.

Ich bin. Ich bin immer. Lass das abgeleitete Bewusstsein jede Form annehmen, die es möchte. Das Eltern-Bewusstsein „ICH-BIN" ist immer da. Es ist in der *vedantischen* Sprache als *„mahat"* bekannt. Wenn man daran festhält, stellt man fest, dass der Körper nur eine Erscheinung in und aus dem Selbst ist. Erst dann verblasst die Vorstellung, dass der Körper dafür verantwortlich ist, das eigene Leben zu beherbergen, und stirbt völlig aus.

F: Wenn alles eine Illusion ist, ist dann wenigstens Gott real?
B: Bist du dir in deinem Tiefschlaf Gott bewusst?

F: Nein.
B: Was ist die unvermeidliche Schlussfolgerung?

F: Gott ist also auch nur ein Mythos, ebenso wie die Welt – ist das richtig?
B: Gott ist nur real, wenn und solange der Verstand oder das Ego bleibt.

F: Was ist mit dem unpersönlichen Absoluten, das Bhagavan „das Selbst" nennt?
B: Wer, glaubst du, stellt in seinem Fall diese oder irgendeine andere Frage?

F: Was ist mit dem Nicht-Selbst?
B: Was ist mit „Nicht-Selbst" gemeint?

F: Das, was nicht das Selbst ist.
B: Unmöglich. Es kann nichts außer dem Selbst geben.

F: Was ist mit dem Ego?
B: Wessen Ego?

F: Also existiert das Ego in Wirklichkeit gar nicht?
B: Nein. Der Verstand oder das Ego ist fiktiv. In dem Moment, in dem das „Ich" ernsthaft versucht, sich selbst zu erkennen, stellt es fest, dass es das Selbst ist. Aber das kann nicht geschehen, solange irgendein *Vishayavasana* [Verlangen nach Objekten], *Poorvasamskarara* [Gewohnheiten] oder ein anderes *Chittavritti* [Gedanken, die den Geist belasten] im Verstand verborgen ist. Deshalb wird die Praxis von *Vichara* befürwortet, die ständig alle *Chittavrittis* des Verstandes vernichtet. *Vichara* ist nur dann erfolgreich, wenn es kontinuierlich und unaufhörlich angewandt wird.

F: Wie soll dann die weltliche Arbeit ausgeführt werden?
B: Sowohl *Vichara* als auch weltliche Arbeit können gleichzeitig ausgeübt werden.

F: Vichara *zielt auf einen Zustand des Verstandes ab, in dem es keine Bewegung der Gedankenwellen gibt.*
B: Richtig.

F: Andererseits erfordert die weltliche Arbeit, dass ich Gedanken denke.
B: Nicht richtig.

F: Ich bin Bauingenieur. Wenn ich Pläne entwerfe, denke ich dann: „Wer bin ich?" oder denke ich: „Bis zu welchem Längenmaß soll diese Fassade reichen?"
B: Das ist der Fehler.

F: Was?
B: Du hast den Eindruck, dass die Durchführung von *Vichara* lediglich bedeutet, sich zu fragen: „Wer bin ich?" Das ist nur der erste Schritt. Wie du selbst sagst, zielt *Vichara* auf einen Zustand des Geistes ab, in dem es keine Bewegung von Gedankenwellen gibt. Dies kann nicht allein dadurch erreicht werden, dass du dich fragst: „Wer bin ich?"

Die Frage „Wer bin ich?" ist nur dazu gedacht, das weitere Fortschreiten des Gedankens zu stoppen, den du gerade denkst. Nachdem der gegenwärtige Gedanke eingedämmt wurde, bringe den Geist zurück zu seiner Quelle, die der ursprüngliche Zustand des Subjektiven Bewusstseins ist, der mühelos und willenlos aufrechterhalten wird.

Wenn du dich in diesem Zustand befindest, sollte dich weder der Gedanke „Wer bin ich?" noch irgendein anderer Gedanke stören; wenn er es doch tut, frage dich „Wer bin ich?" und kehre sofort in diesen Zustand zurück. Die Frage „Wer bin ich?" ist eine Axt, mit der man die Gedanken, wenn sie auftauchen, sofort abhackt. Nachdem der aktuelle Gedanke niedergeschlagen wurde, muss sich

der Geist in seinen natürlichen Zustand zurückziehen. Die Frage selbst ist nur ein Werkzeug, welches dir dabei hilft, aus dem Reich der Gedanken in das Reich der mühelosen und willenlosen Stille des Geistes zu gelangen. Ein stiller Geist ist ein Geist, der ausschließlich subjektiv bewusst ist.

Wenn du mittels und als Ergebnis ausgiebiger Übung auf diese Weise in der Lage bist, mühelos und willenlos still zu sein, dann wird all die Arbeit, die der Körper mit seinem *Prarabdha* [Schicksal, das unser Leben beeinflusst] zu verrichten hat, wie ein Uhrwerk von selbst ablaufen. Du wirst dann überrascht sein, welche Effektivität und Effizienz du erreicht hast, obwohl du eigentlich nie etwas getan hast! Während du also Pläne für den Bau von Gebäuden entwirfst, denke weder „Wer bin ich?“ noch irgendeinen anderen Gedanken, sondern halte deinen Verstand still. Dann wird die Arbeit ganz von selbst geschehen.

F: Ist dieser natürliche Zustand des Verstandes, den Bhagavan erwähnt, derselbe wie das Parabrahman, *das in den* Upanishaden *erwähnt wird?*
B: Nein. Das ist das Jenseitige.

F: Wie soll ich dann Parabrahman *erkennen, das nach den* Sastras *[Heilige Schriften, Gebote] das Endziel der menschlichen Geburt ist?*
B: Der natürliche Zustand des Verstandes, dem Gedanken, Begehren, Streben, Wollen oder Anstrengung völlig fremd sind, wird dich von selbst dorthin führen. Aber du kannst ihn nicht über Nacht erreichen. Anhaltende Praxis ist notwendig, um all deine alten *Vasanas* und andere *Chittavrittis* zu entwurzeln.

F: Wenn der Verstand zerstört werden muss, bevor es die Möglichkeit der Verwirklichung gibt, stellt sich die Frage: Wie ist der Verstand entstanden und warum?
B: Es gibt ohnehin keinen Verstand. Auf der Suche nach dem Verstand gelangen wir zum Selbst. Der Verstand kann niemals gefunden werden. Wie kann man etwas finden, das gar nicht da ist? Was nie da war, hat es nie gegeben. Was nicht sein konnte, gab es nie. Was

IST, ist nur das, was IST, und das ist das Selbst. Vom Standpunkt des Verstandes aus gesehen, wird es für dich sicherlich nicht möglich sein, die Existenz des Verstandes zu leugnen. Der einzige Weg, die Nichtexistenz des Verstandes tatsächlich zu entdecken, ist, das Selbst zu verwirklichen und ebenso umgekehrt.

F: Bhagvans Worte haben einen starken Eindruck auf mich gemacht. Aber werde ich mich an sie erinnern?

B: Es gibt keine Notwendigkeit, sich zu zwingen, sich an etwas zu erinnern. Die Worte der Weisen sind nicht dazu gedacht, verbal auswendig gelernt zu werden. Du kannst *Vichara* üben, wenn du dich an mich erinnerst, aber versuche nicht, irgendetwas anderes mit dem „zu tun", was du hier gehört hast. Lass die Worte tief in deinen Geist einsinken. Wenn die Zeit gekommen ist, werden sie ihre Arbeit tun.

Vögel lassen durch ihre Ausscheidungen ihre Samen auf alle möglichen Böden fallen. Auf manchen Böden keimt der Samen sofort. Auf anderen braucht es Zeit, weil erst günstige Bedingungen herrschen müssen, bevor die Keimung stattfinden kann. Es wird eine Zeit kommen, in der man sich nicht zufrieden geben kann, bis man das Selbst verwirklicht hat. Die Sehnsucht, aufzuwachen oder die Wirklichkeit zu entdecken, wächst langsam im Verstand des Anfängers. Im Laufe der Zeit tötet sie alle anderen Gedanken und erscheint als der einzige Gedanke oder die einzige Sorge, die den Geist beherrscht oder ihn ausschließlich beschäftigt.

Das ist das Stadium, in dem der Aspirant bereit ist, den Verstand in das Herz einzutauchen, so dass er dort ein für alle Mal ausgelöscht wird. Dem Durst nach *Jnana* muss erlaubt werden, im Verstand ungestört zu wachsen. Er ist wie das schädliche Unkraut der Wasserhyazinthe, das das gesamte ökologische System eines Gewässers unwiderruflich erstickt. Das Unkraut treibt als winziger Same in den Teich. Mit der Zeit vermehrt es sich rasant und versperrt den anderen Lebewesen im Teich den Zugang zum Sonnenlicht. Und wie? Es bedeckt die gesamte Oberfläche des Teichs. Nichts im Teich kann überleben.

Wenn die Gnade des Gurus vorhanden ist, vermehrt sich die Saat des *Jnana*, die vom Weisen gepflanzte wurde, in gleicher Weise und wird zum großen Zerstörer [*Mahaviksheenaka*] der Illusion, der den Verstand zu Tode erstickt. Und wie? Er bedeckt die gesamte Oberfläche des Verstandes mit dem lodernden Feuer von *Vairagya*, also mit der Abscheu vor *Samsara*.

F: Also muss ich bis dahin einfach warten?
B: Nein, fahre fort mit deinen Bemühungen, zu erforschen „Wer bin ich?" Aber erst, wenn die gegenwärtige, weltliche körperliche Existenz vollkommen unzumutbar und unannehmbar geworden ist, wird die Anstrengung Früchte tragen.

19. September 1936

Vinayakar Chathurti Feierlichkeiten und Mr. Knowles

Heute wird im Ashram die Feier des *Vinayakar Chathurti* [Fest zum Geburtstag von *Ganesha*] begangen. Als ich am Morgen eintrat, stand eine kleine, bunt gemischte Menschenmenge mit gelben, weißen und braunen Gesichtern in der Nähe des *Samadhi* von Sri Bhagavans Mutter. Ein großes tönernes Vinayakar-Bildnis ist unweit des *Samadhi* aufgestellt worden.

Als ich näherkam, war ich etwas erstaunt, den Meister selbst in der Mitte stehen zu sehen; er nahm normalerweise nicht an der *Puja* [indische Zeremonie der Anbetung] teil, die jeden Tag am Platz des Sarkophags durchgeführt wurde. Da ich mich nicht für die Zeremonien der rituellen Verehrung interessierte, versuchte ich, wie üblich, in Richtung Halle zu gehen und huschte vorwärts; aber eine Hand ergriff meinen rechten Arm: Es war Sri Bhagavan selbst!

Ich drehte mich um und stand ihm sprachlos gegenüber; die beglückende Erregung der göttlichen Berührung seines heiligen Fleisches können nur die kennen, die es selbst erlebt haben. Das Fleisch des Meisters war weich und locker – als wollte es nicht an den Knochen haften bleiben; es war zart und kühl bei der Berührung.

„Wo gehst du hin? Wie können wir ohne dich *Vinayakar Chathurti* feiern?", scherzte er.
Der *Sarvadhikari*, der in der Nähe stand, lachte und sagte: *„Bhagavan hat sich geweigert, die Puja ohne deine Anwesenheit beginnen zu lassen."*

Also wurde ich gezwungen, in der Nähe der tönernen Statue zu stehen. Jedes Mal, wenn die Priester eine Zeile der Rituale beendeten, wurde ich gebeten, einige Blumen auf *Vinayakars* Abbild zu werfen. Nach einiger Zeit wurde *Vinayakar Naivaedya* [Opfergabe] dargebracht und *Prasadam* [heilige Speise] verteilt.

Eine Witwe, bekannt als Yechammazl, die offensichtlich eine alte Verehrerin des Meisters ist und seit der Zeit, als Bhagavan in der Virupaksha-Höhle wohnte, jeden Tag zu ihm kommt, kam heute lange vor Tagesanbruch mit einem kleinen Jungen, den ich für ihren Enkel hielt, und brachte für alle Kozhakattais (süße Teigtaschen) zum Essen. Aber die Priester nahmen (fälschlicherweise) an, dass sie der nicht-arischen Rasse (der *Panchamabandham*-Kaste) angehörte, und stellten ihren schäbigen Blechtopf schweigend beiseite. Ihre Opfergabe wurde nicht in das *Naivaedya* aufgenommen.

Als dem Meister zum ersten Mal *Prasadam* ausgeteilt wurde, saß er wie versteinert da und ignorierte die Priester, die versuchten, es ihm zu überreichen. Bald wurde der Grund dafür entdeckt, und *Naivaedya* wurde ein zweites Mal durchgeführt, jetzt zusammen mit dem Essen, das die Dame mitgebracht hatte.

Diesmal nahm der Meister es an und aß, was ihm in die Hand gegeben wurde; das erste, was er in den Mund steckte, war ein Kozhakattai von Yechammazl. Die Augen der alten Frau glitzerten bei diesem Anblick mit Freudentränen. Bhagavan lächelte sie freundlich an. Später erfuhr ich, dass der Junge, der bei ihr war, nicht ihr eigenes Enkelkind, sondern ein Adoptivkind war.

Interessanterweise heißt dieser Junge Venkataraman, aber alle nennen ihn Ramana! Dieser Junge und ich verteilten *Prasadam* an alle Anwesenden. Chadwick scheint Kozhakattais zu lieben und fragte mich, wie sie hergestellt werden; ich grinste ihn an und sagte ihm ganz offen, dass ich keine Ahnung hätte. Der junge Ramana verstand irgendwie diese Konversation und machte eine äußerst weise Bemerkung: „Sie zu essen ist einfacher, als sie zu machen; beschränken wir uns also auf das Erstere." Alle lachten.

Mr. Knowles interessierte sich sehr für die *Ezhaik Kolam*-Muster [traditionelle dekorative Kunst aus Reismehl an Festtagen], die zu diesem Anlass auf den Boden gezeichnet wurden. Er beugte sich vor und versuchte, die Muster in sein Notizbuch zu übertragen. Er erhielt einen Schlag auf die Schulter und drehte sich um – und sah den Meister hinter sich stehen.

„So nicht …", sagte er und hockte sich neben dem verblüfften Mr. Knowles auf den Boden, um ihm den Stift und das Notizbuch abzunehmen. Gekonnt zeichnete seine Hand das Muster korrekt über Mr. Knowles unfähiges Gekritzel, und er gab sie mit den Worten zurück:

„So – und jetzt lass uns sehen, wie du den nächsten versuchst." Aber Mr. Knowles bekam es nicht richtig hin. So trat Bhagavan näher an ihn heran, ergriff seine Hand und führte den Bleistift mühelos über das Notizbuch. Eine Zeit lang blieb der gesegnete Kontakt bestehen. Dann lachte der Maharshi und ging weg. Die Menge zerstreute sich.

Nur eine Person bewegte sich nicht. Mr. Knowles war von einer seltsamen, katatonischen Ekstase wie gelähmt. Er lächelte auf merkwürdige Weise, wie ein Kleinkind; seine Augen und, da bin ich mir sicher, auch seine Aufmerksamkeit waren auf nichts gerichtet. Das Notizbuch und der Bleistift lagen verlassen auf dem Boden. Alle paar Augenblicke in etwa zuckte der Mann mit einem kleinen Spasmus zusammen, offensichtlich ausgelöst durch einen inneren Zwang. Samuel

Cohen versuchte, ihn zu wecken, aber Chadwick hielt ihn zurück und überzeugte ihn, dass die vom Meister vermittelte Erfahrung ihren Lauf nehmen müsse.

Erst einige Stunden später kam Mr. Knowles in die Halle und warf sich vor dem Meister nieder. Man mochte ihn leicht für einen geschwätzigen Mann halten, aber ich habe nie beobachtet, dass er diese ihm gewährte Erfahrung in der Halle zur Diskussion gestellt hätte.

22. September 1936

Illusion und Körper

F: Bhagavan behauptet, dass „Bewusstsein" die wahre Natur des „Ichs" ist. Aber was genau ist dieses Bewusstsein? Bewusstsein worüber?
B: Existierst du oder nicht?

F: Ja.
B: Woher weißt du das?

F: Ich verstehe nicht, was Bhagavan mir zu sagen versucht.
B: Muss man einen Spiegel vor deine Augen halten, damit du daraus schließen kannst, dass du Augen hast? Du siehst – daher kannst du sagen, dass du Augen hast, die funktionieren. Ebenso ist das Bewusstsein der Welt oder das Körperbewusstsein nicht notwendig, um die eigene Existenz festzustellen.

Du weißt, dass du aufgrund des Bewusstseins „ICH-BIN" existierst. Dieses Bewusstsein ist nichts anderes als Subjektives Bewusstsein des Seins. Dieses Bewusstsein ist immer da, egal ob du schläfst, träumst oder vermeintlich wach bist. Es ist immer unverändert und unberührt. Erkenne es als dein eigenes Wesen.

Der Mensch denkt, er sei aus Fleisch und Blut. Aber diese Einstellung ist ein Fehler. Du bist reines Bewusstsein. Was auch immer physisch ist, kommt danach und sein Verschwinden oder seine Zerstörung können dich, der du nicht-physisch und ewig bist wie das eine Selbst, nicht beeinflussen. Alle Phänomene haben einen Anfang und ein Ende. Was geboren wird, stirbt, und was geschaffen wird, wird zerstört. Wurdest du jemals geboren? Wenn du dich als Körper begreifst, ja. Aber bist du der Körper?

F: Was ist der Beweis, dass ich nicht dieser Körper bin?
B: Die Tatsache, dass der Körper, mit dem du jetzt fälschlicherweise identifiziert bist, in den Zuständen von Traum und Tiefschlaf verloren geht, ist der Beweis. Doch beim Aufwachen befindest du dich im selben Körper. Das ist die Kontinuität der Erinnerung, weiter nichts. Welchen Beweis hast du, dass du dieser physische Körper aus Fleisch und Knochen bist?

F: Alle meine Erinnerungen beziehen sich nur auf diesen Körper. Ich habe keine Erinnerung daran, irgendeinen anderen Körper gehabt zu haben.
B: Die Erfahrung, einen Körper zu bewohnen, ist nur eine Erscheinung des Verstandes, das sich über das reine Bewusstsein legt. Angenommen, du fährst Fahrrad und denkst den ganzen Weg ernsthaft über etwas nach. Nach einiger Zeit erreichst du das gewünschte Ziel. Aber du hast keine Erinnerung daran, die Reise gemacht zu haben, weil deine Konzentrationsfähigkeit in ihrer Gesamtheit auf das Problem fixiert war, das du in deinem Kopf lösen wolltest, während du die ganze Zeit eifrig in die Pedale getreten bist. Obwohl deine Aufmerksamkeit etwas anderem galt, deine Hände und Füße haben dich unwillkürlich an dein Ziel gebracht.

Was zeigt das? Wir legen uns selbst das Gefühl auf, der Handelnde zu sein; in Wirklichkeit finden alle Aktivitäten nur spontan statt. Der Körper hat ein eigenes vorgefertigtes Drehbuch, das er automatisch ausführt. Wenn wir uns darauf konzentrieren, das Selbst zu sein, werden unsere Verantwortlichkeiten im Leben vom Körper reibungslos erfüllt, ohne dass wir auch nur im

Geringsten eingreifen müssen. Du sagst, du erinnerst dich daran, nur diesen Körper bewohnt zu haben. Selbst in unseren Träumen bewohnen wir eine Menge von Körpern. Bedeutet das, dass wir einer dieser Traumkörper sind? In unseren Träumen kamen und gingen die Körper, aber unser Selbst, der Träumer, blieb unberührt.

Ebenso sind es auch viele Körper, in denen du dich im Laufe der Jahrhunderte wiedergefunden hast – aber keiner von ihnen bist DU. Du bist, ich wiederhole es, das körperlose Selbst.

F: Warum halte ich mich dann fälschlicherweise für diesen Körper?
B: In Träumen hat man viele seltsame Erfahrungen. Erst nach dem Aufwachen stellst du fest, dass die Erfahrungen in deinen Träumen nie tatsächlich stattgefunden haben, sondern alle nur imaginär waren. Ebenso hier. Unsere wahre Natur ist, dass wir das körperlose, formlose und unzerstörbare Selbst sind und immer waren. Aber wir stellen uns vor, dass wir in einem Körper gefangen sind, und versuchen angestrengt, uns von der Illusion zu befreien, an die Erfahrung gebunden zu sein, einen Körper mit sich herumzutragen, während wir in Wirklichkeit die ganze Zeit frei sind.

Diese Tatsache wird erst verstanden werden, wenn wir dieses Stadium erreicht haben. Wir werden überrascht sein, dass wir verzweifelt versucht haben, etwas zu erreichen, was wir schon immer waren und immer sein werden. Eine Veranschaulichung macht dies deutlich: Ein Mann legt sich in dieser Halle zum Schlafen hin. Er träumt davon, auf Weltreise gegangen zu sein, streift über Stock und Stein, Wald und Land, Wüste und Meer, über verschiedene Kontinente und kehrt nach vielen Jahren müder und anstrengender Reisen in dieses Land zurück, erreicht Tiruvannamalai, betritt den Ashram und geht in die Halle.

Genau in diesem Moment wacht er auf und stellt fest, dass er sich keinen Zentimeter bewegt hat, sondern an der Stelle geschlafen hat, wo er sich hinlegt hat. Er ist nicht nach großen Anstrengungen in die Halle zurückgekehrt, sondern ist und war immer in der Halle. Genauso ist es. Auf die Frage, warum wir, die wir das formlose Selbst sind, uns einbilden, an einen Körper gebunden zu sein, antworte

ich: „Warum hast du dir, als du in der Halle warst, vorgestellt, du wärst auf einem Weltabenteuer und müsstest Berg und Tal, Wüste und Meer durchqueren?" Das ist alles Verstand oder *Maya*.

F: Was ist mit Maya *gemeint? Soweit ich weiß, ist es ein Sanskrit-Wort, das mit „Illusion" übersetzt wird.*
B: Wenn der Verstand seine Aufmerksamkeit auf etwas anderes als sich selbst richtet, sagen wir, dass er unter dem Einfluss von *Maya* steht. Wenn der Verstand seine Aufmerksamkeit ausschließlich auf sich selbst richtet, entdeckt er sich selbst als das Selbst und dann gibt es keine *Maya*. Illusion bedeutet, dass wir uns selbst für Körper oder Geist oder Intellekt oder irgendetwas anderes halten – d.h. wir halten uns selbst für das, was wir nicht sind.

Wenn wir hingegen so bleiben, wie wir wirklich sind, sind wir von der Illusion befreit. Freiheit von Identifikation ist Unsterblichkeit. Wir stellen uns vor oder denken, dass wir der vergängliche Körper sind, und so täuschen wir uns selbst in dem Glauben, dass wir sterbliche Geschöpfe sind. Wenn diese falsche Identifikation mit Körper und Geist wegfällt, erkennen wir, dass wir das unsterbliche Selbst sind.

F: Wie kann ich mich selbst davon überzeugen, dass ich das Selbst bin?
B: Das ist nicht nötig. Gib den Gedanken auf, dass du das Nicht-Selbst bist und nur das Selbst bleibt als Erinnerung übrig. Das wird ausreichen. Das ist alles, was zu tun ist. Das Selbst bestätigt sich nicht, das Selbst zu sein. Es bleibt lediglich das Selbst. Es nützt nichts, wenn man sich selbst sagt: „Ich bin das Selbst." Was macht das für einen Sinn? Wiederholt man als Mann immer wieder: „Ich bin ein Mann, ich bin ein Mann..."? Wenn in deinem Kopf ein Zweifel auftaucht, ob du eine Kuh oder ein Hund sein könntest, könntest du dir weiter versichern, dass du tatsächlich ein Mann bist.

Nur in einem solchen Fall sollte man sich ständig daran erinnern: „Ich bin ein Mann." Aber geschieht das jemals? Wir wissen, dass wir weder Kühe noch Hunde sind, sondern Männer und Frauen. Da wir immer das unvergängliche Selbst sind, brauchen

wir uns auch nicht mit der Unsterblichkeit des Selbst zu befassen. Es genügt, wenn wir als reines Bewusstsein bleiben, das nicht von Gedanken gestört wird.

F: Wenn ich das Selbst verwirklichen will, sollte ich dann meine Augen vor der Welt verschließen?
B: Es genügt, wenn der Verstand unempfindlich gegenüber dem Geschehen der Welt gemacht wird. Es ist, als würde man einen fotografischen Film dem Licht aussetzen; je belichteter der Film wird, desto weniger erkennbar ist das darauf abgebildete Bild. Wird der Film längere Zeit hellem Licht ausgesetzt, ist danach kein Bild mehr zu erkennen.

Ebenso hier. Wenn der Verstand lange Zeit kontinuierlich und ausschließlich im Licht des Bewusstseins weilt, verliert er die Fähigkeit, Objekte zu registrieren oder über die Dinge der Welt nachzudenken. Dann bleibt er in seinem eigenen ursprünglichen Zustand, dem Zustand des reinen Bewusstseins.

F: Wird eine Person, deren Verstand im reinen Bewusstsein fixiert ist, die Fähigkeit verlieren, normal in der Welt zu funktionieren? Wird sie zu einer rein vegetativen Lebensform, wie jemand, der ins Koma gefallen ist?
B: Nein. Die Aktivitäten, die vom Körper ausgeführt werden, gehen von selbst ohne dein Eingreifen weiter.

F: Das bedeutet, dass ich keine Kontrolle mehr darüber hätte, was mein Körper tut! Ist das nicht eine gefährliche Situation?
B: Sobald wir uns der Höheren Macht ergeben haben, kümmert sie sich automatisch darum, dass zu einem bestimmten Zeitpunkt nur das Richtige getan wird. Sie weiß, was zu tun ist und wann und wie. Überlasse alles ganz IHR. Aber du solltest nicht versuchen, sie zu verurteilen. Selbst wenn das, was sie tut, nicht nach deinem Geschmack oder deinen Vorlieben ist, mische dich nicht ein. Wenn du dich ergeben hast, bedeutet das, dass du Gottes Willen als die höchste leitende Kraft deines Lebens völlig akzeptieren musst, und dass die ausschließliche Überlegung oder Priorität in

deinem Leben darin besteht, nicht zuzulassen, dass deine eigenen Ideen für dein Leben mit denen Gottes in Konflikt geraten.

Nach vollkommener Selbsthingabe bleibt nur noch vollständige Akzeptanz. Wenn die Hingabe an Gott wirklich bedingungslos und vorbehaltlos ist, gibt es keinen Grund, sich über die eigenen Fehler und Unzulänglichkeiten zu beschweren.

F: Das bedeutet, dass wir Gott blind vertrauen müssen? Aber das erfordert natürlich einen großen Vertrauensvorschuss!

B: Die Erklärung in Bezug auf die Hingabe an Gott wurde dir gegeben, da du Gewissheit wolltest, dass die Dinge auf gütliche Weise weitergehen, auch nachdem dein Verstand aufhört, der Welt Aufmerksamkeit zu schenken. Aber Tatsache ist, dass jemand, der wirklich verzweifelt daran interessiert ist, das Selbst zu verwirklichen, sich nicht darum kümmern wird, ob das Leben in der Welt positiv verläuft oder nicht; auch wenn nicht, würde er sich dennoch nicht darum kümmern. Wenn sich der Verstand aufgrund der Erforschung „Wer bin ich?" nach innen kehrt und mit dem Herzen verschmolzen bleibt, gehen die Geschehnisse im äußeren Leben aufgrund der Kraft von *Prarabdha* automatisch weiter, wie sie bestimmt sind.

Mach dir keine Sorgen darüber, wie das Leben in der Welt beeinflusst werden könnte, wenn du deinen Verstand der Suche widmest; es kann sogar sein, dass es überhaupt keine Veränderung im äußeren Leben geben wird. Wenn du dich ruhig darauf konzentrierst, als das Sein des Selbst zu bleiben, werden die Umwälzungen und Störungen der äußeren Welt allmählich anfangen, sich auszublenden oder sich von dir zu distanzieren, und du wirst im *Shanti* [Frieden] des Selbst ruhen, während die Aktivitäten des Körpers und deine Rollen als Person automatisch von der Höheren Macht erfüllt werden.

Es ist Erfahrungssache und du wirst es nur verstehen, wenn du immer tiefer in die Glückseligkeit des Selbst versinkst, indem du den Verstand stetig in dem Zustand hältst, in dem es ein waches Bewusstsein des Seins gibt, jedoch weder in Gedanken noch in Schläfrigkeit.

F: Wenn die Welt verschwindet, ist das nicht eine schlechte Sache? Wurden wir nicht in diese Welt hineingeboren, damit wir in ihr leben und sie erleben können?

B: Du stellst diese Frage, weil du den Eindruck hast, dass du der Körper bist. Weil du dir vorstellst, der Körper zu sein, fragst du mich, ob du nicht in die Welt geboren wurdest, damit du diesen erleben kannst. Gab es jemals eine Geburt für dich? Wisse, dass du, das unveränderliche Selbst, niemals geboren wurdest. Was geboren wurde, war nur der Körper. Was hast du mit dem Körper zu tun? Du bist nicht der Körper.

In Träumen nimmst du einen Körper nach dem anderen an, aber bleibt nach dem Aufwachen jemals einer von ihnen bei dir? Ebenso hier. Der Körper und die Welt, die er erlebt, sind Überlagerungen über deine Natur des reinen Bewusstseins. Wenn du dein Selbst erkennst, verschwindet die Welt als objektive Realität und wird als das gesehen, was sie wirklich ist – nur eine Erscheinung im Selbst.

Dir zufolge bist du ein endliches Subjekt, das aus physischer Materie besteht und in einer permanent existierenden, objektiv realen Welt lebt und dieser zuschaut. Diese Haltung muss verschwinden. Du bist reiner Geist. Das Auftreten von grober Materie ist eine Täuschung. Es gibt überhaupt nichts Physisches. Was IST, ist nur Geist.

F: Aber wir sind in der Lage, feste Materie zu berühren und zu fühlen.

B: Das ist die Schönheit von *Maya*. Du denkst, du berührst und fühlst feste Materie. Alle Sinneswahrnehmungen, die wir fühlen, einschließlich körperlicher Empfindungen wie Hunger, Kälte, Schmerzen usw., all das zusammen ist wie ein Streifen einer Filmrolle, der vor dem Licht eines Projektors laufen darf. Der Projektor ist das Selbst und der Lichtstrahl ist reines Bewusstsein. Wenn im Kino der Film abzulaufen beginnt, werden vorher aufgezeichnete Bilder auf die Leinwand projiziert, aber das Licht, das den Bildern Leben verleiht, bleibt unverändert.

Ebenso bleibt das reine Bewusstsein immer unberührt. In

unserer Unwissenheit identifizieren wir uns mit einer der Figuren, die wir auf dem Bildschirm sehen, und beklagen uns, dass wir nur das vergängliche Sterbliche sind. Du bist die unsichtbare Kraft des inhaltslosen Bewusstseins, die dem Körper und auch der Welt, die scheinbar die Umgebung des Körpers ist, Leben gibt. Der Körper ist, zusammen mit dem ganzen Rest dieses Kosmos, nur eine Erscheinung im reinen Bewusstsein des Selbst.

F: Aber woher weiß man, dass dies eine direkte Erfahrung ist? Ich bin nur in der Lage, deine Worte auf der Ebene des Intellekts zu verstehen. Wie kann ich die praktische Erfahrung machen, dass die Welt nur eine Erscheinung in mir ist?
B: Eine solche Erfahrung kommt auf natürliche Weise zu denjenigen, die ihr Selbst verwirklicht haben.

F: Wenn ich also völlig aufhöre, die Welt als real zu betrachten, werde ich dann in der Lage sein, mein wahres Selbst zu verwirklichen?
B: Ja, so ist es. Der Verstand kann sich entweder immer wieder in den Kosmos ausweiten oder er kann im Herzen verankert oder ruhig bleiben; im letzteren Fall verwandelt er sich schnell in das Selbst.

F: Kannst du mir bitte sagen, was genau dieses Selbst ist, von dem du sprichst?
B: Es ist diese unbegrenzte Weite des Bewusstseins, die nichts mit zeitlichen oder räumlichen Überlegungen, die lediglich mentale Konstrukte oder Ideen sind, zu tun hat und in keiner Weise begrenzt werden kann. Es unterscheidet sich von deinem Gefühl des Subjektiven Bewusstseins, das sich aufgrund deiner verkehrten Vorstellung „Ich bin der Körper", in einem bestimmten Körper gefangen fühlt und daher unweigerlich an Zeit und Raum gebunden ist.

F: Was hindert mich also daran, mir meines wahren Selbst bewusst zu sein?
B: Jeder Mensch auf der Welt sieht sich selbst als „Ich" und nimmt sich selbst als den physischen Körper wahr, der geboren

wurde. Aber niemand erforscht, was „Ich“ bedeutet. Wenn die Erforschung ernsthaft fortgesetzt wird, wird nie etwas namens „Ich“ gefunden und dann bleibt nur das Selbst übrig. Was verhindert Selbsterkenntnis? Das „Ich“ ist der Schuldige. Es ist das „Ich“, das als *Maya* oder Illusion bekannt ist. Das „Ich“, das nichts anderes ist als das Ego oder der Verstand, kann nicht isoliert bleiben; es klammert sich immer an etwas oder assoziiert sich mit etwas.

Im *Jagrat*-Zustand hält es sich für den grobstofflichen Körper aus Fleisch und Blut, im Traum für einen Traumkörper und so weiter. Diese Beifügungen oder unberechtigten Überwucherungen werden vom Verstand erzeugt, weil der Verstand nicht in das Selbst hinabsteigen und mit ihm eins werden will. Wenn die Tendenz des Verstandes, sich mit Objekten zu verbinden, getötet wird, ist der Verstand zerstört. In jenem Zustand, in dem der Verstand sich nicht mit Gedanken, Objekten und mentalen Konzepten verbindet, kann die tatsächliche Natur des Verstandes als reines Bewusstsein entdeckt werden, und darin gibt es nicht die geringste Spur einer Störung.

Um unsere ursprüngliche Natur der Freiheit von falschen Einschränkungen wiederzuerlangen, müssen wir kontinuierlich und unaufhörlich nach der Quelle des Verstandes suchen. Dann verschwindet der Verstand, und wir bleiben als unser wahres Selbst. Die ständige Suche nach dem Verstand oder dem, was der Verstand ist, führt zu seinem Verschwinden.

F: Ich habe Angst, mir einen Zustand ohne Verstand vorzustellen.
B: Wie bist du im Zustand des tiefen traumlosen Schlafes?

F: Im Tiefschlaf gab es kein Bewusstsein für irgendetwas.
B: Das sagst du jetzt, aber hast du das oder irgendetwas anderes im Schlafzustand jemals gesagt?

F: Nein.
B: Der Schlafzustand wird aus der Perspektive des *Jagrat*-Zustands als Leere betrachtet. Der Verstand kann sich nicht daran erinnern, wie es war, ohne Verstand zu sein. Wie kann sich etwas an seine eigene

Abwesenheit erinnern? Im Schlaf gab es keinen Verstand. Daher ist alles, was der Verstand über den Schlaf sagt, notwendigerweise falsch. Das, was der Verstand als Schlaf-Zustand bezeugen kann, ist bedeutungslos, weil der Verstand zu diesem Zeitpunkt nicht da war, um irgendetwas zu bezeugen.

Der Verstand kann den Nicht-Verstand nicht kennen, weil der Nicht-Verstand die völlige Abwesenheit des Verstandes voraussetzt. Tatsache ist, dass der Schlaf ein Zustand der Einheit ist. Wir sind im Schlaf recht glücklich, weil wir völlig frei von Gedanken oder Vorstellungen sind. Wir sagen, dass wir aufgewacht sind, sobald das „Ich" wieder ins Spiel kommt. Aber was ist Fakt? Bist du jetzt wach? Nein. Du schläfst fest – mit deinem wahren Selbst.

Die gleiche Einheit, die im Zustand des Tiefschlafs existierte, existiert auch jetzt; darin kann es keine Unterbrechung geben. Die gegenwärtige Vielfalt, die im Kosmos wahrgenommen wird, ist das Werk des Verstandes. Wenn der Verstand transzendiert wird, bleibt nur die uneingeschränkte Glückseligkeit, die deine wahre Natur ist.

F: Aber wie geht das?
B: Es sind keine besonderen Anstrengungen erforderlich, um das Selbst zu verwirklichen. Verharre einfach oder SEI wie du BIST.

F: Ich verstehe nicht, was du sagen willst.
B: Das Bewusstsein des Selbst muss nicht kultiviert werden, weil es immer existiert. Das einzige, was getan werden muss, ist, das Bewusstsein für das Nicht-Selbst aufzugeben. Dann bleibt nur noch das Selbst als ewiger Überrest übrig. Der Verstand des Menschen ist übervoll von Anhaftungen, Wünschen und Gedanken aller Art. Wenn all dies verworfen wird, bleibt nur die Essenz des Geistes, die reines Bewusstsein ist, als der zugrunde liegende, unsterbliche Urgrund übrig.

Angenommen, du möchtest in einem Raum Platz schaffen, der mit nutzlosem Müll angefüllt ist. Bringst du dafür zusätzlichen Raum von außen hinein? Nein. Du wirfst einfach alles weg, was sich in dem Raum befindet, und der Raum ist vollkommen geräumig

geworden. Gebe ebenso alle Inhalte des Verstandes auf oder verzichte auf sie. Danach brauchen wir nichts weiter zu tun – das Selbst ist automatisch verwirklicht. Die Verwirklichung des Selbst bedeutet die Aufgabe des Nicht-Selbst und ist nur möglich durch die Aufgabe des Nicht-Selbst.

F: Aber wenn ich wirklich das formlose Selbst bin, warum habe ich dann diesen Körper?
B: Es wurde dir erklärt, dass der Körper nichts anderes ist als ein mentales Phänomen. Aufgrund der Tatsache, dass du deine Aufmerksamkeit auf ihn richtest und ihn mit dir selbst verwechselst, erscheint der Körper als real. Die Welt – und der Körper nicht ausgenommen – ist nichts anderes als der Eindruck in deinem Verstand, dass etwas namens „Welt" existiert.

Was die Menschen „Welt" nennen, ist nur ein bloßes Konzept in ihren Köpfen. Wenn du also deine Achtsamkeit ausschließlich auf dein Selbst richtest, wirst du bald entdecken, dass du nie einen Körper hattest und dass du immer das körperlose und formlose Selbst warst, die eine perfekte Realität, die der Vielzahl von Namen und Formen zugrunde liegt, die du um dich herum siehst.

F: Ich stelle mir also nur vor, dass ich einen Körper habe, während ich in Wirklichkeit keinen Körper habe?
B: So ist es.

F: Aber die körperlichen Empfindungen wie Schmerzen scheinen mir sehr real zu sein. Ich bin nicht in der Lage, sie abzutun oder als bloße geistige Schöpfungen oder Vorstellungen weg zu erklären.
B: Es wurde dir erklärt, dass alle Sinneswahrnehmungen und Eindrücke – auch die des Körperbewusstseins – Überlagerungen von Vorstellungen sind, die sich auf das reine Bewusstsein legen. Du identifizierst dich in deinem Verstand mit körperlichen Empfindungen, anstatt als reines Bewusstsein zu bleiben; darin liegt das Übel.

F: Aber wenn wir Schmerz, Kälte usw. in unserem Körper fühlen, sind diese Empfindungen doch nicht das Ergebnis unserer Gedanken; sie haben eine physische Realität, die nichts mit unserem Verstand oder seinen Gedanken zu tun hat.

B: Der Schmerz tritt nicht in dir als Körper auf; der Schmerz tritt in dir als Selbst auf. Wenn du Schmerzen hast, wirst du unglücklich, weil du denkst, dass du der Körper bist, und dir vorstellst, dass der Schmerz dir zugefügt wird. Aber gibt es irgendetwas außer dir, außer dir selbst? Der Schmerz ist du, der Körper ist du, alles ist wahrhaft du, und es gibt nichts außer DIR. Du bist nicht der Körper oder Verstand, für den du dich hältst. Du bist diese uneingeschränkte, grenzenlose Ausdehnung des reinen Bewusstseins, das keinerlei Begrenzung kennt. Aber um reines Bewusstsein zu bleiben, ohne in dem morastigen Reich des Denkens anheimzufallen, bedarf es kontinuierlicher, anhaltender Übung.

Der Berg Arunachala in Tiruvannamalai. Links: Arunachalesvara Tempel

Bhagavan geht Richtung Ramana Ashram

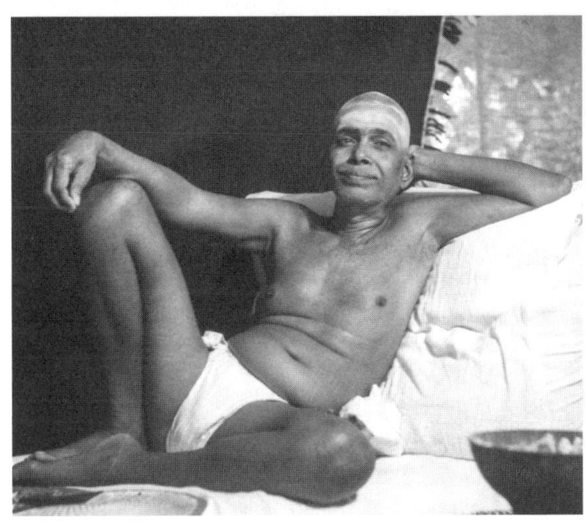

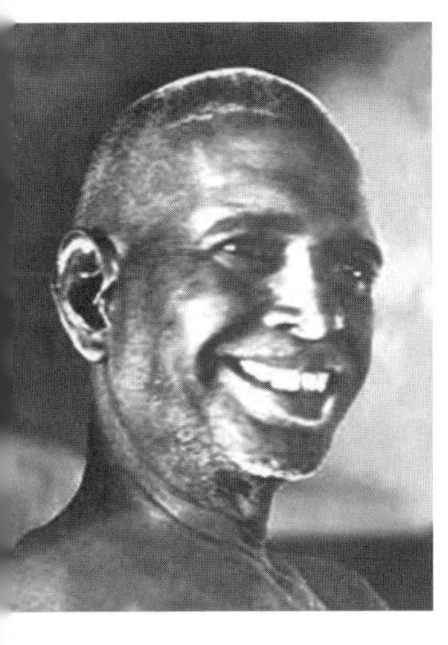

Bhagavan mit Muruganar (rechts)

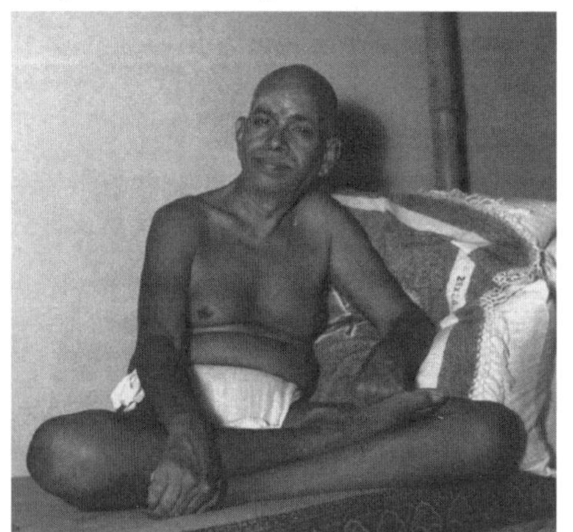

Major Chadwick mit Bhagavan

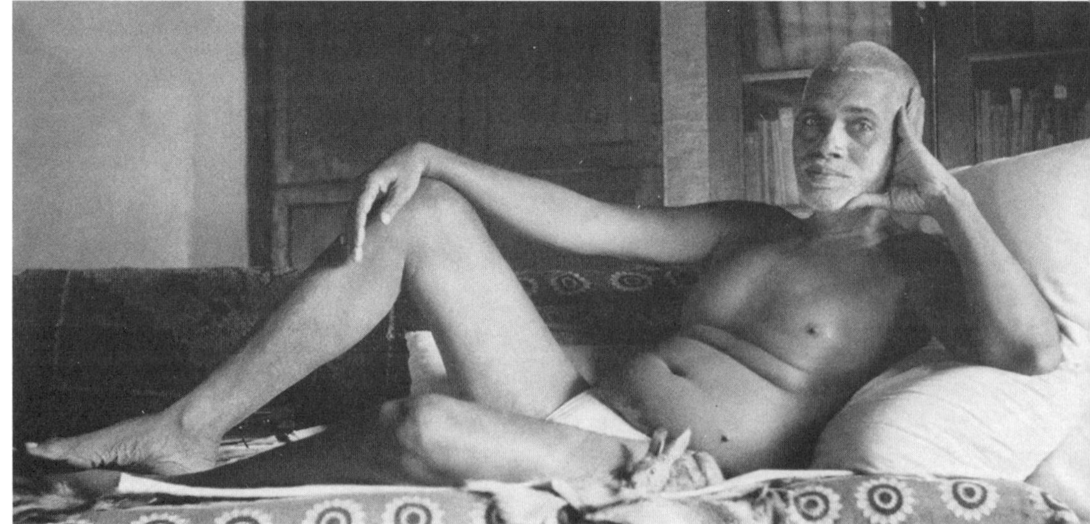

23. September 1936

Ein kleiner weiser Junge

Ein kleiner Iyyengar-Junge, der seine Eltern und Verwandten zum Ashram begleitete und dessen Familie aus dem Nachbardorf Nedungunam gekommen war, um Sri Bhagavan zu besuchen, hatte einen *Pambaram* [Kreisel] mitgebracht und spielte damit in der Halle. Der Aufseher war der Meinung, dass es die Meditierenden in der Halle stören würde und wollte dem Jungen sein Spielzeug wegnehmen. Der Junge, der verstand, warum der Aufseher auf ihn zukam, rief: „Ich werde aufhören, damit zu spielen, aber bitte lass ihn von selbst zu Ende drehen; bitte halt ihn nicht an!"

Seine kindliche Stimme klang bei diesen Worten so schrill und ernst, dass alle lächelten, auch Sri Bhagavan. Der Vater des Jungen entschuldigte sich, trat vor, nahm das *Pambaram* vom Boden und steckte es in eine Tasche seines Khadarjibba (Baumwollhemd).

Dann packte er seinen Sohn grob am Arm und setzte ihn auf den Schoß seiner Mutter. Der Junge begann zu weinen, wurde aber schnell von seiner Mutter in den Schlaf gewiegt, die ihn auf und ab schaukelte und ihm beruhigende Worte ins Ohr flüsterte.

Der Meister bemerkte vergnügt zum Vater des Jungen: **„Siehst du, dein Sohn hat deine Frage beantwortet."**

F: Ich verstehe nicht, was Bhagavan mir sagen will; ich hoffe inständig, dass er meinem unwissenden Sohn verzeihen wird, dass er …

B: Gestern hast du eine Frage über das *Prarabdha* des *Jnani* gestellt. Erinnerst du dich?

F: Ja; ich hatte Zweifel: wenn der Jnani *alle* Prarabdha *transzendiert hat, wie kommt es dann, dass er noch immer einen Körper hat? Das war mein Zweifel, aber Sri Bhagavan brachte mich zum Schweigen, indem er sagte: „Warum kümmerst du dich um* Jnanis*? Kümmere dich zuerst und vor allem um dich selbst. Wenn die Wahrheit über das eigene Selbst entdeckt wird, sind alle Zweifel beseitigt."*

B: Hast du gehört, was dein Sohn gesagt hat? Was war seine Bitte? Er würde aufhören, mit seinem *Pambaram* zu spielen, aber der Kreisel müsse von allein zum Ende kommen. Du bist natürlich nicht auf sein Flehen eingegangen, sondern hast das *Pambaram* auf der Stelle gestoppt.

Doch *Ishwara* ist nicht so. Das *Prarabdha*, das mit dem Körper des *Jnani* verbunden ist, muss sich unausweichlich erschöpfen. Wobei daran zu erinnern ist, dass diese Erklärung für den *Jnani* selbst keine Gültigkeit mehr besitzt; aus seiner Sicht hat er bereits gar keinen Körper mehr. Nur der Betrachter denkt, dass der *Jnani* der Körper ist; der *Jnani* selbst unterliegt diesem Fehler nicht. Da der Körper empfindungslos ist, ist er nicht in der Lage zu sagen: „Schau her, ich bin du; du musst dich gut um mich kümmern, der ich du selbst bin." Du bist es, der sich einbildet: Ich bin der Körper. Beende diese imaginäre Identifikation und alles wird gut."

23. September 1936

Vollkommene Hingabe

F: Ich habe gehört, dass Bhagavan einmal voller Anerkennung von Schopenhauer gesprochen hat.

B: Er hat entdeckt, dass die Welt ein grundlegend und hoffnungslos unglücklicher Ort ist; er hat auch entdeckt, dass das wahre Ziel des Menschen das Glück ist; außerdem stellte er richtig fest, dass die Auslöschung des persönlichen Willens zur Befreiung führt. Was jedoch zu fehlen scheint, ist die praktische Umsetzung. Wie soll das Ego, das die Ursache allen Leidens ist, besiegt und ausgelöscht werden? Der Wille kann nicht durch den Willen besiegt werden. Der Verstand kann den Verstand nicht töten. Nur absolute Hingabe kann zur Vernichtung des Egos führen.

EZ: Schopenhauer soll von den Upanishaden *sehr beeindruckt gewesen sein.*

F: Schopenhauer soll auch ein Anhänger von Buddhas Lehren gewesen sein; er vertrat ebenfalls die Ansicht, dass das Verlangen allein die Ursache für alles Leiden im Leben ist. Das geht aus seinen Schriften hervor.
Ein langer Text in deutscher Sprache wurde verlesen und endete: „... daher tragen fast alle ältlichen Gesichter den Ausdruck dessen, was man auf Englisch „disappointment" (Enttäuschung) nennt."

B: Ja – und dann ist es normalerweise zu spät, etwas zu tun. Wenn die *Vasanas* [Gewohnheiten des Verstandes] zerstört und die Verwirklichung erreicht werden soll, ist vollkommenes *Vairagya* [losgelöst von Objekten] notwendig. *Vairagya* ist nicht die kleinliche Frustration, die sich gegenüber der Welt entwickelt, wenn man in all seinen Bestrebungen gescheitert ist und keinen nennenswerten Erfolg in der Welt hat; *Vairagya* ist die gereifte Überzeugung, dass *Samsara* vergeblich, sinnlos und von Natur aus ohne Sinn und Zweck ist. Herr Schopenhauer bezieht sich auf das Erstgenannte, wenn er erwähnt, dass einige ältere Menschen einen Gesichtsausdruck zu tragen scheinen, der auf Enttäuschung in ihrem Verstand hinweisen könnte.

Diese Stimmung der Mutlosigkeit, Enttäuschung oder Frustration ist nicht *Vairagya*, und sie reicht sicherlich nicht aus, um seine *Vasanas* zu beherrschen; sie ist lediglich eine vorübergehende Neigung des Verstandes, die bald wieder vergeht, ohne dass sie irgendeine nennenswerte Konsequenz hinterlässt. *Vairagya* ist nicht so; *Vairagya* verbrennt den Verstand. Wiederholte Misserfolge und Frustrationen im Leben können zu geistiger Verbitterung führen, die nur schadet und zu nichts nutze ist. Sollen aber solche negativen Erfahrungen im Leben zu *Vairagya* führen oder in *Vairagya* erblühen, so dass sie einen Nutzen haben und nicht schaden, ist dafür die Gnade des Gurus absolut notwendig.

F: Wie erhalte ich die Gnade des Gurus?
B: Indem du dich vollkommen hingibst.

F: Wem soll ich mich hingeben?
B: Absolute Hingabe kann nicht beinhalten, sich „an“ etwas hinzugeben. Die Hingabe an Gott kann bestenfalls als teilweise Hingabe bezeichnet werden. Bedingungslose Hingabe ist einfach ein vollkommenes LOSLASSEN. Wenn alles aufgegeben wird, einschließlich des Aufgebenden und des Sich-Überlassenden, bleibt nur die Wirklichkeit übrig – und das allein ist das wahre Selbst. Zu fragen, „Wem soll ich mich hingeben?“, ist dasselbe, wie zu fragen, „Wenn ich loslassen soll, wer wird mich auffangen, wenn ich falle?“ Du willst wieder „aufgefangen“ werden; deshalb taucht diese Frage auf. Reife Seelen wollen fallen, sie wollen in keiner Weise aufgefangen werden. Was nützt es, loszulassen, wenn du nur wieder aufgefangen wirst? Der *Paripakvi* [vollständig reifer Mensch] gibt sich also nicht „an“ (jemandem oder etwas) hin; er gibt sich einfach hin.

F: Und danach?
B: Es gibt kein danach.

F: Ich meinte, wie ist der Zustand nach vollkommener Hingabe?
B: Jemand, der sich vollkommen hingegeben hat, stellt er diese Frage? Kann er sie stellen?

F: Nein, aber ich stelle sie.
B: Der einzige Weg, es wirklich zu wissen, ist, es selbst zu tun und es zu sehen. Es kann nichts geben, um das Selbst zu bezeugen.

23. September 1936

Dialog mit einem erfahrenen Besucher

Monsieur Greenleaves (GL) stellte sich dem Meister vor, und Bhagavan lächelte ihn freundlich an. Er übergab dem Dolmetscher einen Zettel. Wie manchmal gehandhabt, besonders in Fällen, wenn auf von Weißen bekritzelten Notizzetteln Zweifel an der Praxis geäußert wurden, wurde der Inhalt zum Nutzen aller in der Halle Anwesenden vorgelesen, so dass die (sogleich erwartete) Antwort des Meisters – sofern eine solche kam – von allen Anwesenden im Licht einer erweiterten kontextbezogenen Klarheit besser verstanden werden konnte.

GL: Manchmal erlebt man ein Aufblitzen des kosmischen Bewusstseins, das außerhalb des normalen Selbst verortet scheint. Da der Suchende nicht daran interessiert ist, sich mit philosophischen Konzepten zu belasten, und daher eine Erklärung mit pragmatischem Nutzen sucht, was würde Bhagavan ihm raten, wie er darauf hinarbeiten kann, ein solches Aufblitzen (a) zu erhalten, (b) zu bewahren und (c) zu erweitern? Sollte man sich aus dem weltlichen Leben zurückziehen, um in der Lage zu sein, ein solches Aufblitzen nach Belieben hervorzurufen?

B: Du sagst, dass du das, was du erfahren hast, als außerhalb von dir liegend empfunden hast. Aber bedenke: Kann es irgendeine Erfahrung geben in Abwesenheit des Erfahrenden? Alle seine Erfahrungen sind nur dem Erfahrenden zu eigen. Es kann also nichts geben, das, wenn es sich außerhalb von dir befindet, dennoch innerhalb des Horizonts deiner Wahrnehmungsfähigkeit oder Erfahrung liegt.

Außerhalb oder innerhalb von wem? Wessen Außen und wessen Innen? Wer ist derjenige, der den Gegenstand der Spaltung zwischen „innen" und „außen" bildet? Untersuche es! Du wirst feststellen, dass die Vorstellungen „innen" und „außen" nur dann und nur insofern relevant sind, als es ein Subjekt und ein Objekt gibt. Da es nur dem Subjekt gegeben ist, ein Wahrnehmender von Objekten und Erfahrender von Erfahrungen zu sein, stellt man in

der Selbsterforschung fest, dass sich alle Objekte und Erfahrungen nur in das Subjekt auflösen.

Aber wer ist dieses Subjekt? Untersuche „Wer bin ich?" oder verfolge *Ahamvritti* [die grundlegende Annahme eines „Ich"] zu seiner Quelle zurück; das ist die Praxis. Indem du dich selbst – das Subjekt – untersuchst, wirst du in das Reich des reinen Subjektiven Bewusstseins gezogen, das jenseits des Subjekts liegt. Du sprichst von einem „normalen Selbst". Was ist deiner Meinung nach dieses normale Selbst?

GL: Der Verstand.

B: Ja. Der Verstand ist nur eine Vorstellung. Hast du jemals erforscht, was er tatsächlich ist?

GL: Nein. Ich scheine seine Existenz schon so lange für selbstverständlich gehalten zu haben.

B: Das ist der Fehler. Der Verstand wird als das Selbst anerkannt. Das Selbst ist immer da – während der Verstand erscheint und wieder verschwindet. Gibt es im Tiefschlaf einen Verstand? Aber dein Selbst ist immer da. Der Verstand, der sich der Illusion hingegeben hat, ein Sterblicher mit einer physischen Form zu sein, der in einer objektiv realen Welt als deren Wahrnehmender lebt, ist umgeben von Begrenzungen. Das reine Subjektive Bewusstsein hingegen kennt keine Begrenzung.

GL: Wie kann ich dieses reine Subjektive Bewusstsein erreichen?

B: Durch die Erforschung „Wer bin ich?"

(a) Du sprichst davon, Bewusstsein zu erlangen. Das Bewusstsein ist immer da. Nur kümmern wir uns um andere Dinge – anschließend lassen wir uns von der sinnlosen Frage quälen, wie das Bewusstsein erreicht werden kann. Bewusstsein ist selbstverständlich; es scheint nur deshalb verborgen, weil unsere Aufmerksamkeit nach außen gerichtet ist. Entferne den Schleier des Denkens, der die Offenbarung des Bewusstseins verbirgt, und das Bewusstsein ist offenbart.

(b) Du sprichst davon, das Bewusstsein zu bewahren. Wenn das Bewusstsein als das unveränderliche Substrat erkannt wird, das der egoistischen Vorstellung des „Ich" zugrunde liegt, bildet es den Gegenstand deiner direkten und unmittelbaren Erfahrung und kann niemals verloren gehen.

(c) Es kann keine Frage der Erweiterung des Bewusstseins geben, weil es eine *Akhandakaravritti* [ununterbrochene Erfahrung] ist; es bleibt immer so, wie es IST, ohne Verkürzung oder Erweiterung.

(d) Du sprichst davon, dich vom weltlichen Leben zurückzuziehen. Der Rückzug aus der Welt der Gedanken – das heißt das Verweilen im Sein des Selbst – ist die einzig wahre Zurückgezogenheit. Kann es etwas geben, das dem Selbst fremd ist? Der Rückzug kann nur von einem Ort oder Zustand zu einem anderen erfolgen. Außerhalb des Selbst gibt es weder das eine noch das andere. Da alles das Selbst ist, ist ein Rückzug unmöglich und undenkbar.

GL: Wenn das Selbst immer aus sich selbst heraus offenbart ist, wo ist dann die Notwendigkeit für eine Praxis?
B: *Abhyasa* [ständige Praxis] bedeutet nur, Störungen der uns innewohnenden Natur des unsterblichen Friedens zu verhindern. Als Substrat, das dem Verstand zugrunde liegt, bleibst du immer im natürlichen Zustand, ob du *Abhyasa* machst oder nicht – zu bleiben, wie du BIST, ohne Frage oder Zweifel, das ist dein natürlicher Zustand.

GL: In diesem Fall können wir sagen, dass jeder selbstverwirklicht ist!
B: Der natürliche Zustand bleibt ungehindert und unverändert, ob du in ihm verweilst oder nicht. Selbst im Denken funktionierst du nur innerhalb einer Abwandlung des natürlichen Zustands. Der natürliche Zustand ist einfaches Sein; tauchen Gedanken in ihm auf, wirst du zum Verstand. Die Menschen täuschen bloß vor, nicht verwirklicht zu sein.

Jeder sagt „Ich". Wie kann er dann unwissend gegenüber dem Selbst sein? Nur verwechselt er das Nicht-Selbst – wie zum

Beispiel Körper und Geist – mit dem Selbst. Wird dieser schlechten Angewohnheit ein Ende gesetzt, herrscht nur noch das einfache Sein vor.

Von unserem gegenwärtigen Standpunkt aus bezeichnen wir den Zustand der mühe- und willenlosen Gedankenlosigkeit als Verwirklichung. In Wirklichkeit aber ist der gedankenfreie Zustand der natürliche Zustand; und alles andere – allgemein „Verstand" genannt – ist überflüssige Anhäufung. Werden diese unerwünschten Anhäufungen beseitigt, bleibt nur das Sein des Selbst übrig.

GL: Wie kann ich meine Unwissenheit gegenüber dem Selbst zerstören?
B: Unter Unwissenheit kann man verstehen, sich des Selbst nicht bewusst zu sein, oder man kann darunter die schlechte Angewohnheit verstehen, dem Aufmerksamkeit zu schenken, was nicht das Selbst ist, was das Wissen über das Selbst behindert. Unsere ganze Anstrengung richtet sich nur auf die Zerstörung der Angewohnheit des Denkens. Gedanken sind wiederholte Manifestationen latenter Veranlagungen, die in Form von Samen bestehen bleiben; diese bringen eine geistige Vielgestaltigkeit hervor, die die Grundursache aller Probleme ist.

Nach dem *Vedanta*-System kann die Anstrengung in *Sravana* [durch Studium erworbenes Wissen], *Manana* [stabilisiert durch Reflexion] und *Nidhidhyasana* [ständige Kontemplation] unterteilt werden.

Im Falle des *Kritopasaka* [jemand, der einen zielgerichteten Verstand hat], ist die Wirkung von *Sravana* unmittelbar, und der *Sadhaka* [Schüler] verweilt sofort im Sein des Selbst.

Andererseits mag der *Akritopasaka* [jemand, der keinen zielgerichteten Verstand hat] das Gefühl haben, dass er nicht im einfachen Sein verweilen kann, selbst nachdem er wiederholt die Wahrheit gehört hat, dass die Tendenz des Verstandes, sich von seiner Quelle zu entfernen, ausgelöscht werden muss, wenn der natürliche Zustand der Glückseligkeit wiedererlangt werden soll. Und warum? Es liegt an der dreifachen Unreinheit: Unwissenheit (die Vorstellung, dass die Welt objektiv real ist und ein Selbst in ihr enthalten ist – während sich die Welt in Wirklichkeit nicht von dem

Verstand unterscheidet, der sie wahrnimmt), Zweifel (die Frage, ob die Lehren des *Vedanta* falsch sein könnten) und falsche Identität (die Vorstellung, dass das Nicht-Selbst das Selbst ist).

GL: Wie soll ich diese Unreinheiten ausrotten?
B: (a) Um die Unwissenheit auf der Ebene des Intellekts zu beseitigen, muss der *Sadhaka* die Wahrheit wiederholt hören, bis sein Wissen über das Thema *Ajata Advaita* [das Ungeborene, Nicht-Dualität] theoretisch vollkommen wird.

(b) Um Zweifel zu beseitigen, muss er so lange über die Wahrheit von *Ajata Advaita* reflektieren, bis sein Vertrauen in die Wahrheit der Lehre frei von jeglichen Zweifeln ist.

(c) Um die falsche Identität des Selbst mit dem Nicht-Selbst (wie dem Körper, seinen Sinneswahrnehmungen, dem Verstand, dem Intellekt und so weiter) zu beseitigen, muss sein Verstand auf einen Punkt ausgerichtet werden. *Chittaikagratha* [zielgerichteter Verstand] ist als vorbereitend praktische oder angewandte Dimension an unserer Anstrengung beteiligt, den Zustand von *Ajata Advaita* zu erreichen.

Sind diese Kriterien erfüllt, gibt es keine Hindernisse mehr und es herrscht dauerhafter Frieden. Es besteht keine Notwendigkeit, nach einem neuen Zustand zu streben. Gib deine bestehenden Gedanken auf, das genügt. Können wir ohne vollkommenes Sich-nach-innen-Wenden des Verstandes, bei dem der Verstand auf einen einzigen, unendlich winzigen Punkt reduziert ist, Verwirklichung erreichen?

GL: In meiner alltäglichen Erfahrung stelle ich fest, dass mein Verstand mit Gedanken überfüllt ist, auch wenn ich mich nicht bewusst darum bemühe, zu denken oder ohne Gedanken zu sein.
B: Das bedeutet, dass das Sich-nach-außen-Wenden der natürliche Zustand geworden ist. Es bedarf der Praxis, bevor die vollkommene Stille erreicht werden kann. Was ist die Praxis? Es sind *Sravana* [durch den Lehrer erworbenes Wissen], *Manana* [stabilisiert durch Reflexion] und *Nidhidhyasana* [die Wahrheit leben], wie dir soeben erklärt wurde.

Diese Stufen werden nicht durch das Lesen von Büchern oder durch Diskussionen über Philosophie genommen. Unablässige Praxis ist notwendig, um den Verstand aus den Neigungen zu Sinneswahrnehmungen zurückzuziehen.

Das Sich-nach-innen-Wenden oder die Stille des Verstandes kann nicht an einem Tag erreicht werden. Übe so lange, bis die Praxis so natürlich und leicht wird wie das Atmen. Die Praxis des Rückzugs oder des Sich-nach-innen-Wendens des Verstandes sollte so lange aufrechterhalten werden, bis ein Nach-außen-Wenden nicht mehr möglich ist.

GL: Manche scheinen das Selbst ohne jede Anstrengung zu verwirklichen. Andere bemühen sich, haben aber keinen Erfolg. Warum ist das so?

B: Der *Sadhaka* kann *Kritopasaka* oder *Akritopasaka* sein. Ersterer ist in der Lage, das Selbst zu verwirklichen, selbst bei geringstem Anstoß. Ein paar kleine Zweifel mögen ihm im Weg stehen, aber sie werden leicht beseitigt, sobald er durch den Guru nur einmal die Wahrheit hört: Sofort erreicht er den Zustand von *Sashwatamanonivritti* [Verstand, der immer nach innen gewendet ist].

Im Falle des *Akritopasakas* sind alle Arten der Hilfe notwendig; bei ihm verursachen Zweifel Störungen, selbst nachdem er durch den Guru wiederholt die Wahrheit gehört hat; deshalb darf er das Nachdenken über die Worte des Gurus nicht aufgeben, bis er den *Sashwatamanonivritti*-Zustand erreicht hat.

Bei *Sravana, Manana* und *Nidhidhyasana* sind die ersten beiden intellektuelle Aktivitäten, während die letzte eine Praxis beinhaltet - die Praxis ist das Sich-nach-innen-Wenden des Verstandes, die mittels *Vichara* ausgeführt wird.

GL: Befürwortet Bhagavan die Theorie der Wiedergeburt oder Reinkarnation?

B: Geburt und Tod sind fadenscheinige Geisteserfahrungen, keine Tatsachen. Andererseits ist die subjektive Existenz des Menschen eine unumstößliche Tatsache. Beschäftige dich mit Tatsachen, nicht mit Fiktionen. Wenn du jetzt geboren bist, kannst du immer auch später geboren werden. Aber überlege: Bist du jetzt geboren?

GL: Das heißt, dass das eigentliche Selbst weder Geburt noch Tod kennt?
B: Ja. Zerbrich dir nicht den Kopf über unnötige Fragen. Was geboren ist, wird sich um sich selbst kümmern und schließlich vergehen, wie es gekommen ist. Was IST, bleibt immer. Die Vielfalt und Verschiedenheit geistiger Phänomene hat kein Ende. Ignoriere den Inhalt des Verstandes und versenke dich in das Herz. Das ist der Weg zum Frieden, aus dem es keine Rückkehr gibt.

GL: Wäre Bhagavan so freundlich, mir zu sagen, wie der Verstand entstanden ist? Wie konnte der Verstand sich vom Selbst trennen oder vom Selbst getrennt werden?
B: Jede Antwort, die du auf diese Frage erhältst, kann nur auf der Ebene des Intellekts oder des Verstandes selbst liegen. Kann eine solche Antwort eine echte Antwort sein? Die einzig wahre Antwort auf diese Frage ist, das Selbst für dich selbst zu verwirklichen.

Verwirkliche das Selbst und überprüfe für dich selbst, ob es jemals etwas geben konnte, das Verstand genannt wird – dann wirst du sehen, dass der Verstand nie entstanden ist. Theoretische Erklärungen können die Wahrheit nicht vermitteln.

GL: Wenn alles vorherbestimmt ist, ist dann meine Verwirklichung – meine Entdeckung meiner wahren, ewigen Natur – auch vorherbestimmt? Was ist, wenn ich dazu bestimmt bin, das Selbst nicht zu verwirklichen?
B: Kümmere dich nicht um die Frage, sondern fahre mit deinen Bemühungen fort. Bevor du dich zum Essen niederlässt, fragst du dich da, „Ich werde sowieso eines Tages sterben; was nützt es dann, diesen Körper zu füttern, der dazu verdammt ist, eines Tages unweigerlich zu vergehen?“, oder setzt du dich nach einem anstrengenden Arbeitstag genüsslich zum Essen hin?

GL: Letzteres – vor allem, wenn das Essen gut ist!
B: (lacht) Ebenso verhält es sich mit der Erforschung „Wer bin ich?“. Unablässiges, ernsthaftes, hartnäckiges und entschlossenes Bemühen kann nicht scheitern. Der Erfolg ist vorprogrammiert!

24. September 1936

Ein ehemaliger Klassenkamerad besucht Bhagavan

Mr. Abdul Wahab, ein ehemaliger Klassenkamerad Sri Bhagavans an der American Mission High School in Madurai, stattete dem Ashram einen Besuch ab. Der Meister strahlte vor Freude, ihn zu sehen. Dann tauschten sowohl der Meister als auch sein ehemaliger Klassenkamerad in der Halle ihre Erinnerungen aus.

B: In jenen Tagen spielte ich sehr gerne Fußball. Sahib (so sprach Sri Bhagavan den muslimischen Herrn an) **achtete besonders darauf, dass er immer auf der gleichen Seite spielte wie ich. Einmal verletzte ich mich beim Spielen am rechten Bein, das sich daraufhin entzündete und anschwoll. Sahib brachte mich in ein nahe gelegenes Krankenhaus und sorgte dafür, dass eine Medizin auf die betroffene Stelle aufgetragen wurde. Erst nachdem die Schwellung etwas abgeklungen war, konnte ich nach Hause zurückkehren; da ich sonst von den Erwachsenen, die nicht im Geringsten damit einverstanden waren, dass ich mich an irgendwelchen Spielen beteiligte, ausgeschimpft worden wäre.**

AW: Es beunruhigt mich, wenn ich darüber nachdenke, dass ich Bhagavan so viele Jahre lang vertraulich beim Namen genannt habe, ohne seine Größe zu erkennen oder sie zu realisieren. Venkateswaram Aiyyer war der Name, der Sri Bhagavan bei seiner Geburt gegeben wurde, da der Kuladheivam *[Dorf- oder Familiengottheit] ihrer Familie Thirupathi Venkatachalapathy war; zur Zeit seiner Einschulung wurde er jedoch aus irgendeinem Grund in Venkataraman geändert.*

Sri Bhagavan nahm mich oft samstags mit zum Thirupparangundram Murugar Kovil (farbenfroher Tempel außerhalb von Madurai). Er bestand darauf, dass ich zusammen mit ihm die Schreine der verschiedenen Götter besuchte und den Tempel umrundete. Ich protestierte und verwies darauf, dass ich dem islamischen Glauben angehöre, in dem die Anbetung von Götzen als Ungehorsam und Ketzerei gilt, aber er setzte sich immer über meine Einwände hinweg, und sagte, dass diese Unterschiede nicht in Gott seien, sondern lediglich vom Menschen geschaffen wurden.

Bhagavan nahm mich auch gelegentlich mit nach Thirucchuzhi; er fuhr regelmäßig dorthin, um seine Familie zu besuchen. Bhagavans Mutter war eine orthodoxe Brahmanin, *aber dennoch gab sie mir Essen, wann immer sie mich sah. Wenn ich es gelegentlich ablehnte, ihn zu begleiten, dann überreichte er mir am nächsten Tag eine Tiffin-Box (mehrstufige Lunch-Box) mit den Worten: „Mutter hat mich gebeten, dir dieses Essen zu geben." So liebenswürdig war Bhagavans Mutter!*

Sowohl der Moslem als auch Sri Bhagavan hatten an diesem Punkt feuchte Augen, und der Meister blickte plötzlich von der Halle weg zum Fenster und verharrte dort für einige Zeit. Als er sich verabschiedete, überreichte der Moslem dem Meister eine kleine Menge *Shankha Bhasma* [ayurvedische Medizin, eine Kräutermischung auf Goldbasis] und sagte: „Ich habe es speziell für Sri Bhagavan besorgt, da ich weiß, dass er Asthmatiker ist."

B: Das kann nicht angenommen werden. Es gibt so viele Asthmatiker auf der Welt. Wenn sie alle nach *Shankha Bhasma*, verlangen, wird dann die Menge an Gold, die auf der Erde übrig ist, ausreichen? Außerdem, warum all diese ausgefallenen Dinge für mich? Kann ich mir solche Dinge leisten? Ich bin ein *Daridranarayanan* [im Dienst der Armen], der sich mit dem begnügt, was da ist. Solche exotischen Dinge sind für diejenigen, die einen Geschmack dafür haben und es sich leisten können. Was kann ich mir leisten? Nichts. Selbst das *Koupeenam* (Lendentuch), das ich trage, wurde mir von jemand anderem geschenkt und nicht von mir verdient. Welches Recht habe ich, an diesen ausgefallen Genüssen teilzuhaben? Mir reichen einige Reste mit etwas Buttermilch dazu.

AW: (jammernd) Aber wird Bhagavan mir zuliebe nicht seine Meinung ändern und mein Geschenk annehmen?

Eine Stimme in der Nähe des Sofas sagte: *„Es ist ein Zeichen der Liebe und Zuneigung des Herrn zu Bhagavan. Bhagavan muss es freundlicherweise um unseretwillen annehmen, wenn nicht sogar um seinetwillen.“* Doch der Meister ließ sich nicht überzeugen.

B: Warum all diese ausgefallenen Sachen? Du hast selbst Familienmitglieder, die an Asthma leiden, ist es nicht so? Ist dieser Körper wichtiger oder in irgendeiner Weise besser als jene Körper? Wie kommt es, dass du sie ignorierst und mir diese Medizin bringst? Wenn du sie denen gibst, die sie wirklich brauchen, werden sie glücklich sein. Ich habe keine Verwendung für solche Dinge. Ich kann nicht denken: „Oh, wir nehmen Medizin für unsere Gesundheit“ und mich dabei glücklich fühlen.

Er lächelte und sprach mit formeller Höflichkeit: „**Ich hoffe, du bist mir nicht böse.**“ Die beiden Schulfreunde lachten herzlich. Der muslimische Gentleman warf sich vor dem Meister nieder und verließ die Halle.

30. September 1936

Schicksal

F: Stimmt es, dass Bhagavan gesagt hat, dass ein Mensch, der dazu bestimmt ist, das Selbst nicht zu verwirklichen, das Selbst nicht verwirklichen wird, ganz gleich, welche Art von Hilfe oder Unterstützung – bereit, von ihm unmittelbar zum Einsatz gebracht zu werden – ihm angeboten wird oder zur Verfügung steht? Und dass andererseits ein Mensch, der dazu bestimmt ist, das Selbst zu verwirklichen, das Selbst verwirklichen wird, ganz gleich, welche Art von Fessel oder Hindernis ihm in den Weg gelegt oder unweigerlich aufgezwungen werden?

B: Diese Aussage ist richtig.

F: Was nützt es dann, sich zu bemühen, das Selbst zu verwirklichen?
B: Was gibt dir das luxuriöse Recht, zu glauben, dass du das Selbst nicht verwirklichen wirst?

F: Nur der banale Glaube, dass Unwahrscheinliches wahrscheinlich nicht geschehen wird.
B: Andererseits geschieht es immer wieder.

F: Wenn Atman *[das Selbst] bereits beschlossen hat, mir nicht zu erlauben, das Selbst zu verwirklichen, ungeachtet meiner besten und aufrichtigen Bemühungen in dieser Richtung, welchen Sinn hat es dann, dass ich überhaupt Anstrengungen unternehme, das Selbst zu verwirklichen?*
B: Ist *Atman* gekommen und hat dir gesagt, dass er diese Entscheidung getroffen hat? Es ist dein eigenes Ego, das auf gefährliche Weise solche sinnlosen Nicht-Themen formuliert und dann deinen Verstand damit bombardiert, so dass du abgelenkt und davon abgehalten wirst, Anstrengungen zu unternehmen, das Selbst zu verwirklichen.

Um sich selbst vor der Zerstörung zu bewahren, mag das Ego alle möglichen Ausreden erfinden, um dich von *Abhyasa* fernzuhalten. Glaube diesen trügerischen Ideen, die das Ego ausgeheckt hat, nicht! Fahre unaufhörlich mit Ausdauer und Hartnäckigkeit in deinen Bemühungen fort, dich zu verwirklichen, und eines Tages wird das Selbst sich selbst offenbaren.

Lasse dich niemals durch das Gefühl entmutigen, keine Fortschritte zu machen. Das Selbst - obwohl hier und jetzt - kann nicht über Nacht verwirklicht werden. Rom wurde auch nicht an einem Tag erbaut.

F: Ich habe viele Probleme – im Büro und zu Hause. Sie erlauben es mir nicht, mich auf die Suche nach der Verwirklichung des Selbst zu konzentrieren.
B: Die Wahrnehmung des Problems ist das einzige Problem. Da du weiter über das Problem nachdenkst, wird das Problem immer größer und größer. Schließlich wird es unbeherrschbar und treibt

dich in den Wahnsinn. Und warum? Weil du ihm ständig Aufmerksamkeit schenkst, weil du dir immer wieder Gedanken darüber machst.

F: Ein Problem zu negieren ist kein Weg, es zu lösen.
B: Darüber nachzudenken ebensowenig.

F: Was Bhagavan sagt, ergibt für mich keinen Sinn. Wenn ein Problem gelöst werden muss, muss eine Lösung gefunden werden. Wie kann ich ohne Nachdenken, ohne das Problem zu analysieren, eine Lösung dafür finden?
B: Studiere das Problem sorgfältig, zusammen mit den dazugehörigen Umständen. Hast du das getan, halte den Verstand im Leuchten des Herzens still. Die Lösung wird augenblicklich aus dem Verstand hervorspringen oder darin aufleuchten – unaufgefordert, ganz aus sich selbst heraus.

F: Meint Bhagavan das ernst?
B: Versuch es und sieh selbst! Ein solches Phänomen kann nicht durch den Gebrauch theoretischer Parameter erklärt oder verstanden werden – es muss erfahren werden.

F: Funktioniert dieser – Entschuldigung! – verrückte Ansatz zur Lösung von Problemen bei allen Menschen und allen Problemen?
B: Er funktioniert, ganz gleich, um welches Problem es sich handelt. Aber es braucht einen Verstand, der völlig in das Herz eingetaucht ist und der überhaupt keine Neigung verspürt, das Herz zu verlassen.

F: Dann funktioniert es für den Durchschnittsmenschen womöglich nicht.
B: Ihr ganzes Leben lang wandern die Menschen herum und versuchen, etwas „zu tun". Nur wer die Vergeblichkeit des „Tuns" erkannt hat, erkennt den Wert des „Nicht-Tuns"; bis dahin hält er das „Tun" für tugendhaft und rechtschaffend und das „Nicht-Tun" für träge und unnütz. Es wäre ein Irrtum anzunehmen, dass „Nicht-Tun" dasselbe ist wie Hingabe an Luxus und Vergnügen.

Es ist ein Unterschied, ob man etwas nicht tut oder ob es niemanden gibt, der etwas tut. Für die „befreite Seele" ist Anstrengung ausgeschlossen, ebenso wie Willenskraft, auch wenn sie ihren Körper sieht, der sich bewegt und Dinge tut.

F: Einfach untätig zu bleiben, ist das die Lösung für die Frage der Verwirklichung?
B: Untätig zu bleiben ist nicht dasselbe, wie den Körper faulenzen und den Gedanken freien Lauf zu lassen. Der Verstand muss untätig bleiben, ohne zu denken und ohne einzuschlafen, aber weder Anstrengung noch Wille dürfen ihn dabei unterstützen, in diesem Zustand zu bleiben. Das allein bedeutet „Verweilen in Untätigkeit" [*Summayitutthal*].

F: Ich kann mir einen solchen Zustand nicht einmal vorstellen.
B: Der Zustand des *Summayirutthal* kann nicht vom Verstand erdacht, vorgestellt oder visualisiert werden. Alles, was möglich ist, ist in ihm zu SEIN. Durch Anstrengung oder Verfolgung von Wünschen kann man ihn nicht erreichen; vielmehr offenbart die völlige Abwesenheit von Anstrengung und Wollen, dass man nie verschieden von ihm war. Unsere ganze Anstrengung besteht nur darin, vollkommen mühelos zu werden.

F: Es wird gesagt, dass selbstlose, platonische Liebe zu den Mitmenschen zur Befreiung aus Samsara *führt. Ist das wahr?*
B: Handlungen, die ausgeführt werden, ohne den Gedanken zu hegen, der Handelnde zu sein, helfen, die Reinigung des Verstandes zu bewirken.

30. September 1936

Gut und Böse

F: Warum lässt GOTT zu, dass es in der Welt böse gesinnte und böse handelnde gibt? Er ist doch allmächtig, nicht wahr? Sollte er solche Menschen nicht mit einem einzigen Handstreich beseitigen?
B: Gut und böse sind relative Begriffe.

F: Ich kenne dieses bekannte Argument; es wird von Philosophen immer wieder verwendet, um die Frage zu beantworten, warum Gott das Böse in der Welt zulässt. Aber einige Menschen in dieser Welt sind geradezu abgrundtief böse. Leugnet Bhagavan diese Tatsache?
B: Lass GOTT sich um SEINE Schöpfung kümmern. Kümmere du dich in erster Linie um dich selbst. Nur das Böse kann das Böse sehen. Bist du vollkommen? Das, was selbst vollkommen ist, sieht überall Vollkommenheit und nur Vollkommenheit. Das, was Unvollkommenheit sieht, sieht sie nur, weil es selbst unvollkommen ist.

Swami Vivekananda sagte: „Wie kannst du draußen das Böse sehen, wenn es nicht in dir ist?" Für den *Jnani* ist die Welt überall voller Vollkommenheit. Alles, was er jemals sieht, ist Vollkommenheit. Deshalb wisse, überall, in allem und immer: ALLES IST GUT.

F: Was ist der Sinn des Lebens?
B: Es geht darum, sich selbst diese Frage zu stellen und für sich selbst die Antwort darauf zu finden.

F: Aber wie lautet die Antwort auf diese Frage? Ich sehe, dass ich nicht in der Lage bin, die Antwort für mich selbst zu finden. Deshalb bitte ich um deine Hilfe.
B: Die Vorstellung, dass es „Einen" gibt, der etwas erlebt, was er „Leben" nennt, ist illusorisch, falsch und irrig. Das Leben, das absolutes Gewahrsein ist, kann den Grund für seine eigene Existenz nicht in Frage stellen und tut es auch nicht. Außer dem Leben gibt

es nichts, somit auch keinen abgetrennten Teil, der diese Frage aufwerfen kann. Eigentlich also stellt sich diese Frage gar nicht.

Das, was tatsächlich Leben ist, hat weder Zweck noch Ziel und kann dergleichen auch nicht haben; es ist mühelose und willensfreie Glückseligkeit. Aber das, was du offensichtlich mit „Leben" meinst, ist „dein Leben". Du fragst mich nach dem Grund für deine körperliche Existenz und stellst dir vor, dass der Körper das ist, was du selbst bist.

Weil du glaubst, dass dein Körper mit dir identisch ist und dass du geboren wurdest, fragst du mich, warum du geboren wurdest. Aber ist der Körper „ich"? Fragt er: „Verzeihung, werter Herr, könnten Sie mir bitte sagen, warum ich existiere und warum ich geboren wurde?" Nein. Wer stellt dann diese Frage?

F: Bhagavan hat meine ursprüngliche Frage geschickt in seine übliche Frage „Wer bin ich?" umgewandelt!

B: Jede Frage, wenn man tief genug darüber nachdenkt, reduziert sich auf diese eine Frage. Du fragst nach dem Sinn des Lebens, weil du unter dem falschen Eindruck stehst, dass deine körperliche Existenz real ist. Deine Frage nach dem Leben bezieht sich auf das weltliche Leben oder die körperliche Existenz, denn in Bezug auf die absolute Existenz kann sich die Frage niemals stellen: Wer wäre da, um irgendetwas zu fragen?

Wenn du also fragst, was der Zweck deines Lebens ist, fragst du zweifellos nach dem Grund deiner Geburt. Du sagst zu mir: „Ich wurde geboren. Sag mir, warum?" Ich antworte dir: „Du wurdest nie geboren. Du bist das Ungeborene. Erkenne es!" Nur wenn deine Geburt tatsächlich stattgefunden hat, müssen wir fragen, warum sie stattgefunden hat.

F: Aber dieser Körper hier wurde geboren! Das ist eine Tatsache! Wie kann das geleugnet werden?!

B: Der Körper und „ich" sind nicht ein und dasselbe. Der Körper wurde geboren und wird vergehen. „Ich" wurde nie geboren, verändert sich nie und wird nie vergehen.

F: Was ist der Beweis dafür, dass ich nicht dieser Körper bin? Wenn ich in der heißen Sonne spazieren gehe, spüre ich die Hitze auf meiner Haut – nicht auf der eines anderen. Wenn ich in einem Fluss schwimme, fühle ich die Flüssigkeit und die Kälte des Wassers auf meiner Haut – nicht auf der eines anderen. Wie kann ich dann sagen, dass dieser Körper nicht ich ist? Klingt es nicht albern, so etwas zu sagen?
B: Ähnliche Empfindungen hast du vielleicht auch in deinen Träumen. Bedeutet das, dass deine Träume real sind?

F: Ist die Welt also nur ein Traum?
B: Zweifelsohne.

F: Aber du bist hier! Träumen wir beide also denselben Traum? Ist es nicht ein zu großer Zufall, dass so viele Menschen in dieser Welt genau dieselbe Welt träumen – dieselbe Sonne, denselben Mond, dasselbe Tiruvannamalai, denselben Bhagavan und so weiter und so fort?
B: Alles, auch die anderen Menschen, die du erwähnst, sind deine eigene mentale Schöpfung. Dies ist dein eigener Traum, durch und durch.

F: Auch Bhagavan, der mir das jetzt erzählt?
B: Unbedingt.

F: Welche Beweise gibt es, damit ich diese Erklärung glauben kann?
B: Wurdest du gebeten, an irgendetwas zu glauben? Halte deinen Geist offen. Erlaube, dass es möglich sein könnte, dass alles unwirklich oder ein Traum ist; das reicht aus, um schließlich die Wahrheit zu sehen. Es bedarf einer geistigen Anstrengung, um überhaupt eine Welt zu sehen. Wenn alle Möglichkeiten einer solchen Anstrengung vollständig verschwunden sind, wird es keine Welt mehr geben – um existent, gesehen oder ersichtlich zu sein. Das ist der Moment, in dem das Selbst verwirklicht wird.

30. September 1936

Die Welt ist ein Traum

F: Ist Bhagavan fähig, seinen Körper unsichtbar zu machen?
B: Das ist bereits so.

F: Unsinn. Ich sehe Bhagavan auf dem Sofa, wie immer.
B: Ich habe mich auf meine eigene Sichtweise bezogen.

F: Sehen Bhagavans Augen den Körper nicht, der hier auf dem Sofa sitzt?
B: Diese Augen können Bhagavan nicht sehen. Bhagavan ist das tiefe Jenseits.

F: Ich habe gehört, dass Siddhapurushas *[selbstverwirklichte Wesen] die Fähigkeit besitzen, ihre Körper unsichtbar zu machen. Warum will Bhagavan diese Tatsache leugnen?*
B: Der *Jnana Siddha* hat keinen Körper. Das ist seine Erfahrung.

F: Aber ich kann Bhagavan mit seinem Körper sehen, er sitzt direkt vor mir, hier auf diesem Sofa.
B: Das ist die Sichtweise des Außenstehenden.

F: Was sagt Bhagavans Intellekt zu ihm, wenn seine Augen seinen Körper sehen?
B: Diese Augen mögen offen sein; sehen tun sie nichts.

F: Liegt das an einem Sehfehler?
B: Nein. Das liegt an der Vollkommenheit des Sehens.

F: Wie kann ein Mensch mit gesunden Augen sie geöffnet haben und doch nichts sehen?
B: Der *Jnani* ist wie ein neugeborenes Kind. Seine Augen sind offen; dennoch sieht er nichts. Es bewegt seine Hände und Füße und lächelt, aber alles geschieht unwissentlich.

F: Einen solchen Erwachsenen würde man als geistig schwer zurückgeblieben diagnostizieren.
B: Der *Jnani* ist schlimmer als geistig zurückgeblieben: Er ist geistig nicht anwesend.

F: Aber wie ist Bhagavan dann in der Lage, diese Unterhaltung mit mir zu führen? Man braucht einen Verstand, um verständliche Worte zu formulieren und sie auszusprechen.
B: Irgendeine Kraft scheint diesen Körper zu beleben und zu erledigen, was auch immer an Aufgaben zu erledigen ist. Der *Jnani* selbst weiß davon nichts. Relatives Wissen braucht einen Verstand, das heißt, um relatives Wissen zu verstehen oder zu verarbeiten, ist ein Verstand erforderlich.

F: Bhagavan weiß also nicht, dass diese Unterhaltung zwischen uns stattfindet?
B: Es gibt keinen vom Selbst unabhängigen Bhagavan, der irgendetwas mitbekommt oder weiß.

F: Ich verstehe nicht, was gesagt wird.
B: Die Welt und das, was in ihr vor sich geht, ist das Selbst selbst. Deshalb kann die Frage, ob das Selbst sich wahrnimmt oder nicht, nicht aufkommen.

F: Aber normalerweise sagt Bhagavan, dass die Welt ein Traum sei.
B: Vom Standpunkt des gewöhnlichen Menschen aus gesehen ist die Welt sicherlich ein Traum. Aber vom Standpunkt des *Jnani* aus kann es so etwas wie Nicht-Realität nicht geben. Für ihn ist alles Realität; ausschließlich deshalb, weil er selbst wahrhaftig alles ist.

F: Trotz des intellektuellen Verständnisses, dass die Welt ein Traum ist, weigert sich der Verstand, das Interesse an ihr aufzugeben. Warum eigentlich?

Als Antwort auf diese Frage bat Bhagavan Herrn TKS, die folgende Passage aus einem Buch von Swami Vivekananda vorzulesen:

Es war einmal, wie immer, dass *Indra* auf seinem himmlischen Streitwagen sitzend durch den Himmel flog. Als er auf die Erde schaute, erblickte er einige Hausschweine, die sich in menschlichen Ausscheidungen suhlten; einige von ihnen ernährten sich sogar davon. *Indra* war angewidert von diesem abscheulichen Anblick. Er fragte Narada, der an seiner Seite war, warum man diese Schweine nicht umerziehen und ihnen ein besseres Benehmen beibringen könne.

Narada erwiderte, dass es in der festgelegten Natur eines Schweins liege, sich so zu verhalten. Indra war jedoch nicht davon überzeugt. Er fragte: „Willst du damit sagen, dass ich, würde ich als Schwein geboren, mich ebenso verhalten würde?" Narada lächelte nur und sagte nichts. *Indra* jedoch missfiel das schelmische Funkeln in Naradas Augen, während ein Lächeln seine Lippen umspielte, und so sagte er: „Also gut; ich werde dir meine Größe demonstrieren. Gleich werde ich mich in ein Schwein verwandeln und du wirst selbst sehen, wie elegant und würdevoll mein Verhalten sein wird …".

Narada versuchte, ihn davon abzubringen, aber es gelang ihm nicht, ihn zu stoppen. *Indra* stieg auf die Erde herab und bat Narada, mit eigenen Augen zu sehen, was geschehen würde. Indra hatte nun die Gestalt eines kräftigen Schweins angenommen. Er ging hin und her und versuchte, sich von den anderen Schweinen fernzuhalten, die überall herumliefen, mit menschlichem Kot beschmiert waren und diesen genüsslich verzehrten. *Indra* empfand die Erfahrung, ein Schwein zu sein, als so entspannend, dass er den Streitwagen wegschickte und Narada mitteilte, er würde gerne noch ein paar Stunden in dieser Form bleiben. Lachend, da er ahnte, was geschehen würde, verabschiedete sich Narada von *Indra* und fuhr in sein Reich.

Indessen war *Indra* gefangen genommen vom Anblick eines weiblichen Schweins, das über und über mit Exkrementen bedeckt war. Er versuchte, mit ihr Liebe zu machen, aber sie ließ sich nicht ansprechen, weil er anders aussah und anders roch als die anderen Schweine. *Indra* überlegte, was er tun könnte. Einige Stunden vergingen, er verspürte Hunger und kaute geistesabwesend auf etwas herum, das neben seinen Füßen lag. Nachdem er es genüsslich verschlungen hatte, wurde ihm dunkel bewusst, dass er gerade einen besonders übel riechenden Kothaufen verzehrt hatte. Nur noch vage erinnerte er sich daran, dass Schweine, die Exkremente fraßen, früher Aversionen in ihm ausgelöst hatten.

Jetzt, da er selbst mit Exkrementen beschmiert war, war das weibliche Schwein, das sich an seinen Anblick gewöhnt hatte, mehr daran interessiert, seine lüsternen Avancen zu erwidern. Die beiden Schweine liebten sich leidenschaftlich und suhlten sich im Rausch des Beischlafs auf dem matschigen Boden, über und über mit den Fäkalien von Mensch und Tier bedeckt. In den folgenden Tagen des ausgelassenen, aggressiven Liebesspiels hatte *Indra* vollkommen vergessen, wer er war. Bald war die Schweinedame schwanger, viele kleine Schweine wurden geboren, und das Paar war sehr glücklich.

Schließlich bemerkten einige Götter seine missliche Lage, kamen zu ihm und sagten: „Du bist der König der Götter, du hast alle Götter unter Befehl. Warum bist du hier?“ Aber *Indra* sagte: „Das macht nichts, mir geht es gut hier; ich kümmere mich nicht um den Himmel, solange ich

> diese Sau und diese kleinen Schweine habe." Die armen Götter waren mit ihrer Weisheit am Ende.
>
> Nach einiger Zeit beschlossen sie, alle Schweinchen, eins nach dem anderen, zu töten. Als alle tot waren, begann *Indra* zu weinen und zu trauern. Da rissen die Götter seinen Schweinekörper auf, und er kam heraus und fing an zu lachen, als er erkannte, was für eine schreckliche, alptraumhafte Erfahrung er gemacht hatte – er, der König der Götter, war zu einem Schwein geworden und hatte sich selbst vorgemacht, dass dieses Schweineleben das einzige Leben sei. Und nicht nur das, das ganze Universum sollte zu einem Schweineleben werden!

Was ist die Moral von der Geschichte?

Identifiziert sich *Purusha* [reines Bewusstsein] mit *Prakriti* [die materielle Welt], vergisst es, dass es rein und unendlich ist. *Purusha* liebt nicht, es ist Liebe selbst; es existiert nicht, es ist Existenz selbst; es weiß nicht, es ist Wissen selbst. Es ist ein Irrtum, zu sagen, dass *Atman* [das Selbst] liebt, existiert oder weiß.

Liebe, Existenz und Wissen sind nicht die Eigenschaften von *Purusha*, sondern sind seine Essenz. Wenn *Purusha* sich mit *Prakriti* verbindet, so ist das daraus resultierende Ego durch eine derart degenerierte Erscheinung gekennzeichnet, dass es aggressiv zu quieken und zu beißen beginnt, wenn man sich ihm nähert, um ihm mitzuteilen: „Du bist kein Schwein; deine wahre Natur ist die unendlicher und ewiger Herrlichkeit."

B: Ein rein intellektuelles Verständnis der in der *Ajata-Advaita*-Lehre formulierten Gebote ist nicht von großem Nutzen. Die Praxis des geistigen Sich-nach-innen-Wendens ist notwendig, um die *Vasanas* zu verbrennen und sie schließlich sämtlich zu zerstören. Die vollständige Zerstörung der *Vasanas* ist gleichbedeutend mit Verwirklichung.

30. September 1936

Das Selbst verwirklichen

F: Ist Hingabe ein Mittel, um die Vasanas *zu überwinden und zu bezwingen und so zur Verwirklichung zu gelangen?*
B: Ja. Vorausgesetzt, sie ist bedingungslos, ist Hingabe ein narrensicherer Weg zur Verwirklichung des Selbst.

F: Was garantiert mir, dass ich das Selbst verwirklichen werde, wenn ich mich hingebe?
B: Du verstehst den Sinn der Hingabe nicht.

F: Wie das?
B: Hingabe bedeutet, alles loszulassen, ohne dafür eine Gegenleistung zu erwarten oder vorauszusetzen. Alles loszulassen bedeutet auch, den Anspruch aufzugeben, das Selbst zu verwirklichen.

Angenommen, du hältst eine rotglühende Eisenkugel. Deine Hand zittert vor unerträglichen Schmerzen. Jemand schlägt dir vor, sie loszulassen. Wenn deine Antwort lautet: „Was habe ich davon, sie loszulassen?", wird sich die andere Person dann nicht fragen: „Armer Kerl! Hat der Schmerz, dieses furchtbare Ding in der Hand zu halten, ihm den Verstand verwirrt?"

So geht es mir, nachdem ich jetzt deine Frage gehört habe. *Samsara* ist unerträglich schmerzhaft. Warum nach Gründen suchen, es loszulassen? Der, dem *Samsara* immer noch als annehmbar erscheint – ganz gleich, wie weit entfernt oder unbedeutend es auch sein mag –, kann der das Selbst verwirklichen? Der, der *Samsara* nicht als das entsetzlich quälende Elend ansieht, das es in Wirklichkeit ist, wird der das Selbst verwirklichen?

F: Angenommen, ich gebe mich hin, versage aber darin, das Selbst zu verwirklichen – was dann?
B: Ja, diese Möglichkeit besteht vom Standpunkt des Egos aus immer.

F: Aber du hast gerade gesagt: „Hingabe ist ein narrensicherer Weg, das Selbst zu verwirklichen."
B: Was haben die Worte vorhin gesagt? Hingabe funktioniert nur, wenn sie bedingungslos ist. Das bedeutet, dass dein Verstand aufrichtig mit der Möglichkeit ausgesöhnt sein muss, dass alles geschehen oder nicht geschehen kann, einschließlich des Versagens, das Selbst zu verwirklichen.

F: Also ist Erfolg bei der Verwirklichung des Selbst nur möglich, wenn ich von ganzem Herzen die Möglichkeit akzeptiere, dass ich darin versagen kann, das Selbst zu verwirklichen?
B: Eine solche Akzeptanz muss natürlich oder echt sein. Sie darf zum Beispiel nicht selbst auferlegt sein, so dass die Bedingung für die Verwirklichung darin besteht, zu versuchen, sich damit abzufinden, dass der Verstand mit der Möglichkeit versöhnt sein muss, dass alles geschehen oder nicht geschehen kann – einschließlich des eigenen Versagens, das Selbst zu verwirklichen.

F: Die Idee klingt kompliziert.
B: Andererseits ist sie so absolut einfach, dass der Versuch, sie ausdrücklich zu kommunizieren, uns in einen hoffnungslosen Sumpf von kompliziert klingenden Ideen führt. VOLLSTÄNDIG LOSLASSEN – und das Selbst bleibt verwirklicht: Das ist alles, was Verwirklichung ist.

F: Kommen Siddhis *– wie zum Beispiel den Körper unsichtbar machen, ihn hoch in der Luft schweben oder fliegen lassen, ihn unempfindlich gegen Feuer machen und so weiter – automatisch zum* Jnani*?*
B: Wenn dies sein *Prarabdha* ist, sonst nicht.

F: Bhagavan ist allmächtig. Sollte er seine unbegrenzten Kräfte nicht nutzen, um den leidenden Massen der Menschheit zu helfen? Sollte er nicht eine aktive Rolle übernehmen, um die Menschheit auf den richtigen Weg zu führen – sowohl spirituell als auch anderweitig?
B: Woher weißt du, dass ich das nicht tue?

F: Aber Bhagavan hat Tiruvannamalai seit 1896 nie verlassen. Andere spirituelle Schwergewichte in Indien wie Jiddu Krishnamurti und Meher Baba reisen um die Welt und versuchen, die Menschen zu erleuchten.

TKS: Diese Leute ziehen von Ort zu Ort, aber Bhagavan sitzt an dieser einen Ecke der Welt und zieht Menschen aus allen Ecken und Winkeln des Globus an!

Der Meister lächelte, sagte aber nichts.

Mr. Snead wollte wissen: „*Wie kann ich ein Schüler Bhagavans werden?*“
B: Wenn du in meinem Wort weitermachst, dann bist du in der Tat mein Schüler; und du wirst die Wahrheit erkennen, und die Wahrheit wird dich frei machen. Folge aufrichtig Bhagavans Lehren und du bist Bhagavans Anhänger.

F: Also werden diejenigen, die eifrig deinen Lehren folgen, zu Bhagavans Schülern gezählt. Dürfen wir allen verkünden, dass Bhagavan dies gesagt hat?
B: (lächelt) Ja.

F: Wie kann ich der Sünde entkommen, die ich bereits begangen habe und die nach der Hindu-Philosophie eine Reihe von schmerzhaften Wiedergeburten verursacht?
B: „Denn das Gesetz des Geistes, des Lebens in Jesus Christus, hat mich frei gemacht von dem Gesetz der Sünde und des Todes.“

F: Reicht der Glaube an Jesus aus, um mich von der Sünde zu befreien?
B: Alles, was nötig ist, ist, ihn von ganzem Herzen zu LIEBEN. Deine LIEBE ist die eigene Belohnung; du brauchst dich nach nichts Anderem zu sehnen.

F: Es gibt Zeiten, in denen sich die Schwermut wie eine bedrohliche, dicke Wolke über mich legt. Ich habe das Gefühl, als ob mich eine tiefschwarze

Wolke ständig umhüllt und mich ins Verderben reißt. Ich bin dann so versteinert vor Angst, dass es mir nicht einmal in den Sinn kommt, einen tröstlichen Gegengedanken anzubringen, der die Angst beseitigen könnte.

Ich habe mich unzählige Male daran erinnert, dass ich versuchen sollte, mich bei diesen Gelegenheiten zu fragen: „Wer wird sich dieses unangenehmen Gefühls bewusst?" Aber es nützt nichts, jedes Mal, wenn mich dieser lähmende Schrecken überkommt, bin ich unfähig, an etwas Anderes zu denken. Bitte gib mir eine nützliche Technik an die Hand, die ich anwenden kann, wenn ich von solch schrecklichen Geisteszuständen heimgesucht werde.

B: Wenn so etwas passiert, höre auf, dagegen anzukämpfen; stattdessen beobachte es mit aufmerksamer Gelassenheit, bis es sich aufgelöst hat. Das Gefühl, zu ersticken, entsteht, weil man versucht, sich vor Schaden zu schützen. Aber solange es da ein „Du" gibt, das nicht zu Schaden kommen will, solange wird es möglich sein, dass ein Schaden dich bedrohen kann.

Gib die Vorstellung auf, für dich selbst wertvoll zu sein; und gib die Vorstellung auf, dass du frei von Schaden bleiben sollst. Denn wem kann man letztlich Schaden zufügen? Nur Körper und Geist, die vergänglich und dazu verdammt sind, eines Tages zu verschwinden. Wenn du weißt, dass es ein Selbst gibt – das dir zur Verwirklichung zur Verfügung steht, das unzerstörbar und unberührbar ist –, warum sollte dich Angst erfüllen bei der Aussicht, dass Körper und Geist Schaden nehmen können? Was auch immer Umweltbedingungen oder psychische Gegebenheiten dir zufügen mögen, bleibe gleichmütig im Geist – wissend, dass alles vergänglich und unwirklich ist.

F: Wie kann man die Realität der Welt leugnen, während man zugleich in ihr ist?

B: Wenn du mit deiner *Sadhana* fortfährst, den Verstand nach innen zu wenden, wird allein das reine Subjektive Bewusstsein deine Aufmerksamkeit gewinnen, und die Informationen, die du durch Sinneswahrnehmungen (durch die Welt) erhältst, beginnen allmählich, aus deiner geistigen Sicht zu entschwinden.

F: In diesem Fall kann man davon ausgehen, dass das weltliche Leben unmöglich wird.
B: Nein. Wird die Last der Höheren Macht auferlegt, wird man feststellen, dass die vom Körper vorgesehenen Handlungen, wie sie durch *Prarabdha* festgesetzt wurden, automatisch fortgesetzt werden. Es ist die Erfahrung des Verstandes, der sich vorbehaltlos hingegeben hat, dass die Fähigkeit der Intuition den Intellekt vollständig übernommen hat und sein Funktionieren von Augenblick zu Augenblick lenkt.

F: Kann ein feiger Wicht wie ich jemals den Mut aufbringen, alles aufzugeben und sich dem Allmächtigen ohne zu zögern zu Füßen werfen?
B: Für den gewöhnlichen Menschen ist es unmöglich, sich geradewegs in den Zustand absoluter Hingabe einzufinden, der sich von *Jnana* nicht unterscheidet; deshalb wird *Vichara* als ein Werkzeug vorgeschlagen, mit dem man den Verstand allmählich nach innen wenden kann.

F: Das Ziel von Vichara *ist es, das Ego zu zerstören. Sehe ich das richtig?*
B: Was nicht existiert, kann nicht zerstört werden. Was wirklich existiert, kann nicht zerstört werden, weil es unveränderlich und unvergänglich ist. Wo also wäre da irgendetwas zu zerstören? Die Erfahrung des Verstandes ist eine in sich geschlossene Illusion; alles, was nötig ist, um sie aufzulösen, ist, dass du sie entsprechend betrachtest: Dann stellst du fest, dass sie nie da war.

In der Dämmerung kann ein Laternenpfahl in einer Straßenecke dir vorgaukeln, dass dort ein Ganove steht, der darauf wartet, sich auf dich zu stürzen und dich anzugreifen. Eilig von diesem Ort wegzulaufen, wird nicht helfen, denn an jeder Ecke, um die du biegst, wirst du auf die gleiche Beunruhigung stoßen. Es gibt nur einen Weg, das Problem zu meistern: Stehen bleiben und sich ihm stellen.

Schau dir den Ganoven genau an. Dann entdeckst du, dass es nie einen Ganoven gab, dass dort die ganze Zeit nur ein unschuldiger und harmloser Laternenpfahl gestanden hat. Ist der

Ganove verschwunden? Nein: Er hat nie existiert. Die ganze Zeit über war er nur in deiner Vorstellung da. Genauso verhält es sich mit dem Ego. Es ist ein nie existierender Widersacher, der uns so viel Ärger bereitet. Schau beständig auf den Verstand, und er wird verschwinden, ohne je existiert zu haben. Die beständige Suche nach dem Verstand führt zu seinem Verschwinden.

30. September 1936

Das Herz

F: Führt das innerliche Chanten von „A-HAM“ zur Verwirklichung des Selbst?

B: Während du chantest, richte deine Aufmerksamkeit auf die Quelle des *Japam* [meditative Wiederholung eines Mantras] in dir. Das heißt, untersuche, woher das *Japam* in dir kommt, und halte deine Aufmerksamkeit ausschließlich auf diese Quelle gerichtet.

F: Bhagavan meint die rechte Seite der Brust – habe ich recht?

B: Verfolge das Gefühl des „Ichs“ oder das *Japam* dorthin zurück, bis es sich dort auflöst. Wenn du dich auf diesen Punkt im Körper konzentrierst, kann das für eine Weile dazu führen frei von Gedanken zu sein. Wenn du nach Verwirklichung strebst, muss der Verstand in das Herz zurückgeführt werden. Seine Aufmerksamkeit auf etwas zu richten oder sich auf etwas zu konzentrieren, ist mentale Aktivität. Nur das Verringern oder Anhalten der mentalen Aktivität enthüllt das Herz.

Wenn du aufgefordert wirst, in das Herz zurück zu schmelzen, aus dem du gekommen bist, bedeutet das nicht, dass dies durch „Tun“ erreicht werden soll. „Tun” bedeutet, den Verstand zu benutzen oder ihm zu erlauben, zu agieren, das heißt, ihn zu

ermutigen, sich vom Herzen zu entfernen. „Nicht zu tun" bedeutet, den Verstand nicht daran zu hindern, dauerhaft vom Leuchten des Herzens verschlungen zu werden. Du brauchst nicht zu versuchen, dem Verstand zu helfen, das Herz zu erreichen.

Alles, was du versuchst, um dem Verstand das Versinken in das Herz zu erleichtern, wird den Verstand nur noch weiter vom Herzen weg treiben. Es gibt nur einen Weg, das Herz wirklich zu erreichen, und das ist der Verzicht auf das „Reich des Tuns", und das ein für alle Mal. Gib auf, irgendetwas mit dem Verstand tun zu wollen. Halte den Geist vollkommen wach und aufmerksam, aber vollkommen unbeweglich und still. Die Anstrengung oder der Wille, bewegungslos zu bleiben, ist ebenfalls Bewegung. Wenn der Geist auf unbestimmte Zeit in *Jagrat Sushupti* [Wachschlaf] gehalten wird, versinkt er automatisch im Herzen und löst sich dort ein für alle Mal auf, wie eine Salzpuppe, die in den Ozean geworfen wird. Anstatt sich also auf die rechte Seite des Brustkorbs zu konzentrieren, sollte man die Quelle des Verstandes suchen und daraufhin praktisch herausfinden, dass sie sich auf der rechten Seite des Brustkorbs befindet.

Die Leute fragen, welche *Sadhana* man machen sollte, um den Verstand ruhig zu halten. Was soll man auf diese Frage antworten? Stille ist der natürliche Zustand des Menschen. Wir ruinieren ihn, indem wir es zulassen, dass Gedanken aufkommen. Hört auf zu denken und der Geist ist still. So einfach ist das.

F: Ich versuche, den Fluss der Gedanken zu stoppen. Ich habe dabei keinen Erfolg.

B: Warum? Weil du versuchst, den Gedanken mit Gedanken zu begegnen. Der Gedanke „Ich darf keinen Gedanken denken" kann den Gedanken nicht töten. Nur Stille kann den Gedanken auslöschen.

F: Wie kann ich diese Stille kultivieren?

B: Indem man die *Vrittis* des Verstandes aufgibt.

F: Wie kann man das tun?
B: „Wer bin ich?" ist der Weg.

F: Ist Anstrengung ein Hindernis für die Verwirklichung des Selbst?
B: Ja.

F: Warum ermahnt uns Bhagavan dann, uns anzustrengen, um das Selbst zu verwirklichen?
B: Anstrengung ist solange nötig, bis sie unnötig geworden ist.

F: Ich verstehe nicht, was Bhagavan mir sagen will.
B: Solange der Verstand nicht in den ursprünglichen Zustand des reinen Subjektiven Bewusstseins zurückgegangen ist, dem die Möglichkeit von Anstrengung und Willensanstrengung völlig fremd ist, ist Anstrengung notwendig, um diesen natürlichen Zustand zu erreichen.

Sobald dieser Zustand erreicht ist, führt weitere Anstrengung zurück in den Sumpf des „Tuns". Strenge dich also solange an, bis es unmöglich geworden ist, dich weiter anzustrengen, das heißt, bis der Zustand *Sashwatamanonivritti* [ewige Verinnerlichung] erreicht ist. Dies wird nicht an einem Tag geschehen. Es braucht unermüdliche Praxis über einen längeren Zeitraum.

F: Aber Bhagavan hat das mit siebenundzwanzig Minuten Praxis in Madurai erreicht!
B: Nicht alle werden gleich geboren. Zum Zeitpunkt der Geburt haben einige Menschen einen introvertierteren Verstand als andere die auch gerade erst geboren sind.

F: Warum diese Ungleichheit?
B: Es ist unnötig und sinnlos, sich damit zu beschäftigen. Arbeite mit dem, was du hast.

30. September 1936

Die beste Vorbereitung für Vichara ist Vichara

F: Wie kann man das Siddhi *erlangen, mit dem man nach Belieben gewünschte Objekte manifestieren kann? Gibt es eine bestimmte Meditationspraxis, die man dafür anwenden kann?*
B: Es gibt andere Orte, an denen man solche Dinge lernen kann.

F: Wo?
B: Dieser weiß nichts, was solche Dinge betrifft.

F: Auf diesem Berg sollen Kräuter wachsen, die unedle Metalle in Gold umwandeln können. Du hast drei Jahrzehnte lang auf diesem Berg gelebt. Du musst es wissen – bitte sag mir, wo sie wachsen! Man sagt, du bist ein Sarvagnar *[einer, der alles weiß]. Sag nicht, dass du es nicht weißt. Ich wäre sehr enttäuscht.*
B: Dieser Berg selbst ist der Stein der Weisen, der den gemeinen Verstand umwandelt in das Selbst, das – wie Gold – nicht verunreinigt werden kann.

F: Du bist eine erleuchtete Seele. Warum zeigst du nicht einige Siddhis, *um die Öffentlichkeit zu unterhalten? Was hat es für einen Sinn, so untätig und nutzlos hier herumzusitzen?*
B: (lächelt, sagt aber nichts)

F: Welchen Nutzen hat Jnana?
B: Wozu dient Chinin (Malariamittel)?

F: Es wird zur Behandlung von Menschen eingesetzt, bei denen Malaria diagnostiziert wurde.
B: Genauso wird *Jnana* verwendet, um diejenigen zu behandeln, die mit *Samsara* infiziert sind.

F: Medizin wird nur von denen geschluckt, die erkrankt sind.

B: Ja. Nur diejenigen, für die *Samsara* völlig unannehmbar geworden ist, können sich ernsthaft auf die Suche nach *Jnana* machen. Es gibt einige, die entsetzt sind von der Vorstellung, auf ihre körperliche Form beschränkt zu sein. Natürlich wird der Elan, mit dem sie die Suche nach ihrer wahren Natur verfolgen, weitaus größer sein als der eines zufälligen Suchers, der nur aus Neugierde oder Wissbegierde versucht, das Selbst zu verwirklichen.

F: Die Angst vor der eigenen Sterblichkeit ist also ein guter Motivator, der den Menschen ständig an die Notwendigkeit erinnert, sich auf die Suche nach seinem unsterblichen Selbst zu begeben?
B: Genau.

F: Während er hier war, schien Sri Narasimha Swamigazl begonnen zu haben, eine Dialogfassung der Sri Ramana Gita *zu verfassen. Aber es scheint, dass er die Arbeit auf halbem Wege aufgegeben hat. Ich habe das Manuskript gestern gelesen und festgestellt, dass es scheinbar ein Gespräch gibt, in dem Sri Bhagavan angeblich sagt, dass bestimmte Qualifikationen für diejenigen notwendig sind, die erfolgreich* Vichara *betreiben wollen. Würde Bhagavan diese Qualifikationen bitte erläutern?*
B: Es reicht aus, intuitiv zu erkennen, dass die drei Erscheinungsformen vorübergehende Phänomene sind, die keine Realität besitzen. Aber auch hier erwacht diese Intuition unaufgefordert, wenn man unablässig und ununterbrochen *Vichara* praktiziert. Es besteht also wirklich keine Notwendigkeit, sich vor Beginn der Praxis hinzusetzen und endlos darüber nachzudenken, ob man kompetent genug ist, die Übung so zu verrichten, dass sie zum Erfolg führt. Wenn du feststellst, dass es dich anzieht, kannst du ganz sicher mit der Praxis von *Vichara* fortfahren.

F: Muss ich mich, bevor ich mit Vichara *beginne, erst vorbereiten oder qualifizieren, indem ich vorbereitende Praktiken wie Atemtechniken oder Visualisierungen von schönen mentalen Bildern anwende? Oder kann ich sofort in* Vichara *eintauchen?*
B: Die beste Vorbereitung für *Vichara* ist *Vichara*. Die anderen

Praktiken sind für diejenigen, denen *Vichara* – aus irgendeinem Grund – nicht zusagt.

F: In der letzten Woche habe ich mich daran erfreut, Bhagavans beruhigenden spirituellen Reden in der Halle zuzuhören. Ich wollte Bhagavan in all diesen Tagen die gleiche Frage stellen. Ich bin ein Mann, der völlig neu auf dem Gebiet der spirituellen Praxis ist. Soll ich mit Vichara *beginnen? Oder soll ich mit einer einfacheren Methode beginnen, wie zum Beispiel der Beobachtung des Atems, und zu* Vichara *übergehen, sobald mein Verstand genügend Reife erreicht hat?*
B: Keine Methode ist an sich leicht oder schwer. Je nach Veranlagung ist das, was der eine leicht findet, für den anderen schwer. Man sollte sich an das halten, was einen fasziniert. Es ist egal, welche Methode die beste ist. Welche Methode spricht dich an?

F: Wenn Gedanken auftauchen, sollte ich meine Aufmerksamkeit wieder auf das reine Gewahrsein des Selbst zurückführen – das ist der Sinn von Vichara, *richtig?*
B: Was du sagst, ist ohne Zweifel *Vichara*. Aber zu *Vichara* gehört noch mehr.

F: Kannst du das bitte erklären.
B: Sobald die Praxis von *Vichara* einen ausreichenden Grad an Reife (d.h. Beständigkeit des Sich-nach-innen-Wendens) erreicht hat, widerstrebt es dem Verstand, Gedanken zu denken, und er begnügt sich damit, in der Essenz des Selbst zu verweilen.

Aber selbst dann gibt es das subtile „Ich“, das die Tatsache beobachtet, dass der so verflochtene Verstand erhalten bleibt. Ergreife es und untersuche es unablässig – und wenn es verschwindet, bleibt allein *Jnana*.

F: Hat Bhagavan gesagt, dass die Meditation „Ich bin Brahman*“ kontraproduktiv ist?*
B: Ja.

F: Warum ist das so?

B: Anstatt sinnlos zu versuchen, sich auf das Absolute Selbst zu konzentrieren, das jenseits des Begreifens oder Wahrnehmens durch den Verstand oder das geistige Vermögen liegt, arbeite mit dem, was du hast. Schau, was das Ego ist. Was ist dieses „Ich"? Das ist die notwendige Erforschung. Das Absolute kann nicht erforscht werden. Arbeite nicht mit dem Unbekannten, sondern mit dem, was du schon hast, mit dem Ego „Ich".

Der „Tollwut-Terror", der sich offenbar in der Stadt ausbreitet, hat auch im Ashram seine Spuren hinterlassen. Heute Nachmittag wurde ein schwächlicher, pygmäenhafter Bewohner des Ashrams von drei Personen in die Gegenwart des Meisters getragen; er schien in einem halb bewusstlosen Zustand zu sein. Angeblich hatte ihn letzte Nacht ein tollwütiger Hund gebissen. Aus Angst, dass er jederzeit tollwütige Welpen zur Welt bringen könnte, hatten ihn angeblich der *Sarvadhikari* [Manager] und andere Amtsträger am Knöchel an eine Säule des baufälligen Mandapam gegenüber dem Ashram gefesselt und ihn dort zusammen mit einigen Bananen in Quarantäne zurückgelassen.

Als der Meister davon erfuhr, ordnete er offenbar an, dass der Mann sofort zu ihm gebracht werden solle. Dies geschah trotz der Proteste von verschiedenen Seiten, die auf die Gefahren hinwiesen, die damit verbunden sind, solchen Personen die sofortige Rückkehr in die Öffentlichkeit zu erlauben. Der kleine Mann wurde in Bhagavans Gegenwart geheilt. Endlich hörte er auf, zu stöhnen und zu ächzen. Er schaute Bhagavan an und Tränen begannen aus seinen Augen zu fließen. Er schluckte begierig etwas Wasser, das der Diener ihm anbot.

Ein Arzt aus der Stadt wurde in den Ashram gerufen; er wird noch erwartet. Der *Sarvadhikari* hat die Betreuer angewiesen, ihn genau im Auge zu behalten und ihm sofort Bericht zu erstatten, wenn er anfängt, sich wie ein Hund zu verhalten, zu bellen oder Schaum vor dem Mund zu haben. Niemand im Ashram hat den Mut, die Wunden des Mannes zu verbinden, um nicht selbst Opfer der gefürchteten Krankheit zu werden. Die arme, zitternde Kreatur sitzt in einer Ecke des

Saals, unter den an ihm klebenden Augen der Bediensteten. Der einzige Trost für den Verwundeten scheint Bhagavan zu sein, der gelegentlich einen Blick auf ihn wirft und ihn anlächelt, als wolle er ihn aufmuntern.

Heute am späten Abend verabschiedete sich Mr. Knowles unter Tränen vom Meister. Vor seiner Abreise überreichte er dem Meister – als Geschenk für den Ashram – aus seinem Rucksack das riesige Buch (in sechs Bänden) *„Eine Auslegung des Alten und Neuen Testaments“* von Matthew Henry. Er sagte zu Bhagavan: *„Da Maharshi oft aus der Bibel zitiert, wenn er seine Lehren den Teilnehmern in der Halle erklärt, dachte ich, dass dies für ihn nützlich sein könnte.“* Der Meister nahm die Bände mit einem Lächeln entgegen. Mr. Knowles warf sich mit immer noch feuchten Augen auf den Boden, blickte noch einmal in die unergründlichen Augen des Meisters, drehte sich dann um und verließ die Halle. Ich habe ihn nie wieder gesehen.

Unveröffentlichte Notizbuch-Fragmente

Winter 1936

Notizbuch A – Selbsterforschung

Notizbuch B – Illusion

Notizbuch C – Besuch eines Theosophen

Notizbuch D – Tendenzen des Verstandes

Sommer 1936

Vier veröffentlichte Notizbuchseiten

Unveröffentlichte Notizbuch-Fragmente

Winter 1936

Das Open Sky Press Team hat vier unveröffentlichte Notizbücher von Blutkeim erhalten, der das unformatierte Originalmanuskript veröffentlicht hat. Wir haben sie eingescannt und transkribiert. Sie wurden nicht in das zuvor veröffentlichte Manuskript aufgenommen.

Bei den Notizbüchern handelt es sich um Fragmente, so dass auch die Texte unvollständig sind. Höchstwahrscheinlich stammt dieses Material aus dem Winter 1936, von dem das meiste verloren zu sein scheint. Ihr Inhalt scheint den meisten anderen Dialogen in dem veröffentlichten Manuskript aus dem Sommer 1936 zu ähneln.

Die vier Notizbuch-Fragmente stammen aus den Monaten Oktober, November und Dezember 1936 und wurden noch nirgends veröffentlicht. Sie sind möglicherweise alles, was von dem so genannten "Manuskript Teil Zwei" übrig geblieben ist. Für die Anhänger Bhagavans wurden sie wegen der hohen Qualität der Lehren mitaufgenommen.

Sommer 1936

Blutkeim schickte uns auch vier Seiten aus den als Original bezeichneten Notizbüchern vom Sommer 1936 (im Manuskript veröffentlicht).

Papieranalyse

Wir wurden ermutigt, das Papier aus den Notizbüchern analysieren zu lassen. Der Bericht des CICS, Institut für Konservierungswissenschaften der T. H. Köln, besagt, dass man davon ausgehen kann, dass es aus den 1930er Jahren stammt. Das Papier stammt aus der Zeit nach 1929, da sich zu dieser Zeit die Technik der Papierherstellung änderte. Es gibt Datumsangaben aus dem Jahr 1936.

Vier unveröffentlichte Notizbuch-Fragmente Winter 1936

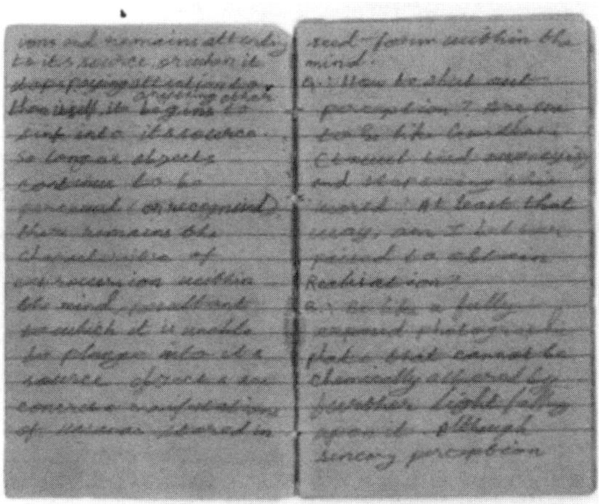

Vier veröffentlichte Notizbuchseiten Sommer 1936

(siehe Gajapathi besucht Bhagavan mit seinen Tagebüchern – Seite 9– Hrsg.)

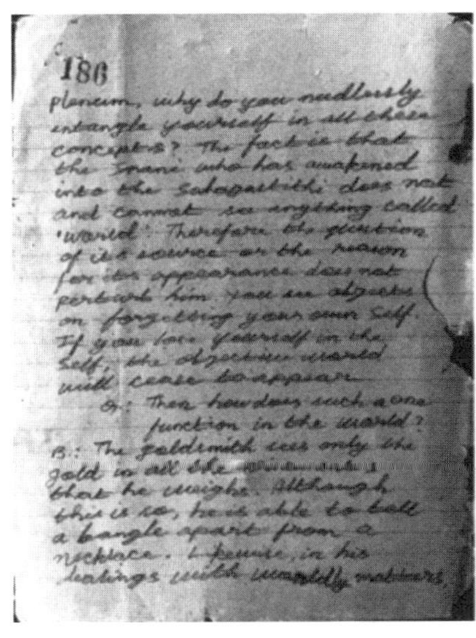

186

plenum, why do you needlessly entangle yourself in all these concepts? The fact is that the Jnani who has awakened into the Sahajasthiti does not and cannot see anything called 'world'. Therefore the question of its source or the reason for its appearance does not perturb him. You see objects on forgetting your own Self. If you lose yourself in the Self, the objective world will cease to appear.

Q.: Then how does such a one function in the world?

B.: The goldsmith sees only the gold in all the [illegible] that he weighs. Although this is so, he is able to tell a bangle apart from a necklace. Likewise, in his dealings with worldly matters,

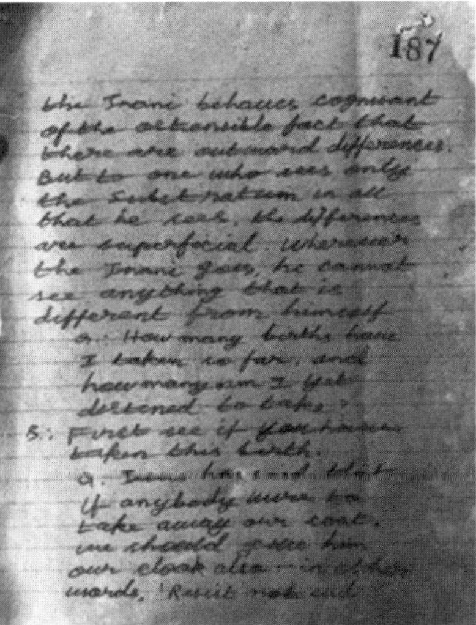

187

the Jnani behaves cognisant of the ostensible fact that there are outward differences. But to one who sees only the Substratum in all that he sees, the differences are superficial. Wherever the Jnani goes, he cannot see anything that is different from himself.

Q.: How many births have I taken so far, and how many am I yet destined to take?

B.: First see if you have taken this birth.

Q.: Jesus has said that if anybody were to take away our coat, we should give him our cloak also – in other words, 'Resist not evil

Unveröffentlichtes Notizbuch A
Selbsterforschung

F: Wenn Gedanken auftauchen, muss ich mich „Wer bin ich?" fragen - und das ist alles, wozu ich durch Vichara *angehalten bin. Habe ich Recht?*

B: Nein. Das ist nur die vorbereitende Phase von *Vichara*; das eigentliche *Vichara* findet statt, wenn der Verstand im Herzen versinkt. Beständig im Herzen versunken zu bleiben, allein das verdient es, als *Vichara* bezeichnet zu werden.

F: Gedanken umzuleiten oder abzuwehren, indem ich die Frage „Wer bin ich?" als Gegengedanken benutze, kann ich also sinnvollerweise nicht als Vichara *bezeichnen – ist das richtig?*

B: Ja. Das wahre *Vichara* besteht darin, den Verstand beständig im Herzen zu bewahren.

F: Aber der Verstand versinkt nicht im Herzen, wenn die Frage „Wer bin ich?" gestellt wird. Ich verfolge die Frage „Wer bin ich?" hartnäckig, aber obwohl ich sie für einen einigermaßen nützlichen Mechanismus halte, um Gedanken zu beseitigen, versinkt der Verstand nicht in seiner Quelle. Was ist der Grund? Wo mache ich etwas falsch?

B: Wenn Gedanken auftauchen, entgegnest du ihnen mit dem Gegengedanken „Wer bin ich?", und der ablenkende Gedanke zieht sich zurück. Aber das ist nicht genug. Nachdem die ablenkenden Gedanken verschwunden sind, nimm dich selbst oder das „Ich" aufmerksam wahr. Fahre damit fort, das „Ich" mit der Gesamtheit des Verstandes zu untersuchen, bis sich das „Ich" in das „Ich-Ich" verwandelt. Die Erforschung „Wer bin ich?" umfasst also zwei Aspekte, die miteinander zusammenhängen: Den Mechanismus der Gedankenablenkung und ebenso den Mechanismus, durch den das „Ich" unaufhörlich mit nichts Anderem als mit genau eben diesem „Ich" beschäftigt ist. Wenn du beim ersten dieser beiden stehen bleibst, streifst du nur die Oberfläche von *Vichara* und nutzt die Technik nicht vollständig.

F: Was ist dieses „Ich-Ich“? Wie unterscheidet es sich vom „Ich“?

B: „Ich“ ist die konzeptualisierende Kraft des Verstandes, die sich mit diesem oder jenem identifiziert („Ich bin ein Arzt“, „Ich bin der Vater dieser Kinder“ und so weiter). „Ich-Ich“ ist, wenn der Verstand in seiner eigenen Essenz verweilt, die das Sein des Selbst ist. „Ich-Ich“ erblüht, wenn das „Ich“ zu verblassen begonnen hat.

In dem Maße, in dem der *Sadhaka* [Schüler] die Gnade des Gurus erlangt hat, kommt eine Zeit, in der die scheinbare Vollkommenheit des Egos gebrochen wird und das Ego die Sinnlosigkeit seiner eigenen kümmerlichen, hilflosen Existenz fühlt. Dies löst eine innere Haltung der Hingabe aus.

In diesem Moment manifestiert sich die schlummernde Kraft. Hingabe ist kein positiver Akt. Sich nicht arrogant als „Ich“ gegen das eigentliche Selbst zu erheben, das wird Hingabe genannt. Hingabe entsteht nicht einfach so, nur aus einer Laune heraus. Es erfordert wiederholte Versuche, den Verstand dazu zu bringen, sich nicht mehr für andere Dinge als für sich selbst zu interessieren. Es kann keine Verwirklichung geben, wenn es keine vollkommene Hingabe gibt, und um eine vollkommene Hingabe zu erreichen, muss es ein brennendes, alles verzehrendes Bestreben geben, alles, was man wertgeschätzt hat, um der Wahrheit willen abzulegen.

F: Schopenhauer stellte fest:

> *„Die Wahrheit ist keine Dirne, die sich denen an den Hals wirft, welche ihrer nicht begehren. Vielmehr ist sie eine so spröde Schönheit, dass selbst wer ihr alles opfert, sich ihrer Gunst nicht gewiss sein kann.“*

Wie können wir also sicher sein, dass alles, was wir für die Wahrheit opfern, auch zur Offenbarung der Wahrheit führen wird? Meine Opfer könnten vergeblich sein, wenn mein vorbestimmtes Schicksal im Voraus entschieden hat, dass es für mich in diesem Leben keine Verwirklichung geben wird.

B: (lächelt) Der Wunsch oder Ehrgeiz, die Verwirklichung zu erlangen, muss ebenfalls geopfert werden. Sobald auch das geschehen

ist, kann es keine Sorgen mehr darüber geben, ob das eigene Opfer zu einem positiven Ergebnis führt oder nicht. Aufrichtigkeit – und nicht berechnendes Denken – ist für die Verwirklichung erforderlich. Dies ist kein Tauschgeschäft, bei dem man in einen Laden geht, ein paar Annas (Münzen) übergibt und so viel Salz, Tamarinde und Asafoetida (Gewürz) kauft, wie man braucht.

Wenn du noch immer etwas als Gegenleistung für deine Hingabe verlangst, dann hast du dich nie hingegeben. Das Eingangstor, das zur Verwirklichung führt, steht in der Tat für alle offen, aber der Türsturz ist sehr niedrig angebracht. Willst du hineingelangen, musst du krabbeln. Das ist der Plan des Allmächtigen. Willst du IHN, musst du dich selbst aufgeben.

F: Worauf gründet sich die Behauptung, dass es etwas gibt, das man das unpersönliche Absolute nennt und aus dem alle Manifestationen hervorgehen sollen?

B: Es ist nicht notwendig, dass du an so etwas glaubst. Nachdem dir gesagt wurde, dass die Erforschung des „Ich" die einzige direkte Methode ist, um zu deiner Identität mit dem formlosen und grenzenlosen Raum zu erwachen, warum verstrickst du dich unnötigerweise in all diese Konzepte?

Tatsache ist, dass der *Jnani* [selbstverwirklichter Weiser], der zum *Sahajastithi* [natürlicher Zustand] erwacht ist, nichts sieht und sehen kann, was „Welt" genannt wird. Daher beunruhigt ihn die Frage nach ihrem Ursprung oder dem Grund für ihr Erscheinen nicht. Objekte siehst du, wenn du dein eigenes Selbst vergisst. Wenn du dich im Selbst verlierst, wird die objektive Welt aufhören, zu erscheinen.

F: Wie funktioniert dann ein solcher Mensch in der Welt?

B: Der Goldschmied sieht in allen Schmuckstücken, die er wiegt, nur das Gold. Obwohl dies so ist, kann er einen Armreif von einer Halskette unterscheiden. Der *Jnani*, sich der angeblichen Tatsache bewusst, dass es äußerliche Unterschiede gibt, verhält sich im Umgang mit weltlichen Dingen ebenso. Doch sind für jemanden,

der in allem, was er sieht, nur das Substrat sieht, diese Unterschiede oberflächlich. Wo immer der *Jnani* hingeht, er kann nichts sehen, was sich von ihm selbst unterscheidet.

F: Wie viele Geburten habe ich schon hinter mir und wie viele sind mir bestimmt, (sie) noch zu haben?
B: Sieh zuerst nach, ob du diese Geburt hast.

F: Jesus hat gesagt, wenn uns jemand den Mantel wegnimmt, sollen wir ihm auch unser Jackett geben – mit anderen Worten: „Leistet dem Bösen keinen Widerstand." Ist das ein pragmatischer Rat?
B: Für diejenigen, die den Zweifel an seiner Pragmatik aufrechterhalten, kann er nicht pragmatisch sein.

F: Da die letztendliche Wahrheit die gleiche sein soll, warum empfehlen dann verschiedene Lehrer verschiedene Wege?
B: Die verschiedenen Wege sind gedacht für Suchende mit einem unterschiedlichen Grad an spiritueller Reife.

F: Warum sollte man anerkennen, dass allein Vichara *das wirksame Mittel ist, um Befreiung herbeizuführen?*
B: Bei den anderen Methoden wird das Subjekt beibehalten und so die falsche Vorstellung von seiner Existenz verstärkt. Aber *Vichara* untergräbt die scheinbare Existenz des Subjekts. Das Ziel von *Vichara* ist es, das „Ich", das *Vichara* durchführt, zu transzendieren.

** *Vichara* geschieht nicht dadurch, dass man das Subjekt als Instrument beibehält, mit dem die Praxis durchgeführt wird. Vichara geschieht dadurch, indem das Subjekt die Existenz des Subjekts in Frage stellt oder besser gesagt, indem es diese selbst erforscht. Das „Ich" mit dem Auge des „Ich" zu sehen, ist *Vichara* – und nicht wie ein Papagei zu wiederholen: „Wer bin ich? Wer bin ich?"**

F: Ist ein Guru notwendig, um uns auf dem Pfad zu führen?
B: Auf jeden Fall.

F: Wie können wir ihn finden?
B: Wenn du deinen Verstand immer weiter nach Innen wendest, wird der Tag kommen, an dem du automatisch in seine Präsenz gezogen wirst.

F: Wie können wir selbst herausfinden, ob eine bestimmte Person kompetent ist, ein Guru zu sein?
B: Wenn in seiner Gegenwart dein Verstand unerklärlicherweise zu funktionieren aufhört und du von einem Strom unaussprechlicher Liebe mitgerissen wirst, dann gibt es keine Notwendigkeit mehr, weiter zu suchen.

F: Aber heutzutage scheinen sich viele Scharlatane als Guru *auszugeben, um die leichtgläubige Öffentlichkeit zu betrügen und Geld zu machen. Was denkt Bhagavan darüber?*
B: Bhagavan denkt nicht darüber nach.

• ——— •

F: Sri Bhagavan hat zu Sri Sivaprakasam Pillai (in Nan Yar*) gesagt, dass, wenn man die Natur des Verstandes weiter erforscht, der Verstand von selbst verschwinden wird. Was ist das Wesen dieser Erforschung? Ich habe versucht, herauszufinden, was das „Ich" ist, aber es gibt keinen erkennbaren Hinweis darauf, dass ich Erfolg habe.*
B: *Vichara* ist nicht intellektuell. Es gibt keine zwei Verstände, von denen der eine die Eigenschaften des anderen studieren könnte. Was als Verstand bezeichnet wird, ist nur der Gedanke „Ich". Suche diesen ohne Unterlass und er wird verschwinden.

Deine Schwierigkeit besteht darin, dass du so sehr an objektives Wissen gewöhnt bist, dass du, wenn du aufgefordert wirst, den Verstand zu erforschen, in deinem eigenen Verstand eine begriffliche Erfindung namens „Verstand" erschaffst und diese dann intellektuell untersuchst. Aber *Vichara* beinhaltet keine begriffliche Analyse. Lehne alles begriffliche Wissen ab und schau, was das „Ich" ist! Dann leuchtet das „Ich-Ich" hervor.

F: Ich verstehe nicht, was ich tun soll. Ich bitte dich, mich auf den rechten Weg zu führen. Deine Gnade ist nötig, um mich zur Gottverwirklichung zu führen.
B: Die Gnade, die du suchst, führt dich jetzt schon weiter.

F: Aber ich fühle mich frustriert in meinen Bemühungen, die Verwirklichung zu erreichen. Vielleicht bin ich zu schwach, um die Verwirklichung zu erreichen.
B: Dieser Gedanke, sich vorzustellen, man selbst wäre dieses oder jenes, ist ein Hindernis. Warum sollte man daran festhalten?

F: Ist es gut, mich mit vorbereitenden Praktiken zu qualifizieren, bevor ich Vichara *anfange, da ein Teil von Bhagavans Anhängern der Meinung ist, dass es nur für die fortgeschrittensten unter den Aspiranten geeignet ist?*
B: Die Neugierde auf das „Ich" ***[Atmajignasa]*** **wird dich automatisch zu** ***Vichara*** **führen. Es genügt, unaufhörlich an der Strömung des Sich-nach-innen-Wendens festzuhalten.**

F: Was genau ist diese Neugierde auf das „Ich" [Atmajignasa]?
B: Die Neugier auf das eigene Selbst, die einen Aspiranten dazu veranlasst, für sich selbst ***Vichara*** **zu machen, beinhaltet eine nach innen gerichtete Ausrichtung oder ein Sich-nach-innen-Wenden des Verstandes. Es ist keine intellektuelle Neugierde. Es ist die Erforschung des scheinbaren Selbst, und sie führt zur Offenbarung des Erstrahlens des Wahren Selbst.**

An diesem Punkt des Gesprächs meldete sich Mr. Snead zu Wort und bemerkte: *Ich habe gehört, dass die Hindu-Schriften besagen, dass sich diese Neugier in jeden Verstand hinabsenkt, der die Sinnlosigkeit des weltlichen Lebens erkennt und daher danach strebt oder sich aktiv danach sehnt, die Manifestation zu transzendieren.*

F: Und was ist das Schicksal derjenigen, die nicht mit einer solchen Neugierde

gesegnet sind? Sind meine Bemühungen um Vichara *zum Scheitern verurteilt, solange ich nicht von einer solchen Neugierde aufgesucht oder ergriffen werde?*
B: Die intellektuelle Neugier auf das „Ich" – vorausgesetzt, sie ist ununterbrochen und langanhaltend – wird dich zu der Neugier führen, die tatsächlich *Atmajignasa* ist.

F: Aber bitte nenne mir eine vorbereitende Praxis, die ich anwenden kann, solange ich noch nicht reif für Vichara *bin!*
B: Halte an dem einen Gedanken „Ich" fest und schließe alle anderen Gedanken aus. Mit der Zeit wird dich das in *Vichara* stürzen – wenn die Zeit reif ist.

F: Also kann das Beobachten des „Ich"-Gedankens nicht zu Vichara *führen. Ist das richtig?*
B: Ja. Allein das ständige Versenken des Verstandes in das Herz verdient es, als* Vichara *bezeichnet zu werden.

F: Was genau ist dieses Versenken des Verstandes in das Herz?
B: Es ist ein Zustand, in dem der Verstand vorübergehend im Herzen versunken ist, in dem aber seine Zerstörung aufgrund des andauernden versteckten Einflusses der *Vasanas* noch nicht möglich ist.

F: Welche Schritte sollte ich unternehmen, um sicherzustellen, dass der Verstand immer auf das Vichara Sadhana *gerichtet bleibt?*
B: Verhindere diesen Gedanken in diesem Moment!

F: Dann ist also wiederholte und kontinuierliche Praxis der einzige Weg?
B: Ja.

F: Was kann im Fall derjenigen getan werden, deren Verstand besonders anfällig dafür ist, sich ihren perversen Phantasien hinzugeben, insbesondere denen, die sich auf Intimität und andere Formen der Ausschweifung beziehen?

B: Das Heilmittel für alle Übel ist, den Verstand nach innen zu wenden und ihn in das Herz zu versenken.

F: Aber die Triebe sind oft unkontrollierbar.
B: Ja, das wird passieren. Immer wenn der Verstand versucht, in seiner Quelle zu bleiben, wird ihn scheinbar etwas aufrütteln und wieder aufsteigen lassen.

F: Je mehr ich versuche, meinen Verstand auf mein Lieblingsbild von Gott zu konzentrieren, nämlich Sri Krishna *umgeben von den* Gopis, *desto mehr andere Gedanken steigen auf, um mich vom Objekt meiner Konzentration wegzureißen. Was ist das Heilmittel?*
B: Lass Ablenkungen kommen und gehen, aber halte an *Sri Krishna* fest, ohne zu wanken. Wenn du dich daran erinnerst, dass die Ablenkungen nur in *Sri Krishna* auftauchen, und dass auch du nur in ihm bist, werden sie dich nicht beunruhigen.

F: Aber der Verstand muss am Schwanken gehindert werden!
B: Solange deine Hingabe unvollkommen ist, wird es Schwankungen geben. Hat er nicht ganz unmissverständlich gesagt: „*Mam ekam Sharanam Vraja* [übergebt mir alle persönlichen Überzeugungen]". Warum sollte man sich also weiterhin von den Trotzreaktionen der Persönlichkeit beeinflussen lassen?

F: Wenn ich alles in seine Hände lege, wird er mich dann zu Jnana *führen?*
B: In der *Bhagavad Gita* 10,10 hat er gesagt: „Denjenigen, deren Verstand immer mit MIR in liebender Hingabe vereint ist, gebe ich das göttliche Wissen, durch das sie MICH erreichen können."

Unveröffentlichtes Notizbuch B
Illusion

F: Warum wird gesagt, dass es notwendig ist, seinen sicheren Stand im objektiven Wissen zu verlieren, damit die Verwirklichung erwachen kann?
B: Das Wissen über Objekte ist das Mittel, mit dem das Ego vermeidet, auf sich selbst zu schauen. Nach-außen-Wendung und Objektwahrnehmung (oder Objekterkennung) sind ein und dieselbe Sache. Hört der Verstand auf, sich auf seine eigenen geistigen Schöpfungen auszurichten oder irgendetwas anderem als sich selbst Aufmerksamkeit zu schenken und wendet sich stattdessen seiner Quelle zu, so beginnt er, in seiner Quelle zu versinken.

Solange Objekte weiterhin wahrgenommen (oder erkannt) werden, bleibt die Eigenschaft des Sich-nach-außen-Wendens im Verstand bestehen, wodurch er nicht in seine Quelle eintauchen kann. Objekte sind konkrete Manifestationen von *Vasanas*, die im Verstand in Form von Samen abgespeichert sind.

F: Wie kann man die Wahrnehmung ausschließen? Sollen wir mit verbundenen Augen „Blinde Kuh" spielen und aufhören, diese Welt zu sehen? Bin ich so zumindest besser in der Lage, Verwirklichung zu erlangen?
B: Sei wie eine vollständig belichtete Fotoplatte, die durch weiteres Licht, das auf sie fällt, chemisch nicht mehr verändert werden kann. Obwohl die Sinneswahrnehmung wie gewohnt weitergeht, wird der *Sadhaka*, der seinen Verstand aufgegeben hat, nicht durch die von den Sinnen übermittelten Informationen beeinflusst. Er ist wie eine Öllampe, die in einer vor den Elementen geschützten Nische steht.

F: Wenn ich den Gedanken „Ich" weiter beobachte, kann ich diese Übung „Vichara" *[Selbsterforschung] nennen?*
B: Nein. Dies ist ein Sprungbrett zu *Vichara* selbst. *Vichara* beinhaltet nicht, dass ein „Ich" nach einem anderen sucht. Das „Ich", das sich selbst sieht, ist *Vichara*. Wenn du sagst, dass du den Gedanken „Ich" beobachtest, dann teilst du deine Aufmerksamkeit

in Wirklichkeit in zwei. Da ist derjenige, der sich einbildet, dass er auf etwas schaut, das „Ich" genannt wird, und dann ist da das Ding, das „Ich" genannt wird und von dem er glaubt, dass er es anschaut.

Dies ist eine subtile geistige Aktivität. Aber *Vichara* erlaubt dem Verstand nicht, Konzepte zu entwickeln. *Vichara* bringt den Verstand dazu, sein Sich-nach-außen-Wenden einzustellen (oder lenkt ihn von seiner Fähigkeit des Nach-außen-Wendens ab), zumindest für den Moment. Das „Ich" mit eben diesem „Ich" zu sehen, das ist *Vichara* – und nicht, die Aufmerksamkeit des Verstandes auf ein „Ich" genanntes mentales Konzept zu richten.

F: Im „Aksharamanamalai" *sagt Bhagavan, dass Arunachala ihm das* Upadesham *[Lehre, Unterweisung] gegeben hat:* „Thirumbi agandhanai dhinam agakkannkaan" *[den Geist von äußeren materiellen Dingen wegziehen].*
B: So ist es.

F: Ich habe auf die Methode zurückgegriffen, das „Ich" weiter zu beobachten. Wird das für die Verwirklichung ausreichen?
B: Wenn der Verstand reif genug ist, wird sich die gegenwärtige Methode von selbst in *Vichara* verwandeln.

F: „Solange das falsche Wissen über die Schlange nicht verschwindet, wird das wahre Wissen über das Seil nicht auftauchen. Genauso wird der Darshan von Adhishtana Swarupa *[Substrat der Wahrheit] nicht hervorgerufen werden, solange die illusorische Wahrnehmung der Welt nicht verschwindet."*

Ich verstehe, dass hier nicht die physische Wahrnehmung der Welt gemeint ist. Aber selbst wenn die Welt physisch direkt vor mir ist, soll ich sie geistig ignorieren – ist es nicht das, was Bhagavan zu sagen versucht?
B: Man braucht sich nicht speziell (oder besonders) darum bemühen, die Wahrnehmung der Welt zu eliminieren. Wenn du dich weiterhin dir selbst widmest, wird der Tag kommen, an dem die Welt als Objekt der Wahrnehmung verschwunden ist. Wenn wir sagen, dass das Wissen über die Welt (oder die Wahrnehmung der Welt)

aufhören muss, meinen wir, dass die objektivierende Tendenz des Verstandes endgültig sterben muss, damit die Selbstverwirklichung möglich wird.

Objektivierung ist dasselbe wie Sich-nach-außen-Wenden. Es geht darum, die Faszination für alles aufzugeben, was nicht „Ich" ist. Benutze den Verstand, um dich mit dem „Ich" zu beschäftigen, und gib keinem anderen geistigen Streben Raum.

F: Aber gerade sagte Bhagavan, dass Vichara *etwas anderes ist als das Festhalten am „Ich"-Gedanken.*

B: Ja. Wenn ich sage, dass du dich um das „Ich" kümmern sollst, dann meine ich damit, dass das „Ich" von sich selbst angezogen werden soll und sich dann selbst umarmen soll. Jetzt ist dein „Ich" mit Gedanken an Dinge beschäftigt, die nicht es selbst sind.

Durch die Erforschung „Wer bin ich?" wird das „Ich" auf seine ursprünglichste Form reduziert, eine Form, in der es nicht an das Wissen über Objekte (oder das Wissen über Name und Form) gebunden ist. In dieser Form kann der Verstand sich nicht aufrechterhalten und beginnt, in das Herz zu sinken.

F: Wie lange verbleibt der zur Ruhe gebrachte Verstand im Herzen?

B: Der Zeitraum wird durch Übung verlängert.

F: Aber warum sollte der Verstand, einmal im Herzen versunken, wieder daraus hervorkommen?

B: Weil die Auslöschung der *Vasanas* nicht vollständig ist.

F: Ich finde diese Zeile aus Bhagavans Essay sehr interessant. Bedeutet sie, dass ich weiter nach dem „Ich" suchen soll?

B: Es bedeutet, dass du jedes Mal, wenn deine Aufmerksamkeit von etwas anderem als dir selbst gefangen genommen wird, den Verstand zurückziehen und ihn wieder auf die Suche nach dem „Ich" richten sollst. Aber du solltest nicht den Fehler machen, ein mentales Konzept namens „Ich" zu erschaffen und es zu betrachten. Suche nach dem „Ich", ohne Vermutungen über seine Existenz oder

Nichtexistenz anzustellen.

Wenn du aufgefordert wirst, das „Ich“ zu suchen, bedeutet das nicht, dass es tatsächlich eine solche Entität gibt und dass dein Bestreben darin besteht, sie zu finden oder zu ergreifen. Schau, ob es etwas gibt, das „Ich“ genannt wird. Anstatt Objekte zu betrachten, schaue dich selbst – d.h. schaue das Subjekt („Ich-Ich“). Der Verstand ist für sein Überleben auf Objekte angewiesen. In Abwesenheit von Objekten, mit denen er sich beschäftigen kann, bleibt er allein in seiner Essenz, die das Sein des Selbst ist.

Ein Verstand, in dem es nicht das geringste Objekt der Betrachtung gibt, das (vorläufig) seine Position hält, kann nicht als Verstand bezeichnet werden; in diesem Zustand hat er bereits begonnen, ins Herz abzusinken und kann als „Ich-Ich“ erfahren werden.

F: Warum benutzt Bhagavan hier das Wort „Idam“ *[Position]? Das* Hridayam *[Herz] kann nicht an einem bestimmten räumlichen Ort lokalisiert werden; wie kann dann die Betrachtung im Sinne von „Ich-Ich“ zum Herzen als Ort führen, anstatt als Frucht der Verwirklichung? Ist das Herz nicht das unmanifeste* Parabrahma*?*
B: Ja. Aber in Bezug auf deine körperliche Existenz gibt es einen Ort, an dem der Bewusstseinsstrahl des Absoluten mit der Summe der *Vasanas*, die deine Psyche (oder Persönlichkeit) ausmachen, in Kontakt kommt. Diese Quelle kann spürbar gefühlt werden, und diese Erfahrung ist als *Aham Sphurana* [„Ich“- Pulsieren] bekannt.

F: Ist der Unterschied zwischen Jagrat *[Wachzustand] und* Swapna *[Traumzustand] nur eingebildet?*
B: (lächelt) Ja, das ist so.

F: Träume ich dann jetzt dieses Gespräch, das ich mit Bhagavan führe?
B: Ja.

F: Habe ich dann Bhagavan in meinen Träumen erfunden, so dass er mich aus diesen Träumen aufwecken kann?

B: Ja.

F: Das scheint zu fantastisch, um es zu glauben.
B: Was ist falsch am Realitätssinn, den du während des Träumens hast? Solange der Traum andauert, dauern auch die Traumempfindungen an, und ihre Realität ist gleichwertig mit der Realität des Zustands, innerhalb dessen Grenzen sie auftreten. Diese Objekte, die du um dich herum siehst, erscheinen stabil und dauerhaft, weil das Ego fest – und zu Unrecht! – davon überzeugt ist, dass es ein vergängliches Subjekt ist, das in einer objektiv realen Welt lebt und diese bezeugt; eine Welt, von der man annimmt, dass sie unabhängig von der Wahrnehmung existiert.

Aber kann es etwas Dauerhafteres geben als dich? Tatsache ist, dass du so bleibst, wie du bist, während sich diese Szenen um dich herum stets verändern. Wie kann etwas, das wahrgenommen wird, real sein? Wahrnehmung und Vorstellung sind nicht verschieden.

F: In einem Traum gibt es keinen logischen Zusammenhang zwischen aufeinanderfolgenden Ereignissen und Umständen. Aber in dieser physischen Welt beobachten wir starre Ursache-Wirkungs-Beziehungen.
B: Diese Vorstellungen darüber, wie die Traum- und die Wachwelt zu sein haben, sind allesamt nur willkürliche mentale Konzeptionen. Wenn du jetzt aus einem Traum heraus sprichst, inwiefern ist es dann für dich sinnvoll, darüber zu diskutieren, wie das Wachsein sein sollte?

Tatsache ist, dass der Verstand, der sich so lange von Formen ernährt hat, die durch die Macht seiner eigenen Täuschung erzeugt wurden, nicht leicht von der Tatsache zu überzeugen ist, dass das Gesehene nicht vom Sehenden getrennt ist. Dennoch entspringt die Wahrnehmung nur dem Wahrnehmenden und ist daher nicht von ihm zu unterscheiden.

F: Bitte sag mir, wie ich den elenden Fluch überwinden kann, immer wieder geboren werden zu müssen. Der Makel der Wiedergeburt muss aufhören. Was soll ich dafür tun?

B: Geburt und Tod sind für den Körper. Wir haben uns für den Körper gehalten und uns so eins mit ihm gemacht. Im Tiefschlaf bist du frei von dem Makel, einen Körper mit dir herumzutragen. Nun ist ein Körper erschienen. Wie auch immer: Das ist das *Karma* des Körpers, nicht deines. Du bist, wie du bist: makellos und unberührt.

F: Wenn der Körper eine Verletzung erleidet – bin ich derjenige, den der Schmerz belastet.
B: Nein. Du selbst bürdest dir den Schmerz auf. Es ist wieder die falsche Identität mit dem Körper. Gib sie auf und sei glücklich.

F: Vielleicht lässt mein Karma *es nicht zu.*
B: Das Karma ist für den, der meint, es ist seins.

F: Ich weiß nicht, an welcher Handlung ich teilnehmen und von welcher ich mich fernhalten soll.
B: Es ist nicht nötig, sich darüber Gedanken zu machen. Wenn du dazu bestimmt bist, eine bestimmte Handlung auszuführen, wirst du dich gezwungen sehen, sie auszuführen. Ebenso wird dein Schicksal dir nicht erlauben, Handlungen auszuführen, die nicht Teil deines vorgeschriebenen Schicksals (*Prarabdha*) sind.

F: Ist es meine Handlung oder wird sie ausschließlich von der Höheren Macht motiviert und verursacht?
B: Der Handelnde ist besorgt über die Folgen seiner Handlungen. Der hingegebene Verstand ist, unabhängig vom Zustand des Körpers, stets frei von Handlungen.

F: Inwiefern ist Vichara *anderen Methoden – wie z.B.* Japa *[meditative Wiederholung eines Mantras] – überlegen?*
B: Bei den anderen Methoden muss der Verstand als das Instrument beibehalten werden, durch das *Abhyasa* [Praxis] ausgeführt werden kann – und so wird die Vorstellung bekräftigt, dass es etwas gibt, das man Verstand nennt. *Vichara* hingegen untersucht, ob da etwas existiert, das man Verstand nennt; und indem sie herausfindet, dass

so etwas niemals existieren kann, zerschlägt sie die Illusion von einem Verstand.

Dies ist die einzige Möglichkeit, dem Verstand ein Ende zu setzen. Andernfalls, nimmt man den Verstand als existent an und versucht, ihn auszulöschen, wäre das so, als würde man mit der Sonne im Rücken seinen eigenen Schatten verfolgen: Die Suche würde kein Ende nehmen.

F: Aber was ist wirklich die Antwort auf die Frage: „Wer bin ich?“
B: Das Verschwinden des Fragenden ist die einzig wahre Antwort.

F: Ist nicht die klare Wahrnehmung von Brahman *das Ergebnis der Frage: „Wer bin ich“?*
B: In *Brahman* gibt es niemanden, der etwas wahrnehmen könnte. Und, wenn du keine Klarheit über deine eigene Identität hast, warum dir Gedanken um *Brahman* machen? Wir wissen nichts über *Brahman*. Er mag in der Nähe oder weit weg sein. Aber du bist in unmittelbarer Nähe deiner selbst. In dir ist ein Gefühl des „Ich“ oder der „Ichheit“ wirksam.

Was ist dieses „Ich“ und woher kommt es? Im Schlaf ist das „Ich“ nicht zu sehen. Unmittelbar nach dem Aufwachen stürzt es hervor und identifiziert sich mit diesem, mit jenem und mit dem anderen. Was ist denn dieses „Ich“? Das ist die Suche, nicht das Nachdenken über die Verschmelzung mit *Brahman* und so weiter. Finde das „Ich“ in „dir“, und dann wird es genug Zeit geben, um an *Brahman* zu denken.

F: Ist es wahr, dass die weltlichen Pflichten automatisch von der Höheren Macht erfüllt werden, wenn man im Sein des Selbst verbleibt?
B: Das erfordert, dass man ständig im Zustand der Hingabe bleibt. Außerdem würde sich ein solcher Mensch nicht um die Folgen seiner Handlungen kümmern.

F: Aber ist es nicht besser, ganz auf Handlungen zu verzichten, damit wir frei vom Makel des Karmas *sein können?*

B: Wer sind wir, um zu handeln oder nicht zu handeln? Liegt es in unserer Hand, das Schicksal des Körpers zu bestimmen? Das Einzige, was in unserer Macht steht, ist, das Gefühl des Handelns aufzugeben. Wenn wir das tun, überlassen wir alles der Gnade der Höheren Macht, und wir sind von unserer Last befreit.

F: Dann ist es nicht nötig, die Verantwortung für die Handlungen des Körpers zu übernehmen?
B: Ist das persönliche „Ich" erst einmal so weit abgeschwächt, dass es sich nicht mehr die Verantwortung für die Handlungen des Körpers aneignet, wird sich diese Frage nicht mehr stellen.

F: Bhagavan sagt: „Swarupa-dhyanatthai vidappidiyai" [unablässig über die wirkliche Form meditieren]. *Aber ist das unermüdliche Streben nach* Vichara *vereinbar mit dem mühelosen Zustand der Hingabe?*
B: Der Zustand der mühelosen Hingabe ist das Ergebnis einer erfolgreichen *Vichara*-Praxis. In der Verwirklichung bleibt nur die vollkommene Hingabe.

F: Meine Hingabe an die höhere Macht ist nur meine mentale Verpflichtung, mich dem Willen des Allmächtigen zu unterwerfen. Wie kann dies mit dem erhabenen Zustand von Atmasakshathkaram *[Selbstverwirklichung] gleichgesetzt werden?*
B: Das gewöhnliche Verständnis des Begriffs „Hingabe" ist vielleicht die von dir angedeutete Denkrichtung. Was ich jedoch mit Hingabe meine, ist die Abwesenheit des „Ich"-Gedankens. Vollständige Hingabe ist ein anderer Name für *Jnana* oder Befreiung.

Solange du jedoch nicht in der Lage bist, dich in den Zustand zweifelsfreier Hingabe zu versetzen, kannst du weiterhin versuchen, dich hinzugeben. Hingabe scheint leicht zu sein, weil die Menschen denken, sie könnten die Füße des Gurus berühren, lauthals verkünden, dass sie sich ihm hingegeben haben, und danach tun, was sie wollen.

Aber wahrhaftige Hingabe lässt keinen Raum für ein „Ich". Sich vorbehaltlos hinzugeben, ist nicht leicht. Sobald

man es versucht, stets erhebt das Ego sein Haupt und man muss sich bemühen, es zu unterdrücken. Einzig durch die barmherzige Gnade des *Satguru* [wahrer Meister] wird die vollständige Hingabe gewährt, und nur demjenigen, der sich auf dem Weg zur Freiheit unermüdlich bemüht hat.

F: Bezieht sich das „Ich" in „Wer bin ich?" auf das Ego oder auf das absolute Selbst, namentlich auf Parabrahman*?*
B: Es gibt keine Möglichkeit, das *Atman* [das Selbst] zu untersuchen. Es kann nur das *Anatman* [das Nicht-Selbst] erforscht werden. Wenn einmal realisiert ist, dass das *Anatman* nicht existiert, wird die Existenz des *Atman* spontan offensichtlich. Die Frage ist nicht die nach der Verwirklichung des Selbst, sondern die nach der Nicht-Verwirklichung des Nicht-Selbst. Unser Bemühen ist nicht auf den Erwerb von Wissen gerichtet, sondern auf die Auslöschung der illusorischen Unwissenheit.

F: Wie lange ist Anstrengung notwendig?
B: Anstrengung ist bis zum Zustand der Verwirklichung notwendig. Alle Anstrengung hat als *Lakshya* [Bestimmung] nur den Zustand vollkommener Anstrengungslosigkeit, in dem die Verwirklichung des Selbst spontan und selbstverständlich ist.

F: Sind die verschiedenen Erfahrungen, denen wir in der Welt begegnen, lediglich Formen angenommener Gedanken?
B: Das ist so.

F: Es scheint zu fantastisch, um es zu glauben. Angenommen, meine Hand ist verletzt und blutet, ist das nur eine geistige Erfahrung, genauso wie der Gedanke, dass meine Hand verletzt werden könnte?
B: Ja. Die physische Welt, in der du zu leben glaubst, ist nichts anderes als eine Ausgeburt des Verstandes. Die Welt und der Verstand entstehen und verfestigen sich gemeinsam. Es ist der Verstand, der die Welt aufleuchten lässt.

F: Was ist der Unterschied zwischen Tiefschlaf und Samadhi *[Vereinigung mit der Realität]?*

B: Wenn der Verstand in vollkommener Dunkelheit aufgeht, sagt man, dass der Mensch schläft. Wenn der Verstand in vollkommener Erleuchtung aufgeht, sagt man, dass der Mensch im *Samadhi ist.* Die Wahrnehmung der Welt ist in keinem dieser [beiden] Zustände möglich.

Die Welt wird wahrgenommen, weil der Verstand sich in eine Verknüpfung von Licht und Dunkelheit verstrickt hat. Die Welt wird wahrgenommen, weil der Verstand zwar bewusst, aber in dem Elend verursachenden Netz von *Avidya Maya* [Illusion durch Unwissenheit] gefangen ist. Das bringt ihn dazu, eine nicht existierende Vielheit in dem wahrzunehmen, was vollkommene Einheit ist.

F: Kann das handelnde Leben weitergehen, wenn der Verstand in der Glückseligkeit von Samadhi *versunken bleibt?*

B: Im *Samadhi* ist es nicht möglich, in Bezug auf die Handlungen des Körpers ein Gefühl des „Ich bin der Handelnde" beizubehalten. Derjenige, der sich im *Samadhi* befindet, ist eingeschlafen ins Selbst; er ist also wach gegenüber dem Selbst und schlafend gegenüber allem anderen.

November 1936
Unveröffentlichtes Notizbuch C
Besuch eines Theosophen

F: Die Halle, die „Ich" nicht gesehen habe, ist deutlich wahrnehmbar.
B: Wenn die Objekte der Welt für dich deutlich wahrnehmbar sind, wie kann dann dein eigenes Selbst deiner Sicht verborgen bleiben? Das Selbst ist „das Seiende", das am vertrautesten ist, während die Objekte weit entfernt sind.

F: Aber die allgemeine Erfahrung scheint genau entgegengesetzt zu sein!
B: Dass es so scheint, als sei das Selbst hinter einem Vorhang der Unwissenheit verborgen, ist durch *Avarana* [Verhüllung] begründet. Dieser Vorhang der Unwissenheit ist jedoch nicht etwas, was dir von außen auferlegt wird. Tatsächlich ist deine vermeintliche Unwissenheit dein eigener Unwille, deinen Verstand auf seine eigene Quelle zu richten und ihn in diese Quelle hineinsinken zu lassen, um ihn ein für alle Mal mit ihr zu verschmelzen. Du bist dir deiner Existenz bewusst, weil du das Sein des Selbst die ganze Zeit über erfährst. Wenn du untersuchst, wer es ist, der das Sein des Selbst erfährt, wird das zwischengeschaltete „Ich", das jetzt behauptet, dieser Erfahrende zu sein, zusammenbrechen und das Substrat des reinen subjektiven Bewusstseins freilegen, das darunter als „Ich-Ich" leuchtet. Dies ist wahrlich *Samadhi*. Das „Ich-Ich" – Bewusstsein ist das Tor oder der Eingang zu *Jnana*.

F: Ich frage mich, „Wer bin ich?", aber ich bin nicht in der Lage, weiter zu gehen. Bitte leite mich und hilf mir, Jnana *zu verwirklichen.*
B: Stelle die Frage einmal und danach fokussiere dich intensiv auf die Bedeutung von „Ich". Es ist nicht notwendig, dass du die Frage immer wieder vor dir selbst wiederholst, wie ein Papagei, dem man das Sprechen beigebracht hat. Der Sinn der Frage besteht darin, deine Aufmerksamkeit von anderen Dingen abzulenken und

sie auf die Suche nach der Quelle deines Seins zu richten. Wenn du dich weiterhin auf das Konzept „Ich" konzentrierst, wird das „Ich" schließlich und allmählich beginnen, in seiner Quelle zu verschwinden und die Erfahrung zurücklassen, allein in der Gegenwart des Friedens zusein. „Wer bin ich?" bedeutet, dass ich mich auf das Subjekt konzentrieren sollte, nämlich auf mich selbst. *Vichara* ist nichts anderes als die Suche des Subjekts nach dem Subjekt. Erwarte nicht, dass die Antwort auf diese Suche von außen kommt. Die einzige Antwort ist das Verschwinden des Fragenden, denn *Vichara* versucht nicht, das Ego mit Antworten zu versorgen, sondern seine illusorische Existenz zu untergraben. Ziel des Prozesses ist es, die in dir aktive Vorstellung des „Ich" zum Verschwinden zu bringen.

Mr. TKS wurde von einem Besucher aus Thindukkal gefragt, warum der Ashram in den letzten 6 Monaten plötzlich von einer ungewöhnlich großen Zahl weißer Besucher überschwemmt wurde. Zur Zeit kann man täglich fast 20 Weiße in der Halle sehen, und vier oder fünf neue weiße Gesichter tauchen fast jeden Monat hier auf.

Mr. TKS sagte, dass dies seit April dieses Jahres so sei. Die Weißen treffen jeden Tag pünktlich um 8 Uhr morgens ein und in der Regel gehen sie noch vor fünf Uhr abends wieder. Es ist nicht klar, ob sie sich in der Stadt einquartiert haben, vielleicht in der Nähe des Großen Tempels.

B: Nein, nein. Es sind Anhänger von Sri Aurobindos Lehren. Sie kommen jeden Tag aus Pondy und kehren dorthin zurück. Offensichtlich finden sie die Vorstellung, hier zu bleiben, unattraktiv.

Chadwick: Wie haben sie von Sri Bhagavan erfahren?

B: Es sind hauptsächlich Theosophen aus Amerika und Europa. Sie sind daran interessiert, die physische oder körperliche Existenz zu transzendieren und zur Erkenntnis von *Brahman* [das universelle Selbst] zu erwachen. Als sie in Pondy weilten und versuchten, Sri Aurobindos Lehren zu praktizieren, stießen sie auf ein Exemplar von Mr. Bruntons „*Yogis - Verborgene Weisheit Indiens*" („*A Search in*

***Secret India*“). Zuerst kam eine Handvoll aus Neugierde, und dann kamen sie in großer Zahl.**

Aber sie sind nicht gewillt, in Tiruvannamalai zu übernachten, sie essen auch im Ashram nichts, sondern bringen jeden Tag etwas aus ihrer Unterkunft in Pondy für ihre Nachmittags- und Abendmahlzeiten mit. Aber sie wurden darüber informiert, dass sie nur vegetarische Sachen mitbringen dürfen und dass diejenigen, die Nahrung mit Fleisch mitbringen, nicht in den Ashram gelassen werden.

C: Diese Leute scheinen nur an Gesprächen über Vichara *interessiert zu sein. Ich habe beobachtet, dass sie sich nicht an anderen Diskussionen beteiligen.*
B: Ja, deswegen sind sie gekommen. Aber nachdem sie meinen Vorschlag gehört haben, bleiben sie noch für die *Veda Parayana* [*vedische* Gesänge im Raman Ashram].

Am Abend nieselte es leicht, und in der Halle herrschte eine wohltuende Atmosphäre; der angenehme Geruch von feuchter Erde durchdrang den gemütlichen kleinen Raum, und mit dem kleinen Holzkohlefeuer, das wie immer neben ihm loderte, glich er *Indra*, dem Herrn des Himmels, der Hof hielt. In diesem Moment kam Mr. TKS in den Saal, warf sich vor Bhagavan nieder, wie es üblich war und übergab dem Meister ein Telegramm. Einer von Bhagavans Verwandten väterlicherseits, der in Erode lebte, war am Tag zuvor verstorben. Mit einem Lächeln und an niemanden speziell gerichtet, sagte Bhagavan: **Die Toten sind in der Tat glücklich. Nur die Hinterbliebenen sind verwirrt. Warum sollten wir uns durch die Aussicht auf den Tod beunruhigt fühlen? Lass das, was stirbt, über seinen unvermeidlichen Tod trauern. Du bist immer unsterblich.**

Nach dem Abendessen im Ashram fragte ein gebildeter junger *Brahmane* Bhagavan, ob die verschiedenen Götter und Gottheiten des Hinduismus und ihre jeweiligen *Lokas* [Reiche in der hinduistischen Kosmologie] real seien.
B: Sie sind so real, wie du in diesem Körper bist.

F: Existiert Ishwara *[das Höchste Wesen]? Oder ist er imaginär?*
B: Solange dein Ego existiert, ist auch er real. Es hat keinen Sinn, über die Realität von *Ishwara* zu grübeln, wenn wir unsere eigene Realität erst noch entdecken müssen.

F: Hat Gott eine Form? Hat er Eigenschaften?
B: Wenn man sich dazu entscheidet, Gott in einer Form zu verehren, findet man ihn in einer Form vor. Er hat sich entschieden, Name und Form zu tragen, damit es für den Verstand des Verehrenden einfacher ist, auf IHN zu meditieren. Was seine Eigenschaften betrifft, so sind sie so, wie du sie dir kraft deiner Konzentration vorstellen kannst.

F: Aber was ist seine eigentliche Natur?
B: Er ist das Selbst, das leuchtet, sobald dein Ego im Feuer der Selbsterkenntnis verbrannt ist.

F: Wie kann ich mich von Maya *befreien?*
B: Was ist *Maya*?

F: Die Anhaftung an die verschiedenen Objekte, die wir in der Welt sehen.
B: Wenn diese Anhaftung deine eigentliche Natur wäre, müsste sie auch im Tiefschlaf fortbestehen. Da sie im Schlaf nicht zu finden ist, ist sie lediglich eine Zufügung und daher unwirklich oder illusorisch. Die Illusion kann abgeschüttelt werden, indem man das ursprüngliche Bewusstsein wiedererlangt, das vollkommen bewusst und doch völlig frei vom störenden Einfluss der Gedanken ist. Du bist derselbe, der du auch im Schlaf warst. Im Schlaf herrschte Glück – absolut und uneingeschränkt. Aber der jetzige Zustand ist eine Mischung aus Freude und Schmerz. Wie kam es zu diesem Übergang? Welche Veränderung hat stattgefunden, um dich vom glücklichen Zustand des Schlafes in den gegenwärtigen Zustand des Elends zu führen? Es ist das Aufkommen des Verstandes. Der Verstand ist die Ursache für dein Elend. Wenn man den Verstand bis zu seiner Quelle zurückverfolgt, bleibt nur Freude übrig – ohne Sinn und Verstand, ohne Anfang und Ende.

F: Aber ist der Schlaf nicht ein Zustand der Unwissenheit?
B: Ist der gegenwärtige Zustand denn ein Zustand von *Jnana*?

F: Aber im Schlaf gibt es kein Gewahrsein.
B: Du willst damit sagen, dass das Gewahrsein, das auch während des Tiefschlafs anhielt, keines war, an das du dich jetzt geistig erinnern kannst. Das Selbst ist im Tiefschlaf das Selbst, das bei sich selbst bleibt, während der Verstand abwesend ist. Jetzt urteilt der Verstand über diesen Zustand, der im Tiefschlaf herrscht. Wie kann der Verstand kompetent sein, Schlussfolgerungen in Bezug auf einen Zustand zu schließen, in dem er nicht existiert? Der Zustand des Tiefschlafs ist jenseits des Verstandes. Das Selbst, das im Zustand des Tiefschlafs vorherrscht, ist das uneingeschränkte Selbst – in dem der Verstand nicht in Erscheinung tritt.

F: Ein solches Selbst befindet sich sogar in einem Kadaver.
B: Der Kadaver ist in Frieden, weil er keine Sorgen hat, keine Zweifel aufkommen lässt und nach nichts sucht. Aber dein Verstand hält dich immer in dem quälenden Netz von Wünschen und Begierden gefangen. Jetzt bist du von so vielen Fragen überhäuft. Aber im Tiefschlaf quälen dich diese Fragen nicht. Warum? Hast du im Tiefschlaf nicht existiert? Du hast existiert. Warum gab es kein Gefühl der Unvollkommenheit oder des Mangels, als du geschlafen hast? Das liegt daran, dass das Selbst von allem, unberührt bleibt, was man Verstand nennt. Das reine Selbst ist absolutes Gewahrsein. Es nimmt keine Objekte wahr. Die Objekte, die jetzt in deinem Bewusstsein erscheinen, sind das Werk von *Avidya Maya* [Illusion durch Unwissenheit]. Was du jetzt im gegenwärtigen Zustand als Wachbewusstsein auffasst, ist verknüpftes Bewusstsein. Um zu funktionieren, benötigt es Gehirn, Körper, Verstand, Intellekt usw. Aber im Tiefschlaf dauerte das Bewusstsein an ohne dieses Beiwerk. Was also ist dein wirklicher Zustand (oder deine wahre Natur): Verknüpftes oder absolutes Bewusstsein?

F: Aber ich bin nicht in der Lage, mich an das absolute Bewusstsein zu

erinnern, das in meinem Tiefschlaf herrschte.
B: Ich habe gerade gesagt, dass der Zustand des Tiefschlafs jenseits des Verstandes liegt. Um sich im gedankenfreien Bewusstsein zu etablieren, ist Anstrengung notwendig. Jedes Mal, wenn der Verstand sich von seiner Essenz des Seins entfernt, bringe ihn zurück zu seiner Quelle und verschmelze ihn dort – das ist die Praxis.

18. November 1936

F: Ist es besser, Verwirklichung zu erlangen, indem man dem Guru dient, oder durch Vichara*?*
B: Wenn der Verstand durch die Praxis des *Vichara* immer mehr in sich kehrt, entsteht eine Intuition, die dich automatisch auf den richtigen Weg führt. Sie wird dich von Ereignissen und Umständen fernhalten, die deinen Verstand vom Pfad der Introvertiertheit, der zum Selbst führt, weglocken würden. Sie wird deine Aufmerksamkeit immer wieder nach innen lenken. Diese Intuition ist dein Guru. Man gesagt: „*Ishwara Gururatmaethi*" [Gott, Guru und Selbst sind eins]. So sind *Ishwara*, der Guru und das der Welt zugrundeliegende Substrat lediglich verschiedene Facetten desselben unvergänglichen, unmanifesten Absoluten Selbst.

Ein arroganter Elefant kann nur durch einen im selben Traum erscheinenden grausamen Löwen aus seinem Traum geweckt werden. Der Löwe ist lediglich ein Teil des eigenen Traums des Elefanten, aber er bewirkt, dass der Elefant aus seinem Traum erwacht, indem er dessen Arroganz zerschlägt und die Kreatur zur vollständigen Hingabe führt. In gleicher Weise erscheint der Guru im Traum von *Samsara* [Kreislauf von Geburt und Tod, der durch Karma bestimmt wird], um dich aus ihm herauszuziehen. Bis zum Moment der Verwirklichung scheint der Guru von dir getrennt zu sein. Nach der Verwirklichung stellt sich heraus, dass er identisch ist mit deinem Selbst.

F: Wenn das Selbst immer leuchtet, was hindert mich daran, es in diesem Augenblick wahrzunehmen?

B: Das liegt an dem relativen Wissen, das aus dem Ego kommt und das Konzepten und Vorstellungen Raum gibt, um den Verstand zu vergiften und zu beschmutzen. Wenn er an Konzepte glaubt, verliert der Verstand seinen festen Stand in seiner eigenen Essenz des Seins. „Ich bin dies oder das" ist begriffliches Wissen. „Ich bin, wer ich bin" ist die Natur absoluten Wissens. Begriffliches Wissen umfasst ein Subjekt und ein Objekt, während es im Leuchten des Herzens nichts zu wissen gibt, sondern nur zu SEIN. Weil wir uns so weit von unserer wirklichen Natur entfernt haben, scheint es uns, als müsste Sein von Anstrengung begleitet werden. Wenn alle Ablenkungen endlich überwunden sind, wird es außer dem Sein nichts mehr geben, wohin du dich verirren kannst. Das wird der Höhepunkt deiner Praxis sein.

F: Was geschieht mit dem Ego, wenn der Körper stirbt?
B: Das Ego ist nichts anderes als die „Ich"-Vorstellung. In der subtilen Form ist es nur ein mentales Konzept; in der groben Form umfasst es den Verstand, die Sinneswahrnehmungen, den Körper und die Anhäufung von Erinnerungen und anderen Gedankenformen des Menschen. Das Ego ist nur eine Erscheinung – eine vorübergehende, momentane Erscheinung – im Selbst. Sein Erscheinen nennen wir Geburt, sein Verschwinden nennen wir Tod. Begriffliches Wissen ist lediglich eine Komponente des Verstandes und daher illusorisch, denn der Verstand, der Rahmen, in dem solches Wissen steckt, ist ein unwirkliches Phänomen.

F: Deine Lehren sind nobel und schön; ich finde sie ehrfurchtgebietend. Warum predigst du nicht vor der breiten Öffentlichkeit?
B: Warum hast du den Eindruck, dass ich es nicht tue? Schweigen ist die wirksamste Methode des Predigens.

F: Die Erschöpfung zwingt uns in den Schlaf, und nachdem der Körper sich erholt hat, wacht er wieder auf. Warum können wir nicht so lange im Tiefschlaf bleiben, wie wir wollen?
B: *Sushupti* [Tiefschlaf] dauert auch im gegenwärtigen Zustand

an. Bewusstes Erkennen von *Sushupti* ist *Jagrat Sushupti* [im Wachzustand die Ruhe des Tiefschlafs erleben] oder *Samadhi.* In *Samadhi* versunken zu sein bedeutet, den Verstand untätig oder schlafend im Seinszustand des Selbst zu lassen – mühelos und willenlos. Der Durchschnittsmensch kann nicht unbegrenzt in diesem Zustand verbleiben, weil seine *Vasanas* ihn aus diesem Zustand herauszwingen würden. Indem wir ständig unser *Lakhshya* [Ziel, Wahrnehmung] auf die Quelle des Egos richten, die nichts anderes ist als das Leuchten des Herzens, wird das Ego im Herzen aufgelöst wie eine Puppe aus Salz, die in den Ozean geworfen wird. Das Ego erhält sich selbst aufrecht, indem es sich bei seinem Entstehen mit einem Objekt identifiziert – in der Abwesenheit einer Verknüpfung mit Objekten kann es nicht verbleiben. Diese Tendenz zur Verknüpfung ist dasselbe wie die Unwissenheit, die du zu beseitigen versuchst. Wenn die Vorstellung über die Welt als objektiv reale Instanz im Verstand ausgelöscht ist, stirbt die objektivierende Tendenz des Verstandes; das Ergebnis ist, dass er mit seiner Quelle verschmilzt.

Die Tatsache, dass deine Identität reines Sein ist, offenbart sich dir in jenen winzigen Momenten, in denen das Ego keinen Kontakt zu Gedanken und Objekten hat. Durch das Auftauchen des Egos erscheint alles; das Abklingen (oder die Stilllegung) des Egos ist das Verschwinden von allem. Der gegenwärtige Zustand unterscheidet sich nicht von *Sushupti.* In *Sushupti* ist einfach Nichtwissen (Unkenntnis) da, während in *Jagrat/Swapna* [Wachzustand/Traumzustand] das Nichtwissen aufgefächert ist in Vielfalt, da die Objekte und derjenige, der sie wahrnimmt, gleichzeitig entstehen. In der Fülle der Verwirklichung ist der Verstand in vollkommenes Licht getaucht, während er in *Sushupti* in vollkommene Dunkelheit getaucht ist. Weder in vollkommener Dunkelheit noch in vollkommenem Licht können Objekte erscheinen.

F: Was ist der Test, mit dem ich selbst herausfinden kann, ob ich fähig bin, das Selbst in meinem gegenwärtigen Leben zu verwirklichen?

B: Vollkommene Abwesenheit von Anhaftung oder – mit anderen

Worten – vollkommene Entsagung ist der Maßstab für die Eignung. Es ist notwendig, alles für die Wahrheit zu opfern, und *Jnana* ist nur für diejenigen, die dazu in der Lage sind.

19. November 1936

Heute Morgen beklagte sich ein Besucher aus Guntur beim Meister, dass er sich zwar nach Kräften bemühe, seinen Geist auf die Suche zu konzentrieren, um Verwirklichung zu erlangen, dass aber die Ablenkungen, die ihn daran hindern, zu stark seien, da Gott nicht bereit zu sein scheine, ihm Gnade zu erweisen.

B: Wie können wir Gott für unsere Unzulänglichkeiten verantwortlich machen? Erinnerst dich an das alte Sprichwort, dass, wenn du einen Schritt auf Gott zugehst, er neun Schritte auf dich zugeht?

Bhagawan bat dann in der Halle Mr. TKS, Sri Manickavasagars „*Neethal Vinappam*“ laut vorzulesen. Es wurde Vers für Vers für den Besucher übersetzt, da er mit Tamil nicht vertraut zu sein schien. Nur wenige Augenblicke nach der Rezitation beobachtete ich, wie Bhagavans Augen vor Rührung feucht wurden:

> „Ich bin ein erbärmlicher Mensch, aber dank deines grenzenlosen Mitgefühls hast du mich zu dem deinen gemacht. Befreie mich von meinen Qualen und verlasse mich nicht! Ich bin erschöpft; bitte kümmere dich um mich. …
>
> Die verführerischen Blicke von Frauen mit roten Mündern und vollen, aneinander schlagenden Brüsten quälen mich ununterbrochen. Ich habe für dich nichts Gutes getan und bin ein echter Schuft. Trotzdem warst du so gnädig, mich zu dem deinem zu machen. Ich kann mich nur fragen, warum. …Meine Sinne werden ständig von

den schönen Augen hübscher Frauen angezogen, als wäre ich ein unglückliches Pflänzchen, das am Rande eines Flusses sprießt und von der Wildheit seiner Überschwemmung mitgerissen wird. Oh, du, der du einen Körper teilst mit seiner Frau! Ernähre mich und lass mich nicht im Stich!

Du hast mir dein Erbarmen geschenkt, aber ich habe mich von dir entfernt, weil ich die sinnlichen Vergnügungen dieser Welt genießen wollte, die von heißblütigen Verlockungen nur so strotzt. Oh, Herr mit vom Mond geschmückten Haar! Rette mich aus meinen Sorgen und verlasse mich nicht!

Oh, Herr, dessen Haar mit frischen Blumen geschmückt ist, um das die Bienen immer schwärmen möchten! Wie das Glühwürmchen, das im Feuer geröstet werden möchte, wollte ich in die innige Umarmung von Frauen fallen, aus deren Mündern süße Worte kommen. Selbst als du mir deinen Nektar angeboten hast, habe ich abgelehnt …"

Dezember 1936
Unveröffentlichtes Notizbuch I
Tendenzen des Verstandes

F: Das pochende „Ich-Ich“ flimmert in mir. Es ist ein sehr friedlicher Zustand, und ich wünschte, ich könnte für immer darin bleiben. Leider hält diese Erfahrung nur wenige Sekunden an, bevor sie wieder verschwindet. Kann mir Bhagavan bitte den Grund dafür nennen?
B: Es bedeutet, dass die Tendenzen, die das Nach-außen-gewendet-Sein verursachen, noch im Verstand schlummern. Unablässige Praxis ist notwendig, um den Verstand im Herzen versunken zu halten, bis alle latenten Tendenzen spurlos ausgelöscht sind.

F: Wie sollen wir den Verstand töten?
B: Ist es der Verstand, der den Verstand töten will? Der Verstand kann den Verstand nicht töten. Alles, was du bemüht bist, mit dem Verstand „zu tun“, wird die Vorstellung eines Verstandes nur verstärken und aufrechterhalten. Statt dich sinnlos zu fragen, „Wie kann ich den Verstand beseitigen?“, fahre darin fort, den Verstand zu suchen. Die unaufhörliche Suche nach dem, was der Verstand ist, führt zu seinem Verschwinden.

Es geht darum, die Objekte, die durch das reflektierte Licht des Verstandes erscheinen, vollkommen zu ignorieren, und stattdessen die den Verstand erhellende Quelle zu suchen. Wenn die Quelle des Verstandes kontinuierlich gesucht wird, beginnt dieser, zu schwinden.

Der Sinn von *Vichara* [Selbsterforschung] besteht darin, kontinuierlich am Subjekt festzuhalten. Ganz gleich, welche Erfahrungen auftauchen, schenke ihnen keine Aufmerksamkeit und bleibe weiterhin auf das Subjekt konzentriert. Das Subjekt ist deine Vorstellung des „Ich“. Untersuche diese Vorstellung so lange, bis sie verschwindet.

F: Ich werde oft von Selbstzweifeln verfolgt und verspottet. Ich frage mich, ob der bedauernswerte Schwächling, der ich bin, auf der Suche nach der Verwirklichung letztendlich erfolgreich sein wird. Ich ertappe mich oft bei diesen düsteren Gedankenketten und werde mutlos. Was rät mir Bhagavan zu tun?

B: Zweifel werden immer wieder aufkommen, aber niemand kann die Existenz des Zweiflers leugnen. Halte felsenfest am Zweifler fest, und die Zweifel werden aufhören, dir Kummer zu bereiten.

F: Hilft die mentale Wiederholung von „Ich bin Brahman*“, einen Geisteszustand zu erreichen, der der Verwirklichung förderlich ist?*

B: Nein. Andererseits verstärkt es den irreführenden Eindruck, dass es ein „Ich“ gibt, das sich als „*Brahman*“ ausgibt. Das, was wirklich *Brahman* ist, sagt noch nicht einmal „Ich“. Mentale Luftblasen sind nicht geeignet, *Brahman* zu entdecken. Dies kann nur durch die Überwindung der Illusion des Verstandes geschehen. Der Verstand trägt den Samen seiner eigenen Zerstörung in sich. Der denkende oder nach außen gewendete Verstand stellt sich selbst als die Welt dar, während der vollkommen nach innen gewendete Verstand versunken im Herzen ist. Der tyrannische Griff des Egos kann nur durch beharrliches Bemühen über einen längeren Zeitraum hinweg gebrochen werden.

F: Bitte erkläre uns den Zweck der Manifestation! Wir wissen, vom vedantischen *Standpunkt aus ist das* Brahman *oder* Purusha [Selbst] *genannte Wesen als Einheit verblieben. Danach wurde es mit Unwissenheit verunreinigt, wodurch die Vielheit in Form der objektiven Welt entstand, die wir um uns herum sehen. Aber wie und warum kam es zu diesem Schmutzfleck der Vielheit?*

B: Das ist nicht das richtige Verstehen. *Brahman* kennt keine Unwissenheit. Unwissenheit ist für denjenigen, der die Empfindung erfährt, dass er durch Unwissenheit gebunden ist. Derjenige zu sein, der über Unwissenheit klagt, ist die einzige Unwissenheit, die dich beunruhigt – und es kann keine andere geben. Du bist selbst die Unwissenheit, die du erforschst. Unwissenheit und Ego sind ein und dasselbe.

F: Ich sehne mich nach der Erfahrung von Nirvikalpa Samadhi, *bin aber nicht in der Lage, sie zu erlangen, obwohl ich* Vichara *mit peinlicher Akribie ausübe. Bitte kläre mich auf; ich möchte herausfinden, wo ich falsch liege.*
B: Für den Verstand reicht es aus, in seine Quelle aufgelöst zu sein. Du hast *Samadhi* offensichtlich so verstanden, dass es dasselbe bedeutet wie die Abwesenheit von Körperbewusstsein. Das muss nicht so sein. *Samadhi* bezieht sich auf den Zustand, in dem der Verstand als eins und identisch mit dem Sein des Selbst verweilt. Im Schlaf und im Zustand der Ohnmacht gibt es kein Körperbewusstsein. Ist Schlaf oder Ohnmacht dasselbe wie *Samadhi*? Der Sinn von *Abhyasa* [Praxis] besteht nicht darin, das Körperbewusstsein abzuschütteln oder auszuschalten, sondern den Gedanken „Ich" zu seinem Ursprung zurückzuverfolgen und ihn dort seiner Zerstörung zu überlassen.

Die Zerstörung des unwahren Wesens, das „Ich" genannt wird, ist das Ziel, das all unseren Bemühungen zugrunde liegt. Wenn der Körper für einige Zeit unbeweglich wie ein Stein wird und nicht atmet, wie sollte das deine Erlösung herbeiführen? Befreiung gibt es nur in jenem Zustand, in dem das „Ich" zweifelsfrei zerstört ist.

F: In seinem Essay „Wer bin ich?" finde ich die folgenden faszinierenden Äußerungen von Bhagavan: **„Oruvan nirandhara swaroopa smaranaiyai kaipattruvanayin, adhu ondre podhum"** *[Wenn man die permanente Meditation über die Essenz kontinuierlich fortsetzt, so ist das allein genug.]; und* **"Sadhakalamum manadhai Atmavil vaitthiruppadharkkudhan Atmavicharam endru peyar"** *[Den Verstand immer im* Atman *zu halten, nennt man* Atmavichara.*].*

Was genau möchte Bhagavan uns mit diesen Aussagen mitteilen? Und wie können wir diese Anweisungen befolgen? Was bedeuten die Begriffe „Empfindung und Wiedererinnerung der eigenen wahren Form" und „den Verstand im Atman *[das Selbst] halten" eigentlich überhaupt?*

Und wie können wir uns vergewissern, ob wir diese Anweisungen richtig befolgen?
B: Beide Begriffe beziehen sich auf die Notwendigkeit, den Verstand unaufhörlich in seiner Quelle aufgehen zu lassen.

Es gibt drei verschiedene Möglichkeiten. Die erste ist der ungeordnete Verstand, der sich an den Objekten der Sinneswahrnehmung und der intellektuellen Begriffsbildung erfreut. Dies ist der Zustand des nach Außen gewendeten Verstandes, der bei den Menschen in der Welt häufig zu beobachten ist.

Der zweite ist der nach Innen gewendete oder stille Verstand, nach dem du fragst. Den Verstand im *Atman* zu halten oder die Empfindung und Wiedergewinnung des Seins des Selbst zu praktizieren, bedeutet einzig dies: Damit fortfahren, den Verstand mit dem Verstand zu schauen. Anstatt den Verstand zu nutzen, um Gedanken zu denken oder Objekte zu analysieren (die durch Sinneseindrücke für die Wahrnehmung verfügbar gemacht werden), nutze den Verstand, um genau diesen Verstand zu untersuchen. *Vichara* ist nichts anderes als das Erschauen des Verstandes mit dem Verstand.

Der dritte ist der Zustand des *Jnani*, der Zustand des zerstörten Verstandes. Der dritte kann nicht durch unsere Anstrengung herbeigeführt werden. Der Zustand eines unbewegten Verstandes, in dem der Verstand als eins und identisch mit dem Sein des Selbst verweilt, führt – wenn er beharrlich und ununterbrochen besteht – automatisch zur Verwirklichung von *Jnana*; vorausgesetzt, man hat sich vorbehaltlos hingegeben.

Solange also dieser Jemand verbleibt, der *Jnana* begehrt, kann *Jnana* nicht erlangt werden. Du hast gefragt, wie du herausfinden kannst, ob du meine Anweisungen zu *Vichara* richtig befolgst. Wenn die Gesamtheit des Verstandes auf die Suche nach der Quelle des Verstandes reduziert bleibt oder wenn der Verstand nicht mehr daran interessiert ist, etwas Anderes als sich selbst zu suchen, dann wird das „Ich" in „Ich-Ich" verwandelt.

Im *vedantischen* Sprachgebrauch wird das „Ich-Ich" *Aham Sphurana* oder *Spandabhraja* [Versunkenheit in göttlicher Glückseligkeit] genannt. Dies ist der Zustand, der dem *Sahajasthithi* des *Jnani* vorausgeht. Damit er zu *Jnana* erblühen kann, ist die vollständige Zerstörung der *Vasanas* [Tendenzen des Verstandes] notwendig.

Wenn dieses *Sphurana* [Pulsieren] in dir erweckt worden ist, dann praktizierst du *Vichara* richtig. Allerdings wird aufgrund des unnatürlichen Einflusses der *Vasanas* das *Sphurana* später gelöscht und die alten Gewohnheiten, die den Verstand nach außen wenden, übernehmen wieder das Kommando. Wenn das *Sphurana* dauerhaft werden soll, ist Praxis notwendig.

Wann immer du feststellst, dass der Verstand vom „Ich" wegdriftet, ziehe ihn zurück und richte ihn wieder auf die Suche nach *Vichara* aus. Wenn das *Sphurana* zum mühelosen, natürlichen Zustand des Verstandes geworden ist, wird das die Krone deiner Errungenschaft sein. Ein weiterer Aspekt, der berücksichtigt werden muss, ist das Ausmaß, bis zu dem die Welt sozusagen aus dem Blickfeld gerückt ist. Solange im Verstand der irrige Eindruck bleibt, die Welt sei eine an sich objektiv reale Wesenheit, solange wird es unmöglich sein, *Jnana* zu erlangen. Die Welt ist Mittel, Abwehr oder Ankerpunkt, deren Gebrauch es dem Verstand ermöglicht, das Eintauchen in seine Quelle zu verhindern. Sobald der Verstand aufhört, der Welt irgendeine Aufmerksamkeit zu schenken, wäre das Herabsinken in das Herz schließlich eine natürliche Folge. Denn was ist die Welt? *Lokyate iti lokah* [„Die Welt ist nichts anderes als das, was wahrgenommen wird."].

Betrachte die Position deines Selbst in Bezug auf die Welt, die du siehst. Die Welt bedarf der Wahrnehmung, damit ihre scheinbare Existenz für dich deutlich wird. Es kann keine Welt in Abwesenheit eines sie wahrnehmenden „ICH" geben. Die Welt wird für dich offensichtlich als Ergebnis einer Abfolge ursächlicher Faktoren: Es muss physisches Licht geben, um Objekte zu beleuchten; dieses Licht der Quelle muss seinen Weg zum Objekt finden und dann in Richtung deiner Augen reflektiert werden; deine Augen müssen das Licht aufnehmen und schließlich erkennt dein Gehirn das Objekt.

Durch diesen Prozess teilen dir die Welt und die in ihr enthaltenen Objekte ihre Existenz mit. Selbsterkenntnis jedoch ist nicht so: Sie ist unmittelbar und erfordert keinen Vermittler (wie das physische Augenlicht), damit ihre Existenz für dich offensichtlich wird. Dein Gefühl, zu existieren, ist der erste und letzte Hinweis auf

die Existenz des Absoluten Selbst. Existierst du oder nicht?

F: Ja.
B: Woher weißt du das? Bestätigst du deine Existenz, indem du vor einen Spiegel gehst und dich davor stellst? Brauchst du einen Spiegel, um festzustellen, dass du Augen hast? Ist nicht die Tatsache, dass du siehst, der Beweis?

In ähnlicher Weise ist dein eigenes Sein ein Beweis oder ein überzeugender Beleg dafür, dass es ein „ICH" gibt, das weder physisch ist noch zu seinem Unterhalt irgendetwas Physisches braucht, und dieses „ICH" ist das wahre „ICH". Die Vorstellung von Körperlichkeit ist lediglich eine mentale Fiktion.

Alle physische Materie besteht aus nichts als mentalen Vorstellungen. Werden die Vorstellungen aufgegeben, bleibt nur noch Geist übrig, und das ist das Selbst.

F: Im selben Essay verwendet Bhagavan auch die Analogie von der Belagerung einer Festung. Bhagavan sagt, dass die Bewohner der Festung getötet werden sollten, sobald sie versuchen, diese zu verlassen. Ich kann jedoch nicht verstehen, wie diese Analogie auf Vichara *anwendbar ist.*

Wenn eine Ablenkung in Form eines Gedankens auftaucht, blockiere ich den Gedanken, indem ich die Erforschung „Wer bin ich?" vornehme. Aber nach nur wenigen Minuten finde ich denselben Gedanken erneut in meinem Verstand. Aber in Bhagavans Beispiel würde die Armee, die außerhalb der Festung wartet, jede einzelne Person töten, die versucht, sich nach draußen zu wagen – und offensichtlich kann eine tote Person nicht wieder lebendig werden.

Aber in meiner Vichara-*Praxis kommen die Gedanken zurück, selbst, nachdem sie immer und immer wieder der Axt des* Vichara *ausgesetzt wurden. Also, wo mache ich bei meinem* Vichara *etwas falsch? Warum sterben die Gedanken nicht einen endgültigen Tod, obwohl sie durch meine* Vichara-*Praxis lautstark angegriffen wurden?*
B: Das Beispiel mit den Soldaten, die vor einer Festung warten und alle töten, die versuchen, sich nach draußen zu wagen, wird im Zusammenhang mit der Zerstörung der *Vasanas* gegeben.

Gedanken tauchen immer wieder auf, solange die zugrundeliegenden *Vasanas* noch vorhanden sind. Wenn jedoch ein *Vasana* endgültig stirbt, kann es nicht mehr zurückkehren.

F: Bitte erkläre den Unterschied zwischen Gedanken und Vasanas. *Bisher hatte ich den Eindruck, dass „*Vasana*" das Sanskrit-Wort für „Gedanke" ist. Es scheint, dass ich mich geirrt habe.*

B: Nein, sie sind nicht dasselbe. Gedanken sind die wahrnehmbaren Manifestationen der *Vasanas*, und *Vasanas* sind die zugrundeliegenden Neigungen des Verstandes, die das Entstehen von Gedanken antreiben oder verursachen.

***Vasanas* führen unweigerlich zu Gedanken, aber Gedanken können auch in Abwesenheit von *Vasanas* auftreten, wie es im Falle des *Jnani* der Fall ist. Man kann die *Vasanas* nicht direkt zerstören; das kann man nur, indem man die Gedanken angreift. Wenn Gedanken auftauchen, bringe sie in den präexistenten „Ich-Ich"–Strom zurück. Wenn du unwillkürlich und unaufhörlich in diesem Strom bist, wird der Strom von selbst die *Vasanas* zerstören und Befreiung schenken.**

Aber Befreiung kann nicht erlangt werden, solange das Verlangen nach Befreiung latent im Verstand vorhanden ist. Die Überwindung des Verlangens und die Abschwächung des „Ich"–Gedankens geschehen Seite an Seite als Ergebnis ernsthafter *Sadhana*. In dem Maße, in dem der *Sadhaka* seinen Verstand mehr und mehr nach innen wendet, verringert sich das Ausmaß der Aufmerksamkeit, die er weltlichen Angelegenheiten widmet – bis der Tag kommt, an dem es nichts mehr in der Welt gibt, was seine Aufmerksamkeit erregen könnte; ab da beginnt der Verstand, unwillkürlich im Herzen zu verweilen.

Wird *Vichara* durchgeführt mit dem verdeckten Hintergedanken der Verwirklichung im Kopf, kann es dann zu einem erfolgreichen Ergebnis kommen? *Vichara* sollte durchgeführt werden aufgrund der Begeisterung für das „Ich"; die Neugier, das „Ich" zu entdecken, das ist: *Atmajigyasa* [der Wunsch, das Selbst zu erkennen]. Du sagst: „Ich bin." Finde heraus: „Wer ist?"

F: Wie lange braucht es auf dem Weg Anstrengung?
B: Solange es ein „Ich" gibt, das bestehen bleibt und fähig ist, diese zu unternehmen! Es gibt einen Zustand, der jenseits unserer Anstrengung oder Anstrengungslosigkeit liegt. Bis dieser Zustand verwirklicht ist, ist Anstrengung notwendig.

F: Ich werde oft von mentalen Schmerzen geplagt, weil ich dem Treiben der Welt Aufmerksamkeit schenke. Gibt es ein Mittel dagegen?
B: Wenn du weiterhin dem Ego und seinen Irrwegen Aufmerksamkeit schenkst, wirst du gezwungen sein, den Wegen deiner Gedanken zu folgen und dich in Verstrickung wiederfinden. Es ist nicht nötig, die vom Ego geäußerten Bedenken als gültig oder legitim zu betrachten. Achte nicht auf den Krawallmacher Ego und seine boshaften Aktivitäten, sondern schaue nur auf das Licht, das das Ego erhellt.

Den Verstand durch Willensanstrengung abzumindern, wird ihn niemals zur Ruhe kommen lassen. Um den Verstand zur Hingabe zu bringen, ist es notwendig, die Höhere Kraft anzurufen, die hinter (oder unter) dem Verstand verborgen liegt. Diese Kraft – nenn sie *Kundalini* [Göttliche Energie], *Atmashakti* [Macht des Selbst] oder wie immer du willst – kann nur angerufen werden, indem man den Verstand (kopfüber) in die Quelle stürzt, aus der er entstanden ist, und ihn dort versammelt hält und ihn mit ihr verschmelzen lässt, bis er verschwindet. Der eigene Wille, der ein Teil des Verstandes ist, ist nicht in der Lage, die Zerstörung des Verstandes herbeizuführen. Hast du dich hingegeben, wirst du geführt von einer Höheren Macht. Lass dich von ihr leiten und sie wird dir den Weg zeigen.

F: Wie kann ich wissen, dass ich fähig bin, Vichara *zu machen?*
B: Wenn du dich dazu hingezogen fühlst und wenn du feststellst, dass es dich anzieht, kannst du damit beginnen. Es ist nicht notwendig, vor Beginn der Suche einen Fähigkeitsnachweis zu erbringen. Vorausgesetzt, du verfolgst sie mit vollkommener Ernsthaftigkeit, wird dich die Suche von selbst tiefer und tiefer in sich hineinziehen. Transzendiere die falsche Vorstellung einer scheinbaren Existenz des

Ichs, indem du kontinuierlich und unaufhörlich der Suche nach seinem Standort oder seiner Identität nachgehst; diese Suche ist die Essenz der Erforschung „Wer bin ich?".

F: Wie erlange ich Gnade?
B: Diese Frage wird nur durch Gnade ausgelöst. Der Wunsch nach Gnade ist das Ergebnis der Gnade, die bereits auf dich wirkt. Gnade muss nicht neu erlangt werden; Gnade ist das Selbst. Das Sich-nach-innen-Wenden, die Beharrlichkeit, den Verstand im Herzen zu halten, und schließlich die Verwirklichung – sie alle sind nur eine Folge der Gnade.

Der Zweifel, ob man der Gnade würdig ist, entsteht aus der Erwartung, etwas von außerhalb seiner selbst zu bekommen. Erwartest du, dass die Gnade in einem geschmückten Triumphwagen vom Himmel zu dir hinuntersteigt? Wenn du dich daran erinnerst, den Verstand die ganze Zeit im Herzen zu behalten – kann es ein sichereres Zeichen dafür geben, dass die Gnade dich fest in ihrem unerbittlichen Griff hält?

Warum diese unnötige Sorge um Gnade oder überhaupt um irgendetwas? Hast du dich im Tiefschlaf um diesen oder jenen Wunsch gesorgt? Hast du dir im Tiefschlaf etwas gewünscht?

F: Im Schlaf war die individuelle Seele „Ich" mit Paramatman *[das Höchste Selbst] vereint. Beim Aufwachen kehrt das „Ich" aufgrund von* Prarabdha *[*karmische *Verstrickungen aus vergangenen Leben, die für das gegenwärtige Leben verantwortlich sind] wieder in den Körper zurück.*
B: Oh! Ist das so? Und wo ist *Paramatman* jetzt?

F: Das kann ich nicht wirklich sagen.
B: *Paramatman* ist dort, wo du bist. In Abwesenheit des Verstandes bist du immer DAS. Selbst wenn der Verstand aktiv ist, ist er es nur im *Vasthu* [Substrat] des Selbst. Zerreiße den Vorhang der Gedanken ein für alle Mal und bleibe friedlich im Selbst versunken! Dann besteht keine Notwendigkeit, dem Schicksal der Seele im Tiefschlaf und ähnlichen Dingen irgendwelche Gedanken zu widmen.

16. Dezember 1936

F: Ist es mit Anstrengung verbunden, als das Selbst zu verweilen?

B: Bis der *Granthi* [Knoten zwischen dem Empfindungsfähigen und dem Nicht-Empfindungsfähigen] – nachdem er von den *Vasanas* entblößt wurde – bereit ist, durchtrennt zu werden, ist Anstrengung in der einen oder anderen Form erforderlich. Im Selbst selbst gibt es keine Anstrengung: Es ist ein Zustand des mühelosen, stets wachsamen Friedens [*Shanti*].

Wenn in deiner *Sadhana* das Stadium erreicht ist, in dem der Verstand mühelos als eins und identisch mit dem Sein des Selbst verweilt, sinkt der Verstand in das Herz und verweilt dort. Dann kann man sagen, dass der *Sadhaka* reif für *Jnana* ist.

F: Wie soll ich diese mühelose Selbsterkenntnis pflegen?

B: Durch unablässige Praxis. Mühelose Gedankenlosigkeit, während man gleichzeitig gewahr bleibt – das ist der erwünschte Zustand, und es ist das Tor zur Verwirklichung.

F: Ich finde Bhagavans Argumentationsweise zu abstrakt. Bitte gib mir eine praktische Vorgehensweise, die ich befolgen kann und von der ich profitiere, indem ich sie in die Praxis umsetze.

B: Ja, theoretische Erklärungen sind nicht erforderlich. Das Sein des Selbst wird von jedem immer unmittelbar erfahren. Erforsche nur dich selbst und erreiche unweigerlich seine Quelle. Du sagst: „Ich bin". Das bedeutet Existenz. Bleibe mit diesem Sein verschmolzen.

Sri Gajapathi Aiyer

Über den Erzähler

Briefe an Bhagavan

Sri Gajapathi verlässt den Ramana Ashram

Sri Gajapathi Aiyyer
Über den Erzähler

Bei der Zusammenstellung dieses Manuskripts habe ich festgestellt, dass ich die Gelegenheit, Maharshi Fragen zu stellen, weitgehend ignoriert habe. Er (der Erzähler) beobachtet, wie andere Fragen und Zweifel äußern. Er zeichnet die Unterhaltungen auf. Warum fühlt er sich selbst nicht versucht, dem Weisen eine Frage zu stellen, außer bei einer Handvoll Gelegenheiten? Glaubt er, er sei allwissend? Oder stellt er sich vielleicht vor, dass Maharshi seine Fragen nicht beantworten kann? Nichts dergleichen, lieber Leser; legen Sie Ihre Befürchtungen bitte beiseite.

Viele, die in den Ashram kommen, sind vor dem Hintergrund des *Vedanta* aufgewachsen. Sie sind in der Lage, sich mit Bhagavan über verschiedene Theorien und Hypothesen auseinanderzusetzen, die sie in Büchern gefunden haben. Ich besitze keinen solchen Hintergrund.

Einer meiner Onkel mütterlicherseits war zur Zeit, als ich Teenager war, Leiter der Bezirksbibliothek. Ich konnte mir jedes Buch aussuchen, das mir gefiel, vorausgesetzt, ich gab es rechtzeitig zurück oder verlängerte es; und so musste ich kein Geld aus eigener Tasche zahlen.

Da ich damals eher ein introvertierter Mensch war, habe ich in meiner Freizeit - und davon hatte ich eine Menge - alles von Geoffrey Chaucer bis Robert Louis Stevenson gelesen. Mein Hintergrund war also die englische Literatur, so dass ich nichts über die verschiedenen Lehren bezüglich der Schöpfungstheorien usw. wusste. Mein Appetit auf Bücher aus der Bibliothek bezog sich hauptsächlich auf Belletristik.

Ich hatte *„Die Pilgerreise“* von John Bunyan und *„Ramakrishna, the Man-Gods, A study of Mysticism“* and *„Action in Living India“* von Romain Rolland gelesen. Auf das erste stieß ich zufällig während meiner Schulzeit, auf das zweite im Jahr vor dem College. Während der Lektüre dieser beiden Bücher befielen mich abnorme seelische Stimmungen; ich weinte, ohne den Grund zu kennen; eine seltsame Sehnsucht ergriff von meiner Seele Besitz und elektrisierte mein ganzes Wesen: Ich wollte … mich verlieben.

Nicht in eine Frau oder einen Mann, denn das wäre eine flüchtige, vorübergehende Angelegenheit. Ich wollte das wiederholen, was Ramakrishna mit Bhavatharini getan hatte – ich wollte, dass meine Liebe von derjenigen angenommen wird, die diesen Kosmos durch ihren Willen aufrechterhält. Denn nur dann würde ich den Trost haben, meine Liebe unsterblich zu wissen. Diese Liebe hat nicht den geringsten sexuellen Beigeschmack; diese Klarstellung ist notwendig, weil einige Gemüter schnell dazu neigen, alle Liebe als von amouröser Natur zu interpretieren.

Es ist auch nicht die Liebe, die man gegenüber Familienmitgliedern, Freunden und Haustieren hegt; das ist eine schwerfällige Anhänglichkeit, die in manchen Fällen höchstens auf eine langjährige Zuneigung hinausläuft. Diese Liebe hat Leidenschaftliches in sich. Man hat das Gefühl, dass die eigene Brust jederzeit explodieren wird. Man möchte vor lauter Freude singen und tanzen. Doch was es genau ist, davon hat man keine Ahnung. Das Mysterium an der Sache steigert noch die Begeisterung für diese Liebe.

Bis zum 5. Juli 1936 war es mir nie gelungen, das Objekt dieser Liebe zu entdecken. An jenem Tag, als mein geliebter Meister, der die Liebe selbst ist, seine Augen mit den meinen in einer engen Umarmung verschloss, die einen Moment lang in der Ewigkeit andauerte, und von der es tatsächlich weder Loslösung noch Abspaltung geben konnte, entdeckte ich die Liebe meiner Liebe. Ich entdeckte Bhagavan.

Hätte ich über Metaphysik gelesen, könnte ich ihm Fragen darüber stellen, wie die Welt entstanden ist; aber ich hatte, wenn auch unabsichtlich, nur gelesen, um diese magische Liebe zu entfachen, für die es nichts zu fragen, zu erwarten oder vorherzusagen gab. Die ganze Zeit über war es so.

Sadhana mag lästige Routinearbeit sein; ich habe es nicht ausprobiert, ich weiß nichts davon – allerdings weiß ich von dieser Zauberin namens Liebe. Sie ist ein göttliches Privileg. Sie verlangt nicht nach deiner geistigen Aufmerksamkeit, sie nimmt sie anmutig und mühelos in sich auf. Was übrig bleibt? Nur SIE – die Liebe.

Da sie nie irgendwelche Zweifel hatte, hatte ich Bhagavan nie wirklich etwas zu sagen, denn entscheidend war, dass ich SIE als den von innen heraus leuchtenden Inneren Bhagavan erkannte. Der äußere Bhagavan war, im Einklang mit meinem Herzen, das Banner dieser Liebe. Er bewies durch seine immerwährende, felsenhafte Präsenz, dass die Liebe keine wahnhafte Verrücktheit war, sondern durch physische Realität bekräftigt wurde, durch eine legitime Quelle ihres süßen Springbrunnens ambrosischen Nektars.

Obwohl göttlich, muss die Liebe alle Körperlichkeit transzendieren. Deshalb war es unverzichtbar, dass er außerhalb blieb. Denn sonst würde meine Liebe wieder zu einem eitlen Traum werden, ohne jegliche Legitimation für ihren Unterhalt oder ihr Überleben. Er war da – das war genug!

Briefe an Bhagavan

Zu Lebzeiten des Meisters war es im Ashram üblich, dass die Anhänger Briefe schickten, in denen sie um alle möglichen Dinge baten. Die meisten baten um Bhagavans Segen für ihre Unternehmungen und erwähnten ausdrücklich, dass das Blatt mit der Antwort durch seine heilige Berührung gesegnet werden sollte.

Viele schrieben, dass ihre Gebete oder Wünsche erfüllt werden sollten. Andere baten um Klärung in Fragen der Lehre. Andere Schreiben wiederum enthielten aufkommende Zweifel bezüglich der Praxis. Sri Bhagavan hatte nicht die Angewohnheit, Briefe zu beantworten. Ein dem Ashram angehörender intelligenter Brahmane kümmerte sich um die beiden letztgenannten Arten der Korrespondenz. Unweigerlich fielen die meisten der in europäischen Sprachen verfassten Briefe in seine Hände, um entsprechend bearbeitet zu werden. So schrieb er und las dem Meister seine Antworten vor.

Als ich diese Tagebücher führte, schrieb ich sie auf eine natürliche, zusammenfassende Art auf. Man findet in diesem

Manuskript also den Inhalt dieser Briefe vermengt und vermischt mit Fragen, die direkt in der Halle gestellt wurden. Das sollte nicht so verstanden werden, dass darunter die Authentizität des Inhalts dieser Tagebücher zu leiden hätte. Es stimmt zwar, dass die Antworten von einem anderen verfasst wurden, aber der Meister hörte sie sich mit großer Aufmerksamkeit an, und wenn er Änderungen, Streichungen oder Ergänzungen wünschte, gab er dies sofort an.

Es machte Bhagavan nichts aus, dem Mann auf die Finger zu klopfen, wenn er auch nur im Geringsten das Gefühl hatte, dass eine Korrektur oder eine Änderung vorgenommen werden musste. Die Antworten in den Briefen sind also im Wesentlichen auch seine Worte. So kam es mir, als ich diese Tagebücher schrieb, daher auch nie in den Sinn, eine Trennung auf der Grundlage einer rein theoretischen Überlegung vorzunehmen. Jetzt, bei der Zusammenstellung dieses Werks, denke ich plötzlich, dass bestimmte Leser darauf bedacht sein könnten, eine solche Trennung im Text vorzufinden.

Im Allgemeinen stammt ein beträchtlicher Teil der langen, vortragsähnlichen Äußerungen, die hier zu finden sind, von dem *Brahmanen*, der zu jener Zeit für die Abteilungen „Lehre und Auslandskorrespondenz" des Ashrams verantwortlich war. In der Tat mache ich mir nur deshalb so viel Mühe, diese Trennung erkennbar zu machen, um eine zufällige Laune irgendeines Bhagavan-Anhängers zu befriedigen, der möglicherweise in der Lage sein könnte, das zu erkennen. Soweit es mich betrifft, ist das alles eigentlich völlig unnötig. Kein einziger Brief konnte den Ashram ohne die ausdrückliche Genehmigung des Meisters verlassen; und der Meister war nicht von der Art, in irgendeiner Angelegenheit Nachlässigkeit zu zeigen.

Der *Brahmane* war ein ziemlich gebildeter Mann und hatte einen brillanten Einblick in Bhagavans Lehren, und bei weißhäutigen Besuchern fungierte er häufig als sein Dolmetscher. Vor allem scheint er vom Meister selbst persönlich für die Aufgabe der Korrespondenzverwaltung, mit der er beschäftigt war, ausgewählt worden zu sein – das sollte das letzte Wort in dieser Angelegenheit sein.

Gajapathi verlässt den Ramana Ashram

Ende 1936 hatte meine Familie entschieden, dass Vaidehi meine Frau werden sollte; sie war eine enge Verwandte und mir bereits bekannt. Ein an mich adressierter Brief traf im Ashram ein, und ich wurde über die Entscheidung meiner Familie informiert. Sollte ich zum Ende meines Aufenthalts im Ramana Ashram nicht verheiratet sein, so hatte meine *Aththai* [Tante väterlicherseits] beschlossen, würde ich ein *Sannyasi* [Asket] werden; eine Vorstellung, die ihr zuwider war. So hatte sie mir also geschrieben, dass ich im Februar 1937 heiraten würde. Es ging nicht darum, mich nach meiner Meinung zu fragen; sie hatten es bereits beschlossen, und ich sollte mich nur noch fügen.

Bhagavan faltete den Brief und gab ihn zurück, er hielt das Stück Papier zwischen seinem rechten Zeige- und Mittelfinger, strecke es mir entgegen und sagte: **„Behalte ihn."** Ich nahm ihn zurück und fragte ängstlich: „Soll ich, um dem zu entkommen, von zu Hause weglaufen?"

Der Meister antwortete nicht, aber jemand im Saal sagte zu mir: *„Als die Frage der Entsagung diskutiert wurde, sagtest du selbst in genau dieser Halle, dass nur Feiglinge weglaufen und dass man nach Bhagavans Lehren die Last seiner Aufgaben auf die Höhere Macht werfen und mit dem äußeren Leben weitermachen muss."* Jemand anderes machte nun dezent die Bemerkung, dass der Meister selbst im Alter von sechzehn Jahren von zu Hause weggelaufen sei.

B: Ich habe nicht gedacht: „Ich laufe weg." Das ist der Unterschied.

G: Ich kann also weglaufen, wenn ich nicht „Ich laufe weg" denke?

B: Derjenige, der nicht „Wenn ich nicht denke, kann ich dann tun, was ich will?" denkt. Derjenige, der nicht denkt, hat aufgehört, gegen den offensichtlichen Willen der Höheren Macht zu kämpfen, und hat seine Sorgen und Bedenken für immer aufgegeben. Er ist schon vor langer Zeit zur Seite getreten, um dafür Platz zu machen, dass sich der Intellekt der Alleinherrschaft der numinosen (unbegreiflichen, göttlichen) Intuition unterwirft, die in denjenigen erwacht, die sich

vorbehaltlos hingegeben haben.

Die Handlungen des Intellekts und des Körpers des *Jiva* (individuelle Seele), der sich vorbehaltlos dem Allmächtigen hingegeben hat, werden von jenem geleitet; der Verstand, der infolge einer solchen Hingabe verloren ist, bleibt nicht bestehen, um von ihren Auswirkungen oder ihrer moralischen Angemessenheit betroffen zu sein. Er (der *Jiva*, der sich wirklich hingegeben hat) ist nicht verantwortlich für das, was geschieht. Eine Macht ergreift seinen Körper und lässt ihn Dinge tun. Er ist nicht daran beteiligt.

G: Wenn ich mich dieser Höheren Macht hingebe, kann ich diese bevorstehende Heirat verhindern?
B: Jemand, der sich mit einem Hintergedanken hingegeben hat, hat sich überhaupt nicht hingegeben. Kann man Gott täuschen?

G: Wenn ich heirate, habe ich vielleicht nicht die mentale Kraft, mich von sexuellen Aktivitäten fernzuhalten, und sie könnten aus diesem Grund unvermeidlich werden. Daher wird die Selbstverwirklichung unmöglich werden.
B: Das ist deine Meinung.

G: Also ist es nicht gut, von zu Hause wegzulaufen?
B: Du kannst mir glauben, dass es deine Situation noch viel schlimmer machen wird.

G: Welcher Ausweg bleibt mir dann?
B: *Ananya Sharanagati* (vollständige Hingabe).

G: Was, wenn ich nach diesem Sharanagati *heirate, mich in die schrecklichen Leiden des* Samsara *verstricke und es deshalb nicht schaffe, das Selbst zu verwirklichen?*
B: Nach dem *Sharanagati* bleibt niemand übrig, um sich zu beschweren: „Ich habe das Selbst nicht verwirklicht", oder zu fragen: „Warum bin ich, selbst nach *Sharanagati*, noch nicht verwirklicht?", oder um irgendwelche anderen Zweifel oder Beschwerden vorzubringen.

Es ist ein Zustand der perfekten *Mounatapas* [Stille]. Lerne zuerst, was *Sharanagati* ist. Es bedeutet, mit der Quelle des Egos zu verschmelzen.

G: Es scheint also, dass ich mich ein für alle Mal hingeben und mich nicht darum kümmern soll, was danach passiert?
B: Ja. Ja, das ist es.

Deshalb musste ich heiraten, und es gab nichts, was ich dagegen tun konnte. Anfangs dachte ich: Warum muss ich durch eine solche Hölle gehen, während andere im Ashram glücklich und für immer zu Bhagavans Füßen leben?

Dann entschied ich, dass Bhagavans Wille wirkte und was auch immer geschah, nur mit seinem Wissen geschah, und dass es daher keinen Grund gab, sich aufzuregen. Gehorsam gegenüber seinem Willen ist jetzt meine einzige Priorität – meine eigene persönliche Erlösung oder Befreiung vom Rad der Geburten und Tode zählt nicht mehr.

Diese Überzeugung ist die Frucht meines intensiven spirituellen Trainings unter seinem wachsamen Auge; die einzige *Sadhana* war Liebe, und das bedeutete dasselbe wie Hingabe: Das Verschwinden des persönlichen Willens und sanftmütiger, bedingungsloser Gehorsam gegenüber dem Willen des Meisters oder dem Willen Gottes.

Glossar

Abhyasa
Übung, Praxis
Adhishtana Swarupa
Fundament der Wahrheit
Advaita
Nicht-Zweiheit, Nicht-Dualität
Advaita Vedanta
Lehre der Nicht-Dualität
Aghori
Eine Gruppe, die Zeit auf einem Leichenverbrennungsplatz verbringt
Agni Theertham
Heilige Badestätte
Aham
Ich bin, Selbst
Aham Brahmasmi
Ich bin Brahman, ich bin Bewusstsein
Aham Spuhrana
„Ich"- Pulsieren
Ahamvritti
Der „Ich"-Gedanke, die grundlegende Annahme eines „Ich"
Ahimsa
Gewaltlosigkeit
Ajata-Advaita
Das Nicht-Erschaffene, Nicht-Geborene, eine besondere Philosophie der Nicht-Dualität
Ajnana
Unkenntnis über die Natur der Realität
Ajnani
Ein Nicht-Verwirklichter
Akhandakaravritti
Ununterbrochene Erfahrung
Akritopasaka
Jemand, der keinen zielgerichteten Geist hat
Ananda
Freude, Glückseligkeit, Natur von Brahman-Atman
Anatman
Nicht-Selbst
Anna
Alte indische Münze
Arul-poerattum
Das Ringen um Gnade
Arunachala
Heiliger Berg, an dem Sri Ramana Maharshi lebte
Asafoetida
Indisches Gewürz
Ashtanga
Die acht Glieder des Yoga
Aththai
Tante väterlicherseits
Atma/Atman
Das Ewige, das unpersönliche Selbst
Atmajignasa
Die absoluten Wahrheit erforschen
Atmanishtai
Wahre Natur
Atmavichara
Selbsterforschung
Avarana
Verhüllung, Schleier der Unwissenheit
Avidya Maya
Illusion durch Unwissenheit

Bakasanam
Eine bestimmte Yogastellung
Bhakta
In vollkommener Liebe (zu Gott) Hingegebener
Bhakti
Selbstlose Liebe zu Gott, Hingabe, Verehrung
Brahma
Der Schöpfergott im Hinduismus
Brahmajnana
Wissen (Verwirklichung) von Brahman
Brahmajnani
Jemand mit Wissen über das Selbst
Brahmaloka
Wohnsitz des Gottes Brahma und seiner Gemahlin Sarasvati
Brahman
Die ewige Realtät, das Absolute
Brahmane
Die priesterliche, höchste Kaste im Hinduismus
Buddhi
Subtiler Intellekt, Unterscheidungsvermögen, auch: die Herzhöhle

---

Chaturyugas
Ein voller Zeitzyklus der Hindu-Kosmologie (4.320.000 Jahre)
Chettiar
Titel einer tamilischen Händlerkaste in Südindien
Chidakasha
Reiner Raum des Bewusstseins
Chittaikagratha
Ein zielgerichteter Verstand
Chittam
Geist, Verstand
Chittavritti
Schwankungen des Geistes; Gedanken, die den Verstand belasten

---

Dakshinamurti
Form von Shiva als höchster Lehrer
Daridranarayanan
Dienst an den Armen
Darshan
Glückverheißender Anblick einer Gottheit oder eines Heiligen
Dehatmabuddhi
Die Vorstellung „Ich bin der Körper“
Devas
Göttliche Wesen
Drishti-srishti-vada
Schöpfung durch Wahrnehmung
Dvaita
Dual

Ekatva
Einheit
Endaro Mahanubhavala
„Viele große Seelen“, beliebtes karnatisches Lied in Telugu
Ezhaik Kolam
Traditionelle dekorative Kunst, die an Festtagen mit Reismehl gezeichnet wird

Ganesha
Hindu-Gott mit Elefantenkopf
Gopis
Kuhhirtinnen von Krishna, Bhaktas
Granthi
Knoten zwischen dem Empfindungsfähigen und dem Nichtempfindungsfähigen
Granthinasam
Zerstörung des Knotens, Befreiung von den Fesseln
Gunas
Tendenzen, Eigenschaften, Attribute
Guru
Lehrer, Meister

Hanuman
Affengott, Verehrer von Ram
Hanuman Chalisa
Hinduistische Hymne, die Hanuman preist
Hatha Yoga
System körperlicher Yoga-Techniken
Hridaya
Herz, das spirituelle Zentrum im Körper
Hridayagranthi
Knoten des Herzens
Hridayapundarikam
Herz-Lotus

Idam
Lage oder Position
Indra
Hinduistische Gottheit, König des Himmels und der Götter
Ishwara
Das höchste Wesen
Ishwara Gururatmaethi
„Gott, Guru und Selbst sind eins"
Irukkai
Quelle, aus der das Denken hervorgeht; Wesenheit

Jagrat
Wachzustand, nicht schlafend sein
Jagrat Pramata
Kenner der Welt, subjektiv Wahrnehmender
Jagrat Sushupti
Im Wachzustand die Ruhe des Tiefschlafs erleben
Jagrat Swapna
Der Geist, der in Fantasien oder Tagträumen schwelgt
Jamun
Indische Schwarzpflaume
Japam
Meditative Wiederholung eines Mantras
Jiva
Die individuelle Seele
Jivanmukta
Die während des Lebens befreite Seele
Jivatman
Im Körper wohnendes individuelles Selbst, Seele

Jnana
Spirituelles Wissen
Jnanaguru
Wahrer Guru, Lehrer wahren Wissens
Jnanasadhaka
Ein wahrhaft spirituell Suchender
Jnanasiddha
Derjenige, der wahres Wissen (und übernatürliche Kräfte) erlangt hat
Jnani
Der selbstverwirklichte Weise, der vollkommenes Wissen besitzt

---

Kaivalya Navaneetham
Advaita-Klassiker in Tamil
Kamandalam
Längliche Wasserkanne, Gefäß
Kartritvabuddhi
Die Vorstellung „Ich bin der Handelnde"
Kevala
Ganz, vollständig, pur
Kevala kumbhaka
Die Verstandestätigkeit durch Atemanhalten stoppen
Kevala Nirvikalpa Samadhi
Der Geist ist vorübergehend mit dem Höchsten Selbst verschmolzen
Khadarjibba
Indisches Baumwollhemd
Koupeenam
Lendentuch
Kozhakattai
Südindische süße Teigtaschen
Krishna
Höchster Gott, achter Avatar Vishnus
Kritopasaka
Jemand, der einen zielgerichteten Verstand hat
Kuladhcivam
Familien- oder Dorfgottheit
Kundalini
Göttliche Energie am unteren Ende der Wirbelsäule

Lakh
Einhunderttausend
Lakshya
Ziel, Bestimmung
Loka
Reiche in der hinduistischen Kosmologie
Lokyate iti lokah
„Die Welt ist lediglich das, was wahrgenommen wird"

Madvacharya
Begründer der Dvaita-Vedanta-Philosophie
Mahavakyas
Die großartigen Schriften der Upanishaden
Mahaviksheenaka
Der große Zerstörer
Mahat
Pures subjektives Gewahrsein
Maitreya
Ein zukünftiger Buddha, der für Mitgefühl steht
Manana
Stabilisiert durch Reflexion
Mandapam
Eine Halle innerhalb eines Tempels

Manolayam
Ein Zustand, in dem Gedankenstrukturen unscharf projiziert werden
Manonivritti
Ein nach innen gekehrter Geist
Mantra-diksha
Mantra-Initiation
Margas
Wege
Matrubutheshwara
Schrein von Bhagavans Mutter
Maya
Illusion, Täuschung; Macht, die die Welt manifestiert
Meipporulum Prakrirtiyum
Absolute Wahrheit und ursprüngliche Natur
Milagu kootu
Südindischer Eintopf
Moksha
Befreiung, Erlösung
Mounatapas
Stille, Bemühungen um Selbstverwirklichung
Mrityunjaya
Form von Shiva
Mudaliar
Angehörige einer südindischen Kaste
Mukti
Befreiung, Freiheit von weiteren Geburten
Mumukshu
Sucher nach Befreiung

Nan Yar
Wer bin Ich?
Naivaedya
Darbringung an Gott
Nidhidhyasana
Die Wahrheit leben
Nidra
Schlaf
Nirgunopasana
Meditation über den formlosen Brahman
Nirvikalpa
Ohne Vorstellung
Nirvikalpa Samadhi
Zustand der vorübergehenden Versenkung in das Absolute
Nivritti
Nach innen gekehrter Geist, introvertierter Geist

Padmasana
Lotus-Stellung, klassische Yoga-Haltung im Schneidersitz
Palakotthu
Ein Ort in der Nähe vom Ramana Ashram
Pambaram
Kreisel
Panchamabandham
Niedrigste hinduistische Kaste
Pandit
Gelehrter
Parabrahman
Das höchste Selbst, das höchste Brahman
Paramatma
Das Absolute Atman, Höchstes Selbst

Paripakvi
Vollständig reife Person
Patanjali
Indischer Gelehrter, Verfasser des Yogasutra (klassischer Leitfaden des Yoga)
Peerkangkai
Flaschenkürbis
Periyapuranam
Tamilisches Epos
Poorna Shranagathi
Völlige Hingabe
Poorvasamskaras
Alte latente Tendenzen, Gewohnheiten des Verstandes
Pooshinikkai-thaan
Kürbisgericht
Prakriti
Prinzip der Materie
Pramata
Der subjektive Wissende, Wissen durch den Verstand
Pranava
Kosmischer Klang
Prarabdha
Vergangenes Karma, das unser Leben jetzt beeinflusst; Schicksal
Prasadam
Heilige Speise, die einer Gottheit dargebracht wird
Puja
Indische Zeremonie der Anbetung/Verehrung
Purusha
Prinzip des reinen Bewusstseins

Ragam
Melodische Tonleiter in der klassischen indischen Musik
Rajas
Eines der drei Gunas: Leidenschaft, Aktivität
Raja Yoga
Königlicher Pfad; System des Yoga, wie es von Patanjali gelehrt wurde
Rama
Hindu-Gott und Held des Epos Ramayana, ein Avatar von Vishnu

Sadhaka
Jemand, der eine spirituelle Praxis ausübt
Sadhakas Vairagya
Nicht-Anhaftung eines spirituellen Praktizierenden
Sadhana
Spirituelle Praxis
Sadhsishya
Wahrer, echter Schüler
Sadhu
Einer, der dem weltlichen Leben entsagt hat
Sadhvasthu
Wahrer Hintergrund, wahres Substrat
Sahaja
Der natürliche Zustand des Seins
Sahajajnanastithi
Sich in Brahman etablieren oder dort verweilen

Sahajajnani
Befreiter Weiser, selbstverwirklichtes Wesen
Sahajastithi
Natürlicher Zustand
Sahaja Asamprajnatha Samadhi
Einssein mit Gott
Sahaja Nirvikalpa Samadhi
Der Geist ist tot, aufgelöst im Selbst
Sahasra Avadhani
Bezeichnung für einen hervorragenden Dichter
Samadhi
Vereinigung mit der Realität
Samsara
Durch Karma verursachter endloser Kreislauf von Geburt und Tod
Samskaras
Geistige Eindrücke, psychologische Prägungen
Sankalpa
Persönlicher Wille, Wünsche
Sannyasi
Leben der Entsagung, ein Asket
Sarvadhikari
Der Ashram-Manager, Ramanas Bruder
Sarvagnar
Jemand, der alles weiß
Sashwatamanonivritti
Geist, der immer nach innen gekehrt ist
Sastras
Heilige Schriften, Gebote
Sat
Wahrheit, absolutes Sein
Satguru
Der wahre Guru
Satsang / Satsangam
Zusammensein mit einem spirituellen Lehrer, Verbindung mit der Wahrheit
Satvas
Klar, leicht, rein
Savikalpa
Gedanken existieren noch, aber sie beeinflussen nicht
Savikalpa Samadhi
Der Geist wird durch Anstrengung gezwungen, am reinen Sein festzuhalten
Shakti
Ur-Energie
Shalagramam
Spezieller schwarzer Stein, fossile Ammonitensteine
Shankara
Berühmter Gelehrter und Lehrer des Advaita Vedanta (8. Jh.)
Shankaracharya
Ehrentitel für Shankara
Shankha Bhasma
Ayurvedische Medizin, eine Kräutermischung auf Goldbasis
Shanti
Frieden
Sharanagati
Hingabe, Aufgabe, Kapitulation

Shastras
Heilige Schriften, Regeln
Shiva
Der kosmische Zerstörer, einer der obersten Götter im Hinduismus
Shruti / Sruti
Heilige Bücher
Siddhapurusha
Vollendetes Wesen, oft mit übernatürlichen Kräften
Siddhi
Magische übersinnliche Kräfte, Perfektion
Spandabhraja
Absorption in göttlicher Glückseligkeit
Spandabhraja Samadhi
Versenkung in Glückseligkeit, Vereinigung mit der Realität
Sphurana
Pulsieren
Sravana
Durch den Lehrer erworbenes Wissen

Sravana-manana-nidhidhyasana
Hören - Reflektieren - natürliche Erkenntnis; Integration der Lehren
Summayirutthal (summa iru)
Müheloses Gewahrsein, natürliches Stillsein
Sushupti
Traumloser Schlaf, Tiefschlaf
Svabhava
Essenz, innewohnende Existenz
Swami
Hinduistischer Asket, spiritueller Lehrer (wird als Titel verwendet)
Swapna
Zustand des Träumens
Swapnasakshatkara
Sich fälschlicherweise einbilden, selbstverwirklicht zu sein
Swarupa Dhyanatthai Vidappidiyai
Unermüdlich über die wahre Form meditieren
Swaroopa
Essenz

Tabula rasa
Reinen Tisch machen (lateinisch: glatt geschabte Tafel)
Tamas
Dunkelheit, Unwissenheit
Tamasisch
Dunkel, träge
Tapas
Strenge, Bemühen um Selbstverwirklichung
Tapasvin
Einer, der sich um Selbstverwirklichung bemüht
Tejas
Ausstrahlung, Leuchtstärke, Lichtstrahlung
Thannunarvu
Bewusstsein des Selbst
Theertham
Heilige Wasserstelle

Thiruneeru
Heilige Asche aus verbranntem Holz und verbranntem Kuhmist
Thirupparangundram Murugar Kovil
Bunter Tempel außerhalb von Madurai
Thoel und Kudal
Haut und Eingeweide
Thuvaiyyal
Südindisches Chutney
Trupthi
Sättigung, Sattheit

Upadesham
Lehre, Unterweisung
Upadhis
Beschränkung, Begrenzung
Upanishads
Heilige Schriften im Hinduismus, letzter Teil der Vedas

Vaendudhal
Buße
Vaetti
Gewickelte Tücher für den Unterkörper
Vairagya
Losgelöstheit von Objekten, Entsagung
Vasanas
Gewohnheiten des Denkens und des Geistes
Vasthu
Substrat, Grundlage
Vedas
Die ältesten und wichtigsten heiligen Schriften des Hinduismus
Veda Parayanam
Uralte vedische Gesänge, die zu Lebzeiten Bhagavans zweimal täglich im Ashram gesungen wurden
Vichara
Selbsterforschung
Vichara Abhyasa / Sadhana
Praxis der Selbsterforschung
Vicharamarga
Der Weg der Selbsterforschung
Videhamukti
Befreiung nach dem Tod
Vinayakar Chaturthi
Hinduistisches Fest für den Elefantengott Ganesha
Vishayavasanas
Verlangen nach Sinnesobjekten
Vivegam
Besonnenheit, Umsicht
Viveka
Einsicht oder Unterscheidungsvermögen
Vritti
Strukturen des Verstandes, geistige Gewohnheiten
Vrittijnanam
Vorübergehend mit dem Absoluten verschmolzen, aber die Identität des Geistes bleibt unversehrt

---

Yoganidra
Yogischer Schlaf
Yoganiththirai
Yogischer Trance

Arunachala-Pilgerreise

Seit über zweitausend Jahren ist der Berg Arunachala ein kraftvoller Pilgerort. Er zog auch den jungen Ramana nach seiner Selbstverwirklichung an. Später, als Sri Bhagavan Ramana Maharshi ein berühmter Lehrer des Advaita Vedanta war, wurde um ihn herum ein Ashram am Fuße des Berges errichtet. Dieser wurde auch zu einem beliebten Ziel für spirituelle Sucher aus dem Westen, und dieser Trend hat sich bis in die Gegenwart fortgesetzt.

Viele Menschen besuchen den Ramana Ashram, an dem die Gegenwart und der Frieden Bhagavans allgegenwärtig sind. An Bhagavans Samadhi-Schrein und am Schrein seiner Mutter kann man in Stille sitzen. Vedische Gesänge werden dort immer noch täglich gesungen. Die Schreine von Major Chadwick, Annamalai Swami und der Kuh Lakshmi können ebenfalls besucht werden.

Der Herausgeber dieses Buches, John David, bietet seit mehr als zwanzig Jahren jedes Jahr im Januar am Fuße des Arunachala ein spirituelles Retreat an. Es findet in einem modernen Ashram mit eigener Retreat-Küche statt. Satsang-Treffen, Meditation und Yoga machen wir auf dem Dach des Ashrams, von wo wir einen herrlichen Blick auf den Arunachala haben. Wenn du tiefer in die Lehren Bhagavans eintauchen und sicher nach Indien reisen möchtest, ist dieses Retreat eine großartige Gelegenheit. Du bist herzlich eingeladen, dabei zu sein.

www.johndavidsatsang.international/de/indien

Bücher

Eine Auswahl von Titeln über Sri Bhagavan

Sei, was du bist!: Die wichtigsten Lehren des großen indischen Weisen
(Be As You Are – The Teachings of Sri Ramana Maharshi)
herausgegeben von David Godman, O.W. Barth, deutsche Edition 2010

Day by Day with Bhagavan
aus dem Tagebuch von A. Devaraja Mudaliar, Sri Ramanasramam, Tiruvannamalai, 2002

Yogis - Verborgene Weisheit Indiens *(A Search in Secret India)*
Paul Brunton, Aurinia Verlag; 2. Auflage, deutsche Edition, 2022

Guru Ramana
S.S. Cohen, Sri Ramanasramam Tiruvannamalai, Ausgabe von 1974

Padamalai
Muruganar, herausgegeben und übersetzt von David Godman, T.V. Venkatasubramanian und Robert Butler, Avadhuta Foundation, Boulder, 2004

Sad Darshana Bhashya
übersetzt und zusammengestellt von Kapali Sastri, Sri Ramanasramam, Tiruvannamalai, 9. Auflage 2006

The Last Days and Maha Nirvana of Bhagavan Sri Ramana
Viswanatha Swami, Arthur Osborne und T.N. Krishnaswamy, Sri Ramanasrama, Tiruvannamalai, 1997

Self-Inquiry (Vicharasangraham) of Sri Ramana Maharshi
übersetzt von Dr. T.M.P. Mahadevan, Sri Ramanasramam, Tiruvannamalai, 1994

Gespräche mit Sri Ramana Maharshi
(Talks with Sri Ramana Maharshi)
zusammengestellt von Sri Munagala Venkataramiah, Sri Ramanasramam, Tiruvannamalai, deutsche Edition, 2014

Ramana Maharshi: Erinnerungen eines Sadhus
(A Sadhu's Reminiscences of Ramana Maharshi)
Von Major Alan Chadwick (Sadhu Arunachala), Sri Ramanasramam, Tiruvannamalai, deutsche Edition, 2017

Reminiscences of Kunju Swami
Kunjuswami, Übersetzt von P. Ramasamy, Sri Ramanasramam Tiruvannamalai,

Die Gesammelten Werke
(The Collected Works of Ramana Maharshi)
Sri Ramanasramam, Tiruvannamalai, deutsche Edition, 2019

Garland of Guru's Sayings (Guru Vachaka Kovai)
Muruganar, übersetzt von Dr. T.V. Venkatasubramanian, Robert Butler, und David Godman, herausgegeben und mit Anmerkungen versehen von David Godman, Avadhuta Foundation, Boulder, 2008